Mountainbiking Teneriffa

Andreas Haas

Mountainbiking
Teneriffa

Meyer & Meyer Verlag

Die Deutsche Bibliothek - CIP Einheitsaufnahme

Haas, Andreas:
Mountainbiking Teneriffa / Andreas Haas.
- Aachen : Meyer und Meyer, 1997
ISBN 3-89124-438-X

Titelfoto: Gerhard Eisenschink, Poing
Fotos Innenteil: Andreas Haas
Grafiken: Andreas Haas
Umschlaggestaltung: Walter Neumann N&N Design-Studio, Aachen
Umschlag- und Satzbelichtung: frw, Reiner Wahlen, Aachen
Lektorat: Dr. Irmgard Jaeger, Aachen
Satz: Quai
Druck: Druckerei Röder und Moll GmbH, Mönchengladbach
ISBN 3-89124-438-X

INHALT

1603, zur Zeit der Stadtgründung von Puerto de la Cruz, begonnene Kirche am Plaza de la Iglesia. Sie enthält mehrere barocke Kunstwerke.

Mountainbiken auf Teneriffa

Wanderer, Surfer und Wellenreiter haben den ewigen Frühling auf Teneriffa längst entdeckt, Sonnenanbeter aalen sich an den Stränden und Geologen und Botaniker veranstalten Exkursionen auf die Kanaren. Jetzt kommen die Biker und sie erwartet eine Insel, die alles bietet, was das Herz begehrt!

Mountainbiken auf Teneriffa ist eine Entdeckungsreise in neue, unbekannte Landschaften, in eine Welt des Vulkanismus und üppiger, exotischer Vegetation. Teneriffa besitzt eine unglaubliche Fülle an Kontrasten und bietet dem Besucher ständig neue Landschaften und Attraktionen. Endlose Forststraßen leiten durch Kiefernwälder, verschlungene Waldwege durchziehen alte Lorbeerbestände, Steinpflasterwege und schmale Hirtenpfade führen über die Berge, Fußpfade laufen durch atemberaubende Schluchten zum Meer und trockene Sandpisten durchziehen wüstenhafte Lavalandschaften. Von ruhigen Waldtouren bis zu extremen Trials, von langen Sand- und Felspfaden bis zur Palmenpromenade an den Badestränden – Teneriffa bietet für jeden etwas!

Die Insel

Teneriffa ist mit 2057 qkm die größte Insel des kanarischen Archipels. Sie liegt auf dem 28. Grad nördlicher Breite, etwa 300 km vor Westafrika im Atlantischen Ozean. Sie ist ausschließlich vulkanischen Ursprungs und auf ihr befindet sich der höchste Berg Spaniens, der Pico de Teide mit 3715 m. Der Höhenzug der Cumbre Dorsal trennt die trockene, wüstenhafte Südseite von der grünen und fruchtbaren Nordseite mit teils üppiger Vegetation. Schwarze Sandstrände, die kanarische Dattelpalme und der Drachenbaum sind typische Merkmale Teneriffas. Das Landschaftsbild ändert sich innerhalb weniger Kilometer vollständig und bietet Bikern unzählige Möglichkeiten und Herausforderungen.

Das Klima

Das ganzjährig frühlingshaft-milde Klima gilt zu Recht als eines der besten der Welt. Während ein wüstenhafter Trockengürtel den afrikanischen Kontinent umspannt, herrschen auf den Kanarischen Inseln relative Feuchtigkeit und gemäßigte Temperaturen vor. Ausschlaggebend für dieses ausgeglichene Klima ist die Lage der Inseln im Bereich der Passatwinde. Diese wehen als relativ konstante Strömung (20 bis 25 km/h) von Nordosten und tanken auf ihrem Weg über das Meer deutlich Feuchtigkeit. Beim Aufsteigen an den Bergen der Insel kühlen sie sich ab und die kondensierende Feuchtigkeit bildet die charakteristischen Passatwolken. Diese entstehen meist im Laufe des Vormittags auf einer Höhe von etwa 1000 m und hüllen die Region nicht selten in dichten Nebel. Abends und über Nacht lösen sie sich wieder auf.

Dadurch ergibt sich eine deutliche klimatische Höhendifferenzierung. Der Bereich unter den Wolken (bis etwa 500 m) ist mäßig trocken, mit Durchschnittstemperaturen von 19°C im Januar und 24°C im Juli. Von 500 m bis etwa 1500 m liegt die Zone der Nebelschichten, die dichte Wälder und üppige Vegetation bietet. Die Temperaturen sind je nach Witterung um einige Grad kühler. Der Bereich über den Wolken (ab 1500 m) ist sonnig und trocken, weist allerdings extreme Temperaturschwankungen auf. Selbst im Sommer kann das Thermometer trotz starker Sonneneinstrahlung und Erwärmung nachts nahe dem Gefrierpunkt sinken. Die von den Passatwinden abgewandte Südseite ist wüstenhaft trocken und heiß.

Der meiste Niederschlag fällt in den Wintermonaten zwischen November und Februar (mehr als zwei Drittel), der ab 1200 m in Schnee übergehen kann. Dann kommen die Spanier zum Schifahren und Snowboarden auf den Teide, doch nach wenigen Tagen ist es mit der weißen Pracht wieder vorbei, lediglich in den Cañadas können einige kleine Schneefelder erhalten bleiben. Die „Insel des ewigen Frühlings" ist also das ganze Jahr über für Biker geöffnet!

Geologie

Die Kanarischen Inseln sind allesamt vulkanischen Ursprungs. Durch das Aufreißen der Erdkruste und das Aufsteigen des Magmas (glutflüssige Gesteinsmasse) entstand im Laufe der Erdgeschichte aus dem Meeresboden ein anfangs unterseeischer, gigantischer Vulkankoloß. Immer weitere Ausbrüche türmten ständig neue Gesteinsschichten auf, bis schließlich die Spitzen aus dem Meer ragten. Dieser Vorgang spielte sich im mittleren Tertiär ab. Fuerteventura, die östlichste Insel, ist mit einem Alter von etwa 20 Millionen Jahren die älteste, während die westlichste, El Hierro, „nur" eine Million Jahre alt ist. Teneriffa bildete sich vor etwa 16 Millionen Jahren und bestand ursprünglich aus drei Einzelinseln, die heute das Teno-Gebirge, einen Teil des Südens um Adeje und das Anaga-Gebirge bilden.

Sekundär ist der mächtige Bergrücken der Cumbre Dorsal entstanden, der von den Cañadas bis zur Ebene von La Laguna reicht. An seinen höchsten Stellen ist er knapp 2400 m hoch und bildet gleichsam das Rückgrat Teneriffas. Gleichzeitig erhob sich unter unvorstellbaren Kräften ein riesiges Vulkanmassiv aus dem Boden, das mit heftigen Ausbrüchen von Glut und Asche regelrecht explodierte und den Riesenkrater der Cañadas hinterließ. Mit 16 km Durchmesser gehört er zu den größten der Erde.

In einer dritten Entstehungsphase hob sich schließlich durch wiederholte Eruptionen der Vulkankegel des Pico del Teide mit mehreren Nebenschloten. Bis heute ist der Vulkanismus nicht zur Ruhe gekommen. Der letzte Ausbruch fand 1909 statt, wobei die glühende Lava beinahe den Ort Santiago del Teide unter sich begraben hätte. Lavaströme und eruptierte Gesteinsmassen sind auf der Insel allgegenwärtig und zeigen teils bizarre Formen und Farben.

Tier- und Pflanzenwelt

Auf den Kanarischen Inseln konnten einige Pflanzenarten aus dem Tertiär die Eiszeitalter überleben, die auf dem Festland allesamt ausgestorben sind. Allein auf Teneriffa gibt es 135 endemische Arten, d.h. diese sind nur mehr hier als Relikte und „lebende Fossilien" anzutreffen. Hierzu gehört unter anderem der berühmte Drachenbaum. Beeindruckend sind die großen Lorbeerwälder des Orotava-Tals und im Anaga-Gebirge. Dank der ausgeglichenen Temperaturen gedeihen auch Exoten aus tropischen Breiten.

Die Tierwelt erweist sich als äußerst besucherfreundlich, denn es gibt keinerlei giftige oder gefährliche Insekten, keine Skorpione und Schlangen. Lediglich die vielen Hunde stellen ein gewisses Handikap dar, sind doch einige von ihnen Bikerwaden nicht sehr freundlich gesonnen. Um angekettete Kläffer macht man tunlichst einen großen Bogen. Erfreulich sind die munter zwitschernden Kanarienvögel, die beinahe die ganze Insel bewohnen.

Besonderheiten für Mountainbiker auf Teneriffa

Neben den bekannten Vorsichtsmaßnahmen und Verhaltensregeln im Gebirge gibt es auf Teneriffa einige Punkte, die besondere Beachtung verdienen. Zuallererst fallen die gigantischen Höhenunterschiede auf, die es zu überwinden gilt. Das Orotava-Tal alleine umfaßt einen Höhenunterschied von 1500 Höhenmetern, auf über 2000 m Seehöhe liegen die Cañadas, nicht allzuviel fehlt dem Teide auf 4000 m – und das wohlgemerkt vom Meeresniveau weg! Die meisten Touren beginnen daher nicht an der Küste, sondern höher oben. Ein Leihwagen sei daher unbedingt empfohlen, mit dem die ersten Meter überwunden werden können und der den Biker bequem zu den verschiedenen Ausgangspunkten bringt. Außerdem können die Wetterverhältnisse regional sehr unterschiedlich sein, so daß es sich empfiehlt, bei der Tourenwahl flexibel zu sein und dem Sonnenschein einfach hinterherzufahren.

Noch flexibler ist man mit dem Shuttle-Dienst vom Tourenveranstalter „Diga-Sports", der einen zu jedem beliebigen Ausgangsort bringt. (s. Anhang).

Die Routen führen öfters durch unterschiedliche Höhenstufen, wobei sich große Temperaturschwankungen ergeben können. Mit Wind muß immer gerechnet werden, besonders im Teno- und Anaga-Gebirge kann dieser sehr stürmisch werden. Die Witterung kann sehr rasch umschlagen, besonders Nebel zieht unvermutet schnell auf. Darüber hinaus ist eine gute Zeiteinteilung vonnöten, denn während die Tage auf Teneriffa im Winter verhältnismäßig länger sind, verhält es sich in den Sommermonaten umgekehrt. Durch die Äquatornähe ist die Dämmerung sehr kurz und man wird leicht von der Finsternis überrascht.

Ebensosehr, wie die Landschaften verschieden sind, zeigt auch der Untergrund ein ständig wechselndes Profil. Während ein Großteil der Wege im Orotava-Tal und im Wald-Vulkangebiet bekannte Forststraßen sind, finden sich in den übrigen Gebieten Wege mit weicher Sandauflage, andere mit losem Schotter oder scharfkantigem Lavagestein, welches eine rechte Tortur für die Reifen darstellt. Ebenso können Kakteen, auf die man vor allem im Anaga-Gebirge trifft, zu ungewollten Pausen verhelfen.

Die Touren führen immer wieder durch einsame Regionen, in denen man stundenlang auf keinen Menschen trifft. Im Notfall kann es daher sehr lange dauern, bis Hilfe kommt. Auch muß immer ausreichend

Verpflegung und vor allem Flüssigkeit mitgeführt werden. Unterwegs gibt es wenig bis keine Möglichkeit, Trinkwasser zu erhalten!

Die Stimmung gegenüber Mountainbikern ist generell sehr gut, es gibt keinerlei Auflagen oder Verbote mit Ausnahme der Kernzone des Nationalparks, den Cañadas. Dort ist selbst für Fußgänger das Verlassen der befestigten Wege verboten und wird von der Icona-Forstverwaltung auch kontrolliert! Ein entsprechend rücksichtsvolles Verhalten sollte jedoch selbstverständlich sein.

Zum Gebrauch dieses Führers

Um dem Abwechslungsreichtum der Insel zu entsprechen, sind fünf Regionen mit verschiedenen Touren jeweils gesondert beschrieben. Innerhalb jeder Region sind die Touren mit dem Anfangsbuchstaben der Region und einer Ziffer gekennzeichnet. Die Anordung erfolgte subjektiv nach dem Schwierigkeitsgrad in aufsteigender Reihenfolge.

Der Routenverlauf bezeichnet alle nötigen Punkte und Abzweigungen. Zwischen diesen Punkten hält man sich stets auf dem Hauptweg und läßt alle Abzweigungen unberücksichtigt. Die Höhenmeter sind die jeweils bergauf zurückgelegten Höhendifferenzen, die Kilometerangaben verstehen sich inklusive Tragepassagen. Die Fahrzeit gibt die subjektiv benötigte Fortbewegungszeit an, ohne Pausen und eventuelle Pannen. Bei gemütlicher Tourengestaltung kann sie sich durchaus verdoppeln! Die Verwendung eines Kilometerzählers wäre optimal.

Um der wechselnden Fahrbahnbeschaffenheit gerecht zu werden, wurde bei der Beschreibung der Charakteristik folgende Unterteilung getroffen:

- Asphalt: meist Straßen, manchmal asphaltierte Wege
- Pisten: ausreichende Breite für ein mehrspuriges Fahrzeug, sehr unterschiedlicher Untergrund (Erde, Schotter, Sand, Lavagestein)
- Karrenwege: schmale Pisten (unter zwei Meter) mit wechselndem Untergrund
- Pfade: Fuß- oder Wanderwege, meist trialartig, oft steinig.

In den Höhenprofilen ist dies farbig gekennzeichnet: Asphalt schwarz, Pisten grün, Karrenwege und Pfade rot.

Die Touren können alleine nach den Angaben im Routenverlauf befahren werden, eine zusätzliche Orientierung nach Karten ist jedoch empfehlenswert. Brauchbares Material bieten die Topographischen Karten des Servicio Geografico del Ejército (Cartografía Militar de España). Auf Teneriffa erhält man diese gegen Vorlage eines Personalausweises in der Capitaña, Plaza Weyler, Santa Cruz (Mo-Fr 9-12 Uhr). Zu empfehlen ist die Serie 5V im Maßstab 1:25.000, die recht aktuell und zuverlässig ist. Einige alte Wege und Pfade sind allerdings nicht kartiert, während andere, verzeichnete Wege nicht oder nicht mehr existieren. Auch die Ortsbezeichnungen der Karten stimmen öfters nicht mit der Realität überein. Die Serie L im Maßstab 1:50.000 ist veraltet und nicht auf aktuellem Stand.

Zum Startpunkt jeder Tour ist der Anfahrtsweg beschrieben, wobei Puerto de la Cruz als Standort angenommen wurde. Durch seine zentrale Lage können alle Tourengebiete rasch erreicht werden. Andere günstige Standorte sind Icod de los Vinos mit den Küstenstädtchen San Marcos und Garachico, im Osten sind es La Laguna und die Hauptstadt Santa Cruz. Je nach Standort gibt's unter Umständen kürzere Anfahrtswege.

Die Kilometerangaben sind mit einem Punktesystem versehen. Die entsprechenden Punkte finden sich im Höhenprofil und in den Karten. Auch bei Varianten oder Kombinationen sind die jeweiligen Punkte angeführt.

Abschließend sei als wichtiger Hinweis vermerkt, daß sich auf Teneriffa alles sehr schnell verändert. Die Vegetation ist aufgrund des ganzjährig frühlingshaften Klimas besonders üppig. Wege und Pfade können in kurzer Zeit völlig überwachsen sein oder sich durch Witterungseinflüsse verändern. Andererseits herrscht überall eine rege Bautätigkeit. Ständig werden neue Hotels, Anlagen und Straßen gebaut, aber auch neue Forstwege angelegt bzw. bestehende Schotterstraßen geteert. Im Zweifelsfall empfiehlt es sich daher, den Kilometerangaben eher zu vertrauen als dem eventuell angegebenen Straßenbelag!

Hat man sich erst mal mit den Besonderheiten vertraut gemacht, gibt's nichts mehr, was den Biker halten kann. In diesem Sinne - VIEL SPASS!

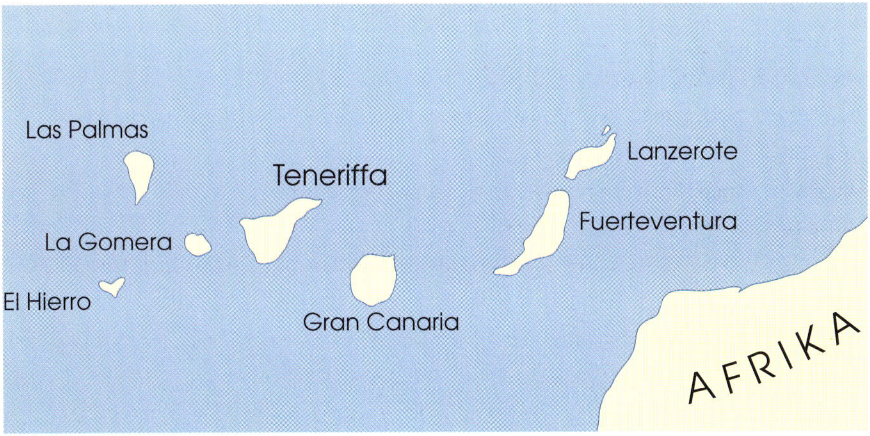

TOURENÜBERSICHT

Das Orotava-Tal

01 GALERIAS	17,2 km	372 Hm	1:26 Std
02 PORTILLO	30,3 km	925 Hm	2:29 Std
03 VALLE DE LA OROTAVA 1	36,1 km	985 Hm	3:08 Std
04 CRUZ DE LAS LAJITAS	27,8 km	1119 Hm	2:34 Std
05 LOS ÓRGANOS	18,3 km	598 Hm	2:05 Std
06 VALLE DE LA OROTAVA 2	56,3 km	1366 Hm	4:41 Std

Die Cañadas

C1 AGUA AGRIA	15,9 km	516 Hm	1:32 Std
C2 MONTAÑA DEL CEDRO	27,1 km	716 Hm	2:00 Std
C3 MONTAÑA ALTO	31,7 km	756 Hm	2:44 Std
C4 MONTAÑA ROQUILLO	24,3 km	603 Hm	2:08 Std
C5 OBSERVATORIO	30,8 km	975 Hm	2:43 Std
C6 RISCOS FORTALEZA	27,2 km	826 Hm	2:40 Std
C7 PICO DEL TEIDE	67,8 km	1296 Hm	4:42 Std
C8 BARRANCO DEL RIO	71,1 km	1739 Hm	5:38 Std

Das Wald-Vulkangebiet

W1 LOS LLANOS	19,5 km	405 Hm	1:31 Std
W2 LLANO DEL HOSPITAL	36,3 km	751 Hm	2:40 Std
W3 MONTAÑA NEGRA	36,7 km	865 Hm	3:13 Std
W4 LOMO VERGARA	43,2 km	1133 Hm	3:38 Std

Das Teno-Gebirge

T1 CRUZ DE GALA	26,1 km	855 Hm	2:19 Std
T2 MASCA	33,3 km	1004 Hm	2:24 Std
T3 BARRANCO BUCARON	31,0 km	808 Hm	2:07 Std
T4 BARRANCO CUEVAS NEGRAS	25,1 km	924 Hm	2:04 Std
T5 TENO ALTO	31,7 km	1281 Hm	2:55 Std

Das Anaga-Gebirge

A1 PICO DEL INGLES	22,1 km	599 Hm	1:38 Std
A2 LA LAGUNA	18,4 km	546 Hm	1:45 Std
A3 CHINAMADA	19,3 km	672 Hm	1:37 Std
A4 LAS CASILLAS	35,8 km	1207 Hm	3:06 Std
A5 ROQUE DOS HERMANOS	35,8 km	1055 Hm	3:37 Std
A6 AFUR	47,7 km	2037 Hm	4:56 Std
A7 EL BAILADERO	51,1 km	2208 Hm	4:55 Std
A8 NORDKÜSTE	75,0 km	3151 Hm	7:18 Std
A9 FARGO DE ANAGA	34,6 km	1683 Hm	4:24 Std

Mehrtagestouren

MT1 WALD-VULKANGEBIET - TENO	2 Tage	135,1 km	3468 Hm	10:37 Std
MT2 OROTAVA-TAL - CAÑADAS	2 Tage	143,3 km	4463 Hm	12:27 Std
MT3 ANAGA-GEBIRGE	2 Tage	120,7 km	4836 Hm	11:54 Std
MT4 CAMPINGTOUR	3 Tage	137,9 km	3690 Hm	12:34 Std
	4 Tage	201,5 km	5429 Hm	17:12 Std
	5 Tage	258,6 km	6593 Hm	21:14 Std
MT5 ISLA DE TENERIFE	5 Tage	336,7 km	9163 Hm	28:49 Std
	6 Tage	403,0 km	11653 Hm	34:32 Std

Bei Angaben zum Maßstab in den Grafiken ist folgendes zu berücksichtigen:

Die aufgeführten Karten entsprechen 93% der Originalgröße.

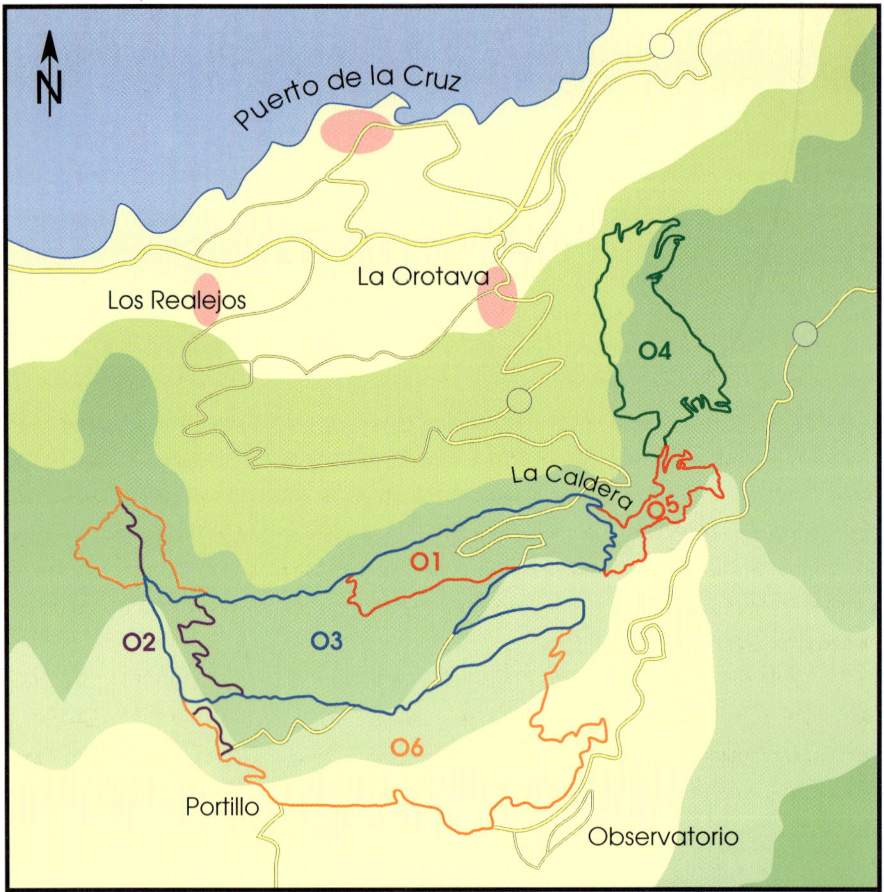
N
Puerto de la Cruz
La Orotava
Los Realejos
O4
La Caldera
O5
O1
O2
O3
O6
Portillo
Observatorio

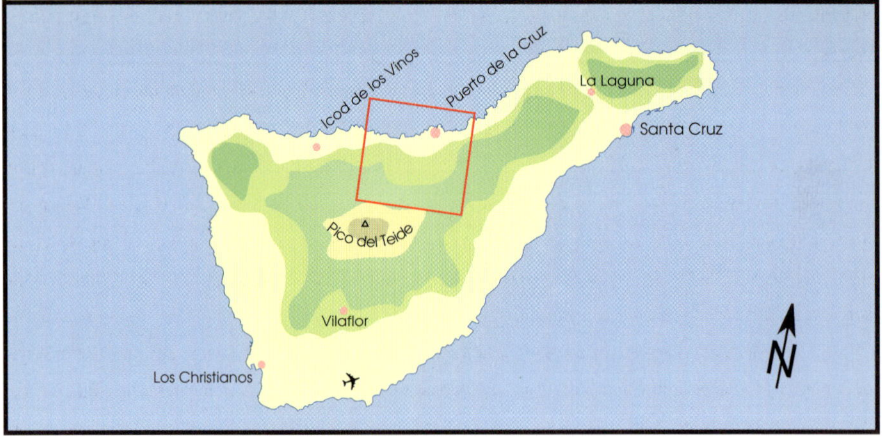
Icod de los Vinos
Puerto de la Cruz
La Laguna
Santa Cruz
Pico del Teide
Vilaflor
Los Christianos
N

DAS OROTAVA-TAL

VALLE DE LA OROTAVA

Zu den bekanntesten Gebieten Teneriffas gehört sicherlich das Orotava-Tal. An der zentralen Nordseite gelegen, erfreuen sich vor allem die Städte Puerto de la Cruz und La Orotava großer Beliebtheit bei Touristen. Deutschsprachige Urlauber und Briten haben diesen Teil der Insel für sich „gepachtet" und die ehemals spanischen Dörfer in Touristenzentren verwandelt. Wandert man durch die Straßen Puertos, hört man mehr deutsch als spanisch und in den Supermärkten findet man Produkte mit deutschen Namen. Ein Eingriff in das spanische Leben, wie man ihn sonst nur auf der Südseite findet, wo die Hotels durchgehende Reihen zwischen Playa de las Américas und Los Christianos bilden. Während sich der Süden für sonnenhungrige Urlauber anbietet, findet man an der Nordseite eine Menge Spaziergänger und Wanderer, die die Insel von ihrer grünen Seite kennenlernen wollen. Und dazu eignet sich das Orotava-Tal besonders, denn es ist wohl eines der vegetationsreichsten Gebiete Teneriffas.

Nicht nur Wanderer fühlen sich hier wohl, auch für Mountainbiker steht ein kleines Paradies offen, denn diese Region bietet für jeden etwas. Von einer gemütlichen Stadtrundfahrt durch Bananenplantagen, über endlose Forstwege bis hin zu schweren Trialherausforderungen findet hier jeder eine passende Tour. Und wer von der Einsamkeit mancher Regionen Teneriffas abgeschreckt wird, fühlt sich hier sicherlich wohl, denn das Orotava-Tal ist wahrscheinlich das meistbewanderte Gebiet der Insel. Doch anders als auf manchen Hausbergen heimischer Regionen zerstreuen sich die Besucher auf der großen Fläche des Tales und der weiten Randzonen, lediglich im zentralen Teil um den kleinen Nebenkrater La Caldera stößt man auf einige Wandergruppen.

Das 62 km breite Orotava-Tal ist im eigentlichen Sinne kein Tal, sondern eine riesige Einsenkung auf der Nordseite Teneriffas. Am besten überschaubar ist dies von den am östlichen Talrand gelegenen Orten Santa Úrsula, La Florida oder Pinoleris aus gesehen. Auch von Puerto de la Cruz bietet sich ein monumentaler Blick auf diese Inselseite. Von der unteren Ackerbauzone, das besiedelte Gebiet, über das riesige Waldgebiet bis zum Fuß des Teide reicht der Blick, wobei die im Winter oft schneebedeckte Nordseite des Teide der Landschaft die Krone aufsetzt! Einen Höhenunterschied von beinahe 4000 m überblickt man hier - eine wunderbare Landschaft und ein riesiges Bikegebiet.

Das Orotava-Tal umfaßt mehrere Höhenstufen, die alle ihr typisches Klima und eine bestimmte Vegetation besitzen. Auf der untersten Stufe, die hier im Norden bis auf etwa 600 m Meereshöhe reicht, wurde durch das trockenwarme Klima die ursprüngliche Pflanzengesellschaft mit Sukkulentenformation (große

Fähigkeit zum Wasserspeichern) von Kulturpflanzen, vornehmlich der Banane, verdrängt. Als Bike-Region eignet sich diese Höhenstufe eher weniger, lediglich zum Kennenlernen der näheren Umgebung Puertos und der ausgedehnten Bananenplantagen kann man hier eine kleine Runde drehen. Wesentlich interessanter wird für den Biker die nächste Stufe, auf einer Höhe von 500 - 1500 m. Hier präsentiert sich ein dichter und artenreicher Nebelwald, der im unteren Teil großteils aus Lorbeerbäumen besteht, während höher oben Kiefern vorherrschen. Dies ist die Höhenstufe der Passatwolken, die die nötige Luftfeuchtigkeit für das Bestehen des Nebelwaldes bringen. Seinen Namen trägt er zu Recht, denn wenn sich durch die kondensierende Luftfeuchtigkeit die Wolken bilden, ist der Wald in einen gespenstischen Nebelschleier gehüllt. Trotzdem verlaufen die meisten Touren der Region auf dieser Höhenstufe, denn in dem herrlichen Wald bietet sich ein weitverzweigtes Netz von Forstwegen, viele sogenannte „Schutzhütten" und die sehenswerten Galerias zur Trinkwassergewinnung. Die Schutzhütten sind einfache Unterstände, die lediglich aus Tisch, Bank und einer hölzernen Überdachung bestehen. Echten Schutz bieten sie sicher nicht, sie dienen eher als Picknickstelle.

Ein weiteres Kuriosum sind die Wegbeschilderungen. Auf großen Holztafeln findet man an beinahe jeder Abzweigung die verschiedensten Richtungsweiser, die aber durch ihre jeweils unterschiedliche Beschilderung den Biker mehr verwirren, als daß sie wirklich hilfreich sind. Viele Plätze sind mit einer kleinen Steinsäule beschildert, die aber bei der Orientierung auch nicht hilft, da die Bezeichnung meist nicht mit der Bezeichnung in den Karten übereinstimmt, oder weil man den entsprechenden Platz in den Militärkarten ganz woanders findet. Eigenartig mutet es unter diesen Umständen an, daß fast alle Forstwege durchgehend mit kleinen gelben Wanderschildern versehen sind (mit der Zeichnung eines Wanderers oder der Aufschrift „Sendero Touristica"), die bei der Orientierung nun wirklich nichts nützen. Hier heißt es, sich exakt an die Tourenbeschreibung halten, da man durch die endlosen Verzweigungen leicht den Überblick verliert!

Eine wichtige Drehscheibe und Ausgangspunkt vieler Touren ist der kleine Krater „La Caldera". Hier startet man eine der leichtesten Touren dieses Führers ebenso wie die schwere und gefährliche Trialfahrt durch die Felswand „Los Órganos". Alle Schwierigkeitsgrade sind vertreten, selbst eine Marathonrunde durch das gesamte Orotava-Tal bis hinauf in die Cañadas steht zur Wahl. Hier sollte wirklich jeder eine Tour nach seinem Geschmack finden. Ein Manko dieser Region sind die schon erwähnten, häufigen Passatwolken, die die Region zwischen 1000 und 1400 m häufig in Nebel hüllen. Einziges, aber wirkungsvolles Mittel dagegen: zeitig morgens starten. Wenn der Nebel im Laufe des Vormittags aufzieht, befindet man sich schon über der Wolkendecke und genießt im strahlenden Sonnenschein die Aussicht auf die Wattebauschen unter sich!

01 Galerias

Leichte Tour

Traumhafte Fahrt vom Nebenkrater La Caldera durch den Nebelwald an mehreren Galerias vorbei; Abschluß über etwas holprigen Schotterweg. Perfekte Tour ohne große Anstrengungen.

17,2 km
372 Hm
1:26 Std

Das Orotava-Tal verdankt seinen Wasserreichtum nicht etwa den hier häufigen Niederschlägen, sondern den gigantischen Mengen unterirdisch gespeicherten Wassers, das sich als fossiler Rest in der zerklüfteten Gesteinsstruktur angereichert hat. Zur Gewinnung dieser Wasservorräte wurden waagrechte Stollen in den Boden getrieben, - oft mehrere Kilometer lang - um zu diesem lebensnotwendigen Element vorzudringen. Auf Schienen wurden die abgetragenen Gesteinsmassen aus dem Berg befördert und in teils riesigen Schutthalden unterhalb des Stolleneingangs aufgeschüttet. Dadurch erhalten diese Wassergewinnungsstätten, die sogenannten „Galerias", ihr typisches Aussehen.

An vier verschiedenen Galerias führt diese Tour vorbei und mit kurzen Abstechern kann man diese Werke bewundern. Jeweils neben einem mehr oder weniger großen Häuschen gräbt sich ein Stollen in den Berg, aus dem die Schienen heraus- und zu den Schutthalden führen. An der größten, der Galeria Chimoche, führt der Weg direkt vorbei. Diese ist auch die modernste dieser vier. Nicht unerheblich sind alle an der Wasserversorgung des Orotava-Tals und vor allem auch der Touristenhauptstadt Puerto de la Cruz beteiligt. Das Wasser ist derart reichlich, daß sogar eine Forellenzucht in Aguamsa betrieben wird. Es ist schon eine Besonderheit auf einer eher trockenen, subtropischen Insel genügend Fließwasser zur Aufzucht von Forellen zur Verfügung zu haben. So stehen auf der Speisekarte des Restaurants Aguamsa nicht nur die üblichen Meeresfische, sondern tatsächlich frische Forellen!

Die Runde beginnt unmittelbar neben Aguamsa am Krater La Caldera. Dieser kleine, bewaldete Nebenkrater ist vollständig erhalten. Eine Straße führt rund um den Kraterrand und in seiner zentralen Einsenkung wurde neben einem kleinen See ein Picknick- und Freizeitgelände angelegt. Eine Forststraße führt von hier mitten durch das Waldgebiet. Stets auf gleicher Höhe windet sie sich durch die Waldhänge, anfangs durch dichten, verwachsenen Nebelwald. Man trifft immer wieder auf Icona-Steinsäulen, die in der eingelassenen Metallplatte die Himmelsrichtung und den Namen der jeweiligen Region angeben. Zweimal hat man die Möglichkeit, einen kurzen Abstecher zu einer Galeria zu machen, bevor man den Nebelwald verläßt und in Kiefernwald eintaucht. Ruhig und kühl, doch leider oft im Nebel, beginnt der Weg ein wenig anzusteigen, bevor man in leichter, wunderschöner Fahrt die Asphaltstraße überquert und zur Schutzhütte Choza Chimoche auffährt. Von hier an geht's nur noch bergab, und nach kurzer Rast an der Hütte hat man die einzige Schwierigkeit dieser Tour zu bestehen. Etwas steiler fällt der Weg ab und führt über lose, faustgroße Steinbrocken berg-

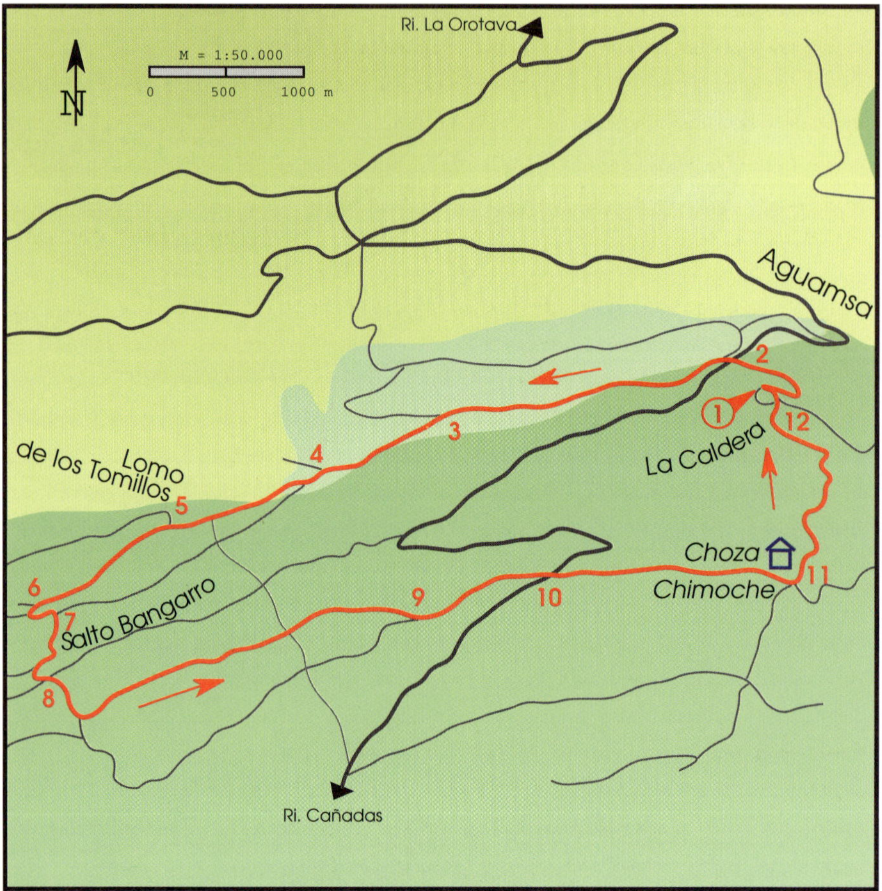

Ri. La Orotava
M = 1:50.000
0 500 1000 m
N
Aguamsa
Lomo de los Tomillos
La Caldera
Choza Chimoche
Salto Bangarro
Ri. Cañadas
1
2
3
4
5
6
7
8
9
10
11
12

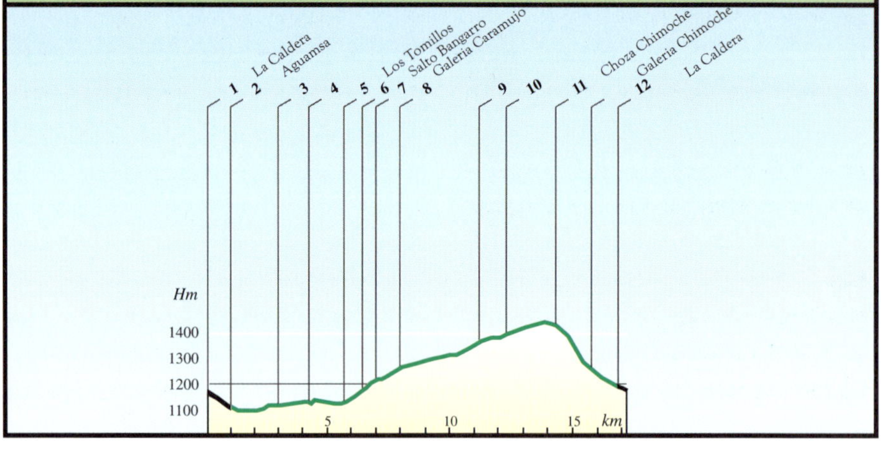

1 La Caldera
2 Aguamsa
3
4
5 Los Tomillos
6 Salto Bangarro
7 Galeria Caramujo
8
9
10
11 Choza Chimoche
Galeria Chimoche
12 La Caldera
Hm
1400
1300
1200
1100
5
10
15
km

ab. Einsteiger werden hier ein wenig ins Schwitzen kommen, doch schon bald passiert man die Galeria Chimoche und rollt in problemloser Fahrt zurück zum Krater La Caldera.

Insgesamt eine einfache, wunderschöne Runde, die durchweg auf sehr guten Forststraßen immer wieder an schönen Aussichtspunkten vorbeiführt, die herrliche Ausblicke über das Waldgebiet des Orotava-Tals freigeben. Einsteiger kommen hier voll auf ihre Kosten und können die Fahrt durchgehend genießen. Und wer zeitig morgens startet, hat einen weiteren Pluspunkt: In kühler, strahlender Morgensonne beginnt man die Tour, wenn die Lichtstrahlen durch die Baumwipfel dringen. Die aufziehenden Passatwolken beginnen erst im Laufe des Vormittags, aus den Tallagen hochzusteigen und die Region in Nebel zu hüllen. Doch selbst dann bleibt dies eine lohnende Runde, denn der Nebelwald zeigt sich so, eingehüllt in Wolkenfetzen, in seiner wahren Pracht - undurchdringlich und geheimnisvoll.

Charakteristik

Fahrbahnen

Asphalt	1,3 km
Piste	15,9 km
Karrenwege	0,0 km
Pfade	0,0 km

Durchwegs sehr gute Forststraßen mit festem Untergrund, wenig steil und gut zu befahren. Erst das letzte Stück von der Choza Chimoche zum La Caldera auf etwas steiler und steiniger Piste bergab.

Schwierigkeiten

leicht	8,7 km
mittel	7,4 km
schwer	1,1 km
extrem	0,0 km

Schiebe-/Tragestrecken: keine

Fahrstrecke

0,0	La Caldera	1170	0:00
5,8	Los Tomillos	1133	0:22
6,4	Salto Bangarro	1170	0:26
7,3	Galeria Caramujo	1236	0:31
14,3	Choza Chimoche	1430	1:16
17,2	La Caldera	1170	1:26

Rast/Verpflegung

Kiosk am La Caldera, keine Möglichkeit unterwegs.

Karten

Mapa Militar de España:
77-78;77-79 „La Orotava" + 78-79 „Arafo"
(Serie 5V 1:25.000)

Routenführung

Ausgangspunkt: Aguamsa, La Caldera

Anfahrt von Puerto de la Cruz: Von Puerto de la Cruz nach La Orotava. Die Stadt auf der Hauptstraße durchfahren und immer Ri. „Cañadas del Teide" halten. Dieser Straße ohne Berücksichtigung einer Abzweigung stets weiter folgen. Nach 10 km erreicht man den Ortsbeginn von Aguamsa (unscheinbares Schild).

Fahrt zum Startplatz: 3 km nach dem Ortsschild, nach Durchfahren einer Rechtskehre zweigt man nach links Ri. „La Caldera" (Holzschild) ab. Nach 1,0 km erreicht man das Straßenrundeau an der Caldera.

Hier beginnt die Tour, Parkmöglichkeit auf dem Parkplatz an der Einmündung der Anfahrtsstraße.

Alternative Startpunkte: keine

Pkt.1 **km 0,0** Auf der Anfahrtsstraße zurück und zur Hauptstraße hinabfahren.

Pkt.2 **km 1,0** Die Straße überqueren und der Schotterstraße, Ri. „Moro Quemada" folgen. Nach 100 m geradeaus bleiben.

Pkt.3 **km 3,2** Die Abzweigung nach rechts liegen lassen und geradeaus weiter, Ri. „A Los Realejos".

Pkt.4 **km 4,5** Den rechten Abzweig liegenlassen und geradeaus weiter, Ri. „Llanos de Gaspar, A Los Realejos". Nach 70 m geradeaus weiter (nicht links bergauf). Nach 600 m an der Gabelung gerade weiter, Ri. „Tomillos".

Pkt.5 **km 5,9** An der Kreuzung am „Lomo de los Tomillos" geradeaus, Ri. „Salto Bangarro".

Pkt.6 **km 6,6** Man erreicht den Salto Bangarro und hält sich auf den linken der beiden Hauptwege bergauf, Ri. „Las Cañadas" (nicht Ri. „El Hayandero"). Nach 100 m an der Gabelung dem Hauptweg durch die Linkskurve bergauf folgen und nach weiteren 200 m diesem durch die Rechtskurve folgen.

Pkt.7 **km 7,0** Dem Querweg links bergauf folgen. Nach 200 m am Wegekreuz geradeaus, Ri. „A Las Cañadas" und nach weiteren 50 m den Abzweig zur „Galeria Z. Caramujo" liegenlassen.

Pkt.8 **km 8,0** An der Gabelung links, Ri."La Orotava" und diesem Weg stets folgen.

Pkt.9 **km 11,2** An der Gabelung den rechten Abzweig, Ri. „A Los Realejos" liegen lassen und auf dem unbeschilderten Ast nach links fahren.

Pkt.10 **km 12,3** Man erreicht die Asphaltstraße und fährt auf dieser rechts bergauf. Nach 50 m links auf die Schotterstraße, Ri. „Pista Chimoche" abzweigen.

Pkt.11 **km 14,3** An der Choza Chimoche den geradeaus führenden Ast liegenlassen und auf dem linken, unbeschilderten Ast bergab fahren, an der Hütte vorbei. Stets dem Hauptweg folgen und alle Abzweigungen liegenlassen.

Pkt.12 **km 16,9** Man erreicht die Asphaltstraße am La Caldera und folgt ihr nach rechts zurück zum Parkplatz.

Variante

Abkürzungsmöglichkeit zwischen Pkt.2 und Pkt.10 auf der Straße.

Kombinationen

Mit 04 oder 05 (01, Pkt.11 = 05, Pkt.4)

Tips und Hinweise

Diese Tour ist eine der leichtesten dieses Führers und bietet sich herrlich als Einstiegsroute an, auf der man ohne große Anstrengungen viel vom Charakter Teneriffas und des Orotava-Tals im besonderen kennenlernt!
Leider erkennt man unschwer die stete Zurückdrängung des Waldgürtels. Die untere Waldgrenze hat sich innerhalb kürzester Zeit wesentlich nach oben verschoben. Fuhr man hier noch vor einigen Jahren durch dichten Nebelwald, der kaum einen Ausblick auf das Tal zuließ, so liegt der untere Teil der Strecke heute bereits unmittelbar an der Waldgrenze. Es ist absehbar, daß sich die waldfreie, wirtschaftlich genutzte Zone auch in nächster Zeit noch weiter vergrößern wird.

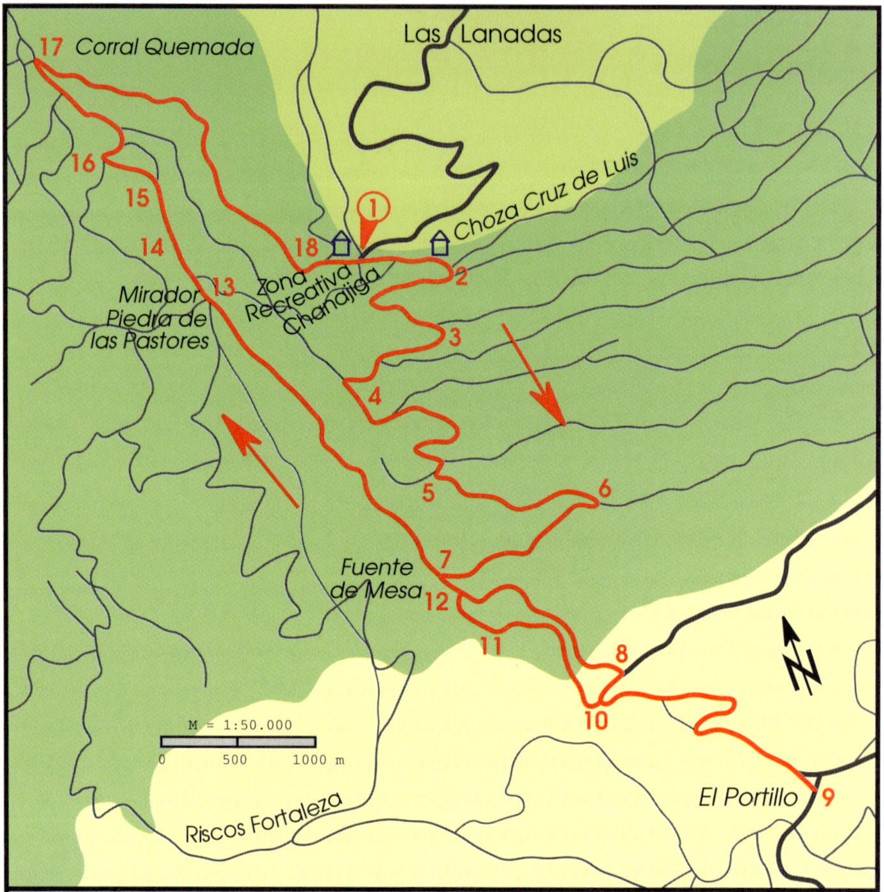
17 Corral Quemada
Las Lanadas
16
15
14
Mirador Piedra de las Pastores
13
18
1
Zona Recreativa Chanajiga
Choza Cruz de Luis
2
3
4
5
6
7
Fuente de Mesa
12
11
8
10
M = 1:50.000
0 500 1000 m
Riscos Fortaleza
El Portillo
9
N

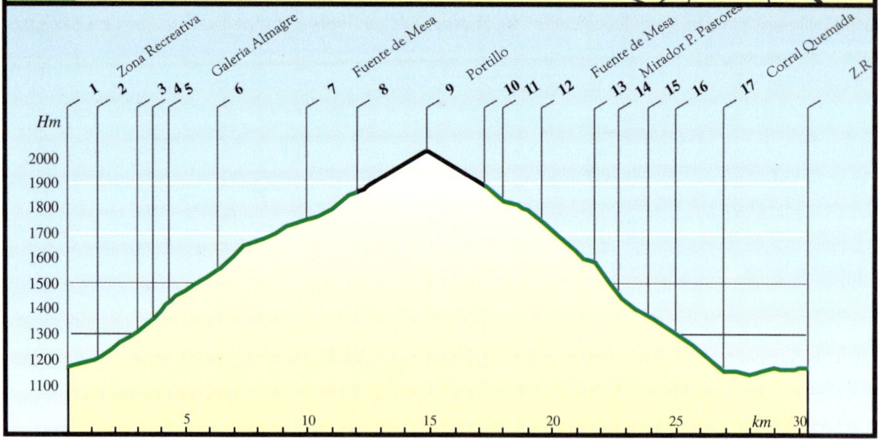
Zona Recreativa
Galeria Almagre
Fuente de Mesa
Portillo
Fuente de Mesa
Mirador P. Pastores
Corral Quemada
Z.R
1 2 3 4 5 6 7 8 9 10 11 12 13 14 15 16 17
Hm
2000
1900
1800
1700
1600
1500
1400
1300
1200
1100
5 10 15 20 25 km 30

02 Portillo

Mäßig schwere bis schwere Tour

Lange, wunderschöne Fahrt durch die Wälder des Orotava-Tals auf ruhigen Forststraßen bis hinauf in die Cañadas mit traumhaften Ausblicken über das Tal. Durch viele Abzweigungen schwer zu überschauen, insgesamt sehr schöne Tour.

30,3 km
925 Hm
2:29 Std

Eine spezifische Eigenheit der Kanarischen Inseln und Teneriffas im besonderen ist es, auf kürzesten Entfernungen die unterschiedlichsten Landschaften zu präsentieren. Innerhalb weniger Kilometer ändert sich das Landschaftsbild komplett und zeigt eine völlig andere Charakteristik. Nicht selten schlägt das Bild derart rasch um, daß man meint, plötzlich ein anderes Land oder gar einen anderen Kontinent zu betreten.

Die unglaublichen Höhenunterschiede auf kleinstem Raum und die dadurch entstehenden unterschiedlichen Klimaverhältnisse haben im Zusammenspiel mit der raschen vulkanischen Erdbildung eine kontrastreiche Insel geschaffen, die ständig mit Überraschungen und neuen Entdeckungen aufwarten kann.

Der stollenbereifte Naturliebhaber und Entdecker lernt dieses Charakteristikum unmittelbar kennen. Von lieblich-schattigen Wäldern gelangt man unvermittelt in abweisende Felsregionen, von breiten Schotterpisten in den schwarzen Lavasand und von dort über steilste Geröllpfade wieder ins Waldgebiet. Besonders auf Mehrtagestouren erlebt man diesen raschen Umbruch des Geländes mit seinen ständig wechselnden Anforderungen. Einen Vorgeschmack davon holt man sich bereits auf dieser Tour, auf der man den abrupten Übergang des Orotava-Tals in die Cañadas kennenlernt.

Die Tour startet am Westhang des Orotava-Tals, mitten im herrlichen Waldgebiet. Der Nordostpassat bringt der Nordseite mit seiner feuchten Luft und den sich daraus bildenden Passatwolken und dem häufigen Nebel viel Feuchtigkeit. Je nach Jahreszeit hängt der Nebel in einer Höhe von etwa 800 bis 1600 m Höhe und bildet die Voraussetzung für die Vegetation dieser Region - den Nebelwald. Die alten, riesigen Bäumen sind dicht verwachsen und abseits der Wege fast undurchdringlich. Lianen ranken sich von Ast zu Ast, unbekannte Arten zeigen sich in geheimnisvollen Formen - ein Paradies für Berufs- und Hobbybotaniker. Gut angelegte Forststraßen schlängeln sich durch das Waldgebiet, wie geschaffen für das Bike. Sollte der Startpunkt der Tour im Nebel liegen, so ist das nicht weiter schlimm, denn während der Auffahrt beginnt der Nebel aufzulichten und plötzlich radelt man in strahlendem Sonnenschein und blickt hinab auf eine undurchdringliche Wolkenschicht, wie auf einen weißen Teppich. Genauso plötzlich, wie man die Nebelzone verlassen hat, beginnt sich auch die Landschaft zu ändern. Der Wald wird zusehends spärlicher und ein schmaler Buschgürtel bildet den Übergang zur felsigen, fast vegetationslosen Vulkanlandschaft der Cañadas. Ungläubig betrachtet man die unwirklichen Felsformationen, deren bizarre Form zu Recht mit einer Mondlandschaft verglichen wird. Das letzte Stück muß auf der Straße zurückgelegt werden, ehe am Nordrand der Cañadas der winzige Ort Portillo erreicht wird. Unmittelbar dahinter ragt der Pico del Teide auf und im Angesicht seiner – oft schneebedeckten – Nordseite lockt der eine oder andere Abstecher durch die Sand- und Felsregion.

Bevor man erneut in den Nebel taucht, saugt man noch die Blicke über den Wolken auf. Besonders beeindruckend ist das abendliche Farbenspiel, wenn sich die Sonne gegen den Horizont neigt und die Wolkenberge in gelbes und rotes Licht taucht, um schließlich in den Wolken zu versinken. Zu dieser Zeit sollte der Biker schon wieder wohlbehalten im warmen Zimmer sitzen, denn Finsternis und Kälte kommen unglaublich schnell und man wäre nicht der erste Tourist, der von ihnen überrascht wird!

Charakteristik

Fahrbahnen

Asphalt	5,1 km
Piste	23,0 km
Karrenwege	2,2 km
Pfade	0,0 km

Schwierigkeiten

leicht	5,3 km
mittel	14,4 km
schwer	10,6 km
extrem	0,0 km

Durchwegs leichte, nur kurzzeitig steile Auffahrt auf überwiegend sehr guten Forststraßen, alles gut befahrbar. Problemlose Auffahrt nach Portillo auf der Straße. Trialpfad bergab etwas holprig (steinig) und schmal, aber gut befahrbar. Karrenweg vom Piedra Pastores zur Schutzhütte anfangs sehr steil, aber mit festem Untergrund. Sonst tadellos befahrbare Forstpisten.

Schiebe-/Tragestrecken: keine

Rast/Verpflegung

Bar/Restaurant in Portillo.

Karten

Mapa Militar de España:

77-78; 77-79 „La Orotava" + 77-80 „Teide"

(Serie 5V 1:25.000)

Fahrstrecke

0,0	Zona Recreativa	1185	0:00
4,4	Galeria Almagre	1450	0:33
9,9	Fuente de Mesa	1750	1:15
14,7	Portillo	2035	1:44
21,6	Mirador Piedra Pastores	1595	2:06
30,3	Zona Recreativa	1185	2:29

Routenführung

Ausgangspunkt: Palo Blanco, Zona Recreativa Chanajiga

Anfahrt von Puerto de la Cruz: Von Puerto de la Cruz nach Orotava, auf der Hauptstraße durch und Ri. „Cañadas del Teide" halten. Dieser Straße folgt man ohne Berücksichtigung einer Abzweigung. 8 km nach dem Ortszentrum La Orotava zweigt man unmittelbar vor einer Linkskurve nach rechts Ri. „Palo Blanco, Los Realejos" ab (nach dem kleinen Ortsschild „El Camino de Chasna").

Fahrt zum Startplatz: 4,1 km nach dem Abzweig passiert man den Km-Stein „6" und nach 100 m ein kleines Schild „Termino Municipal de Los Realejos". Nach weiteren 300 m zweigt eine Straße nach links bergauf ab, bei einem kleinen Bushäuschen und einem kleinen, versteckten Schild Ri. „Las Llanadas, Z. R. Chanajiga". Dieser Straße folgt man ohne Berücksichtigung einer Abzweigung, bis man nach 6,4 km eine Schotterstraße an einer großen Gabelung erreicht („Acebiño del Inglés").

Hier beginnt die Tour, Parkmöglichkeit auf der Schotterstraße rechts, nach wenigen Metern vor dem neuen Haus.

Alternativer Startpunkt: Portillo

Pkt.1 **km 0,0** An der Einmündung der Asphaltstraße die obere der beiden links wegführenden Schotterstraßen, Ri. „Las Cañadas, Choza Cruz de Luis, La Caldera, La Orotava" befahren.

Pkt.2 **km 1,1** An der Schutzhütte den linken Abzweig, Ri. „La Caldera" liegenlassen und rechts bergauf, Ri. „Portillo, Las Cañadas" fahren. Nach 100 m den links steil bergauf führenden Weg liegenlassen und dem Hauptweg durch die Rechtskurve folgen. Dieser Straße stets folgen und alle Abzweigungen, insbesondere nach 1,2 und 1,7 km liegenlassen.

Pkt.3 **km 2,9** An der Gabelung rechts bergauf, Ri. „Las Cañadas".

Pkt.4 **km 3,6** Den Wegabzweig Ri. „Fuente de Mesa" liegenlassen und nach 200 m auf dem Hauptweg rechts, Ri. „Las Cañadas" bleiben.

Pkt.5 **km 4,1** An der Gabelung links bergauf, Ri. „Las Cañadas". Nach 300 m passiert man eine Galeria, folgt dem Weg geradeaus durch und nach 70 m an der Gabelung rechts bergauf, Ri. „Las Cañadas".

Pkt.6 **km 6,2** An der Gabelung am „Los Picachos" rechts bergauf, Ri. „Las Cañadas".

Pkt.7 **km 9,9** Nach Passieren einer weißen Hütte an der „Fuente de Mesas" links bergauf, Ri. „Las Cañadas, Choza Sventenius" fahren und dieser Schotterstraße stets folgen.

Pkt.8 **km 12,0** Man erreicht die Asphaltstraße und folgt dieser rechts bergauf.

Pkt.9 **km 14,7** Man erreicht die Straßenkreuzung vor dem Besucherzentrum Portillo, kehrt hier um und fährt auf der Straße wieder zurück.

Pkt.10 **km 17,1** 500 m nach dem Kilometerstein „30" zweigt in der zweiten Rechtskehre ein Schotter-/Karrenweg nach links ab. Diesem folgt man und fährt nach wenigen Metern an der Gabelung rechts bergab.

Pkt.11 **km 17,9** An der Gabelung rechts, nach 500 m am Wegeviereck auf den querenden Weg nach rechts und nach weiteren 300 m an der Schotterstraße links bergab.

Pkt.12 **km 19,5** An der „Fuente de Mesa" geradeaus bergab, Ri. „Piedra de los Pastores".

Pkt.13 **km 21,6** Man erreicht die große Kreuzung am „Mirador Piedra de los Pastores" und folgt dem Karrenweg rechts (geradeaus) steil bergab, Ri. „Chanajiga, Choza Viera y Clavijo". Nach 70 m den rechten Fußweg, Ri. „Chanajiga" liegenlassen und geradeaus bergab bleiben.

Pkt.14 **km 22,6** Geradeaus bergab bleiben, nach 100 m dem Weg durch die Rechtskurve folgen und stets bergab halten.

Pkt.15 **km 23,8** An der Kreuzung auf die Schotterstraße nach links bergab halten. Nach 100 m erreicht man eine Gabelung. Der rechte Weg führt nach wenigen Metern zur Hütte „Choza Viera y Clavijo". An dieser Gabelung hält man sich links bergab, Ri. „Las Llanadas, Los Realejos, Icod...".

Pkt.16 **km 24,9** Eine Schotterstraße führt von links oben herab, man bleibt weiter geradeaus. Nach 70 m an der Gabelung links, Ri. „Icod el Alto, Los Realejos". Nach weiteren 500 m an der Gabelung rechts, Ri. „Icod el Alto, Realejos". Ab hier stets dem eingeschlagenen Hauptweg folgen und alle Abzweigungen unberücksichtigt lassen (nach 150 m, 450 m, 650 m und 800 m immer auf der Forststraße bleiben).

Pkt.17 **km 26,8** Man erreicht den „Corral Quemada", läßt alle abwärts führenden Wege liegen und hält sich auf den breiten Weg nach rechts entlang des Wasserrohres, Ri. „Zona Recreativa Chanajiga, Realejos".

Pkt.18 **km 30,0** Man erreicht die Zona Recreativa, hält sich geradeaus durch, nach 150 m am Haus vorbei (nicht links bergab) und erreicht nach wenigen Metern den Ausgangspunkt.

Varianten

Abkürzung: Die Auffahrt nach Portillo auslassen und am Pkt.7 rechts bergab, direkt zu Pkt.13.

Alternative Abfahrten über 03 (Pkt.12-14) oder 06 (Pkt.13-20).

Kombinationen

Mit C6: = 02 Pkt.1-9, C6 Pkt.1-9, 02 ab Pkt.13

Tips und Hinweise

Spätaufsteher sollten sich nicht von den häufig anzutreffenden Passatwolken abschrecken lassen. Die Wolkenschicht reicht meist nur bis etwa zur Höhe des Mirador Piedra Pastores, ab dort reißt der Nebel auf und man fährt in strahlendem Sonnenschein nach Portillo auf. Wer früh startet, kennt dieses Problem nicht, denn die Wolken ziehen meist erst im Laufe des Vormittags auf.

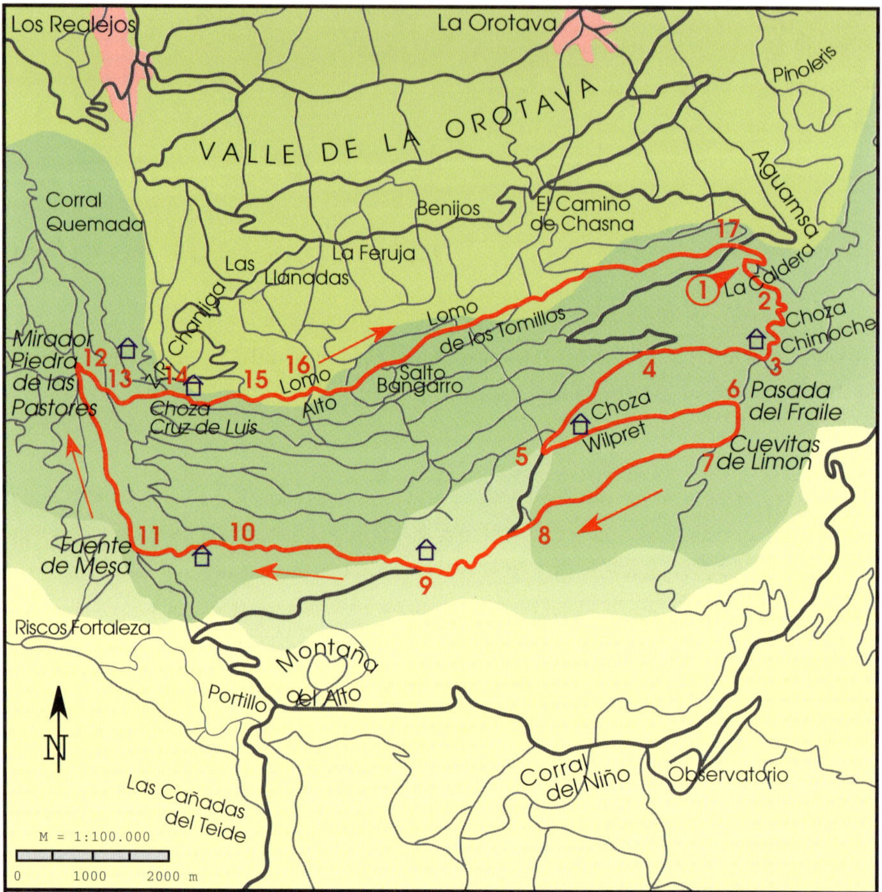
Los Realejos
La Orotava
Pinoleris
VALLE DE LA OROTAVA
Aguamsa
Corral Quemada
Benijos
El Camino de Chasna
La Feruja
Las Llanadas
Chanjiga
La Caldera
Choza Chimoche
Lomo de los Tomillos
Salto Bangarro
Lomo Alto
Mirador Piedra de las Pastores
Choza Cruz de Luis
Choza Wilpret
Pasada del Fraile
Cuevitas de Limon
Fuente de Mesa
Riscos Fortaleza
Montaña del Alto
Portillo
Corral del Niño
Observatorio
Las Cañadas del Teide
N
M = 1:100.000
0 1000 2000 m
1 2 3 4 5 6 7 8 9 10 11 12 13 14 15 16 17

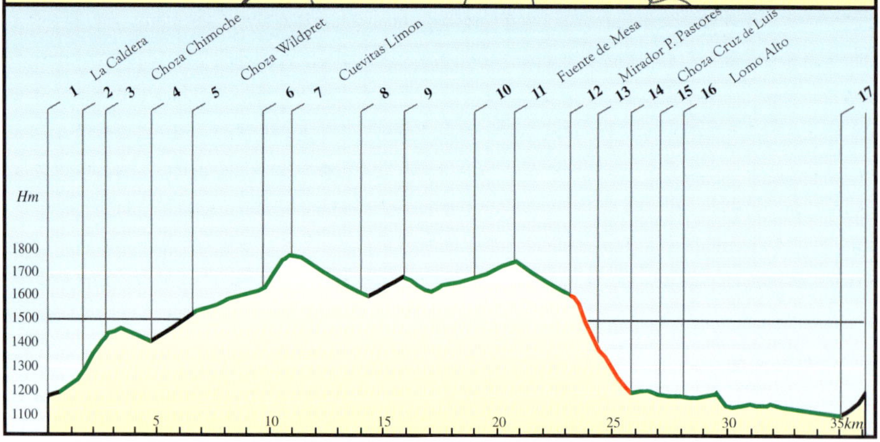
La Caldera
Choza Chimoche
Choza Wildpret
Cuevitas Limon
Fuente de Mesa
Mirador P. Pastores
Choza Cruz de Luis
Lomo Alto
1 2 3 4 5 6 7 8 9 10 11 12 13 14 15 16 17
Hm
1800
1700
1600
1500
1400
1300
1200
1100
5 10 15 20 25 30 35km

03 Valle de la Orotava I

Mäßig schwere bis schwere Tour

Schöne Auffahrt durch die Wälder des Orotava-Tales, gewürzt mit zwei steilen Streckenabschnitten. Tolle Trialabfahrt über unzählige Kehren auf einem breiten Fußweg mitten durch den abschüssigen Westrand des Tales. Konditionell leicht, fahrtechnisch sehr ansprechend.

36,1 km
985 Hm
3:08 Std

Die zentrale Nordseite Teneriffas hat ein jüngeres Entstehungsdatum als die beiden alten Gebirgsstöcke des Anaga- und Teno-Gebirges. Obwohl die Erosionsvorgänge in diesem Teil nur relativ geringe Veränderungen verursachten (zumindest im Gegensatz zu den beiden stark erodierten Gebirgen), kam es doch zu tiefgreifenden Änderungen der Landschaftsstruktur. Eines dieser Beispiele ist das Orotava-Tal selbst. Dieses ist nämlich im eigentlichen Sinne kein Tal, sondern eine Einbruchsenke. In einem Gebiet von über 60 km Breite senkte sich der Boden und fiel in sich zusammen. Übrig geblieben ist eine riesige Senke, - eben das Orotava-Tal - das am Rand der Einbruchzone steil abfallende Seitenwände aufweist. Die westliche Wand ist zweifelsohne die steilere und bietet durch den dichten Wuchs der Nebelwälder ein imposantes Bild. Noch beeindruckender wird dies durch die Tatsache, daß mitten durch diese Wand, versteckt zwischen Fels und üppiger Vegetation, ein Fußweg führt. Und dieser ist das Ziel der vorliegenden Tour.

Beginnend am La Caldera, der Drehscheibe vieler Touren dieser Region, erwartet den Biker zuerst recht Harmloses. Beste Schotterpisten ziehen hinter dem kleinen Nebenkrater hoch und lassen lediglich auf einem kurzen Abschnitt vor der Choza Chimoche den Puls hochschnellen. Auf einer kurzen Asphaltstrecke kann sich der Kreislauf wieder erholen, bevor man zur zweiten Offensive startet. Unerwartet zweigt ein Forstweg ab, der höllisch steil bergan zieht. Fahrend ist der nicht zu schaffen, zumal der feste Boden mit einer dichten Auflage Föhrennadeln belegt ist. Und die sind so rutschig, daß sogar das Gehen ein wenig Geschick erfordert. Doch ist dieses Hindernis überwunden, beginnt der absolute Hochgenuß: Beste Forststraßen queren das Orotava-Tal und bringen den Biker in einem steten Auf und Ab bis auf die Westseite des Tales. Wer hier schon merkt, daß ihn diese Runde nicht ganz auslastet, kann problemlos die Fahrt nach Portillo anhängen und in den Cañadas eine Menge Höhenmeter vernichten. Normalsterbliche fahren direkt über die Fuente de Mesas, eine kleine Quelle, zum Aussichtspunkt „Piedra de los Pastores". Hier befindet man sich weit oberhalb des Tales und überblickt, vom abfallenden Westrand aus, das gesamte darunterliegende Tal.

An diesem Mirador beginnt ein Fußweg, der sich direkt und uneinsehbar durch die steile Seitenwand hinabwindet. So sehr im Biker angesichts des Gefälles Zweifel aufkeimen, so überrascht ihn bald die erstaunlich gute Befahrbarkeit dieser steilen Randzone. Der Weg ist praktisch durchgehend fahrbar, baut er doch die Höhendifferenz von immerhin 400 m über eine Menge Spitzkehren und Serpentinen ab. Da der Weg nicht allzu schmal ist, sind die Kehren mit ein wenig Geschick allesamt fahrbar. Lediglich einige wenige Schlüsselstellen erfordern höchste Konzentration, ansonsten kommt ob der Bikerfreundlichkeit des Weges Freude auf. Nach Passieren einer einsamen Galeria wird schließlich wieder ein Schotterband erreicht, das eine zwar lange, aber absolut problemlose Rückfahrt zum La Caldera verspricht. Dort angekommen hat man das Orotava-Tal von Ost nach West und wieder zurück gequert, hat dichten Nebelwald und Kiefernforst durchfahren und tolle Aussichtspunkte passiert. Doch am meisten erfreut die Tour durch die wechselnden Streckenverhältnisse. Ohne den Biker vor unlösbare Aufgaben zu stellen, bietet sie neben herrlichen Schotterstraßen und Forstpisten eine tolle Trialabfahrt auf kurvenreichen Fußwegen. Und das gewürzt mit dem Duft des herrlichen Frühlingsklimas, einer üppigen Vegetation und den nahen Wellen des Atlantiks - Bikerherz, was willst du mehr?

Charakteristik

Fahrbahnen

Asphalt	0,2 km
Piste	28,8 km
Karrenwege	0,1 km
Pfade	2,4 km

Schwierigkeiten

leicht	22,0 km
mittel	8,0 km
schwer	5,4 km
extrem	0,7 km

Schiebe-/Tragestrecken

1) 5 min/300 m bergauf

2) ev. einige Meter bergab

Rast/Verpflegung

Kiosk am La Caldera, keine Möglichkeit unterwegs.

Karten

Mapa Militar de España: 77-78;77-79 „La Orotava" + 77-80 „Teide" + 78-79 „Arafo" (Serie 5V 1:25.000)

Am Beginn steile Auffahrt zur Choza Cimoche, dann leichte Fahrt auf Forst- und Asphaltstraßen zum Pasada del Fraile. Von dort rutschiges Schiebestück bergauf über Waldboden. Allerbeste Schotterpisten bis zum Piedra Pastores, anschließend nicht allzu schmaler Fußweg durch den Steilhang mit vielen engen Serpentinen. Fast durchgehend fahrbar, nur einige wenige Schlüsselstellen über Felsstufen. Am Beginn der Trialfahrt fester Erdboden, gegen Ende Waldweg. Leichte Rückfahrt zum La Caldera auf Forststraßen.

Fahrstrecke

0,0	La Caldera	1170	0:00
6,7	Choza Wildpret	1533	0:47
10,8	Cuevitas de Limon	1770	1:22
23,2	Mirador Piedra Pastores	1595	2:11
26,4	Choza Cruz de Luis	1200	2:28
36,1	La Caldera	1170	3:08

Routenführung

Ausgangspunkt: Aguamsa, La Caldera

Anfahrt: Von Puerto de la Cruz nach La Orotava. Die Stadt auf der Hauptstraße durchfahren und immer Ri. „Cañadas del Teide" halten. Dieser Straße ohne Berücksichtigung einer Abzweigung stets weiter folgen. Nach 10 km erreicht man den Ortsbeginn von Aguamsa (unscheinbares Schild).

Fahrt zum Startplatz: 3 km nach dem Ortsschild, nach Durchfahren einer Rechtskehre, zweigt man nach links Ri. „La Caldera" (Holzschild) ab. Nach 1,0 km erreicht man das Straßenrundeau an der Caldera.

Hier beginnt die Tour, Parkmöglichkeit auf dem Parkplatz an der Einmündung der Anfahrtsstraße.

Alternativer Startpunkt: Zona Recreativa Chanajiga

Pkt.1 **km 0,0** Am tiefsten Punkt des La Caldera, bei der Bushaltestelle und dem Parkplatz, der Straße um den Krater gegen den Uhrzeigersinn (Ri. „Chimoche") folgen. Nach 180 m, am höchsten Punkt der Straße, auf die Schotterstraße nach rechts, Ri. „Pedro Gil, Chimoche, Pasada de las Bestias, Zona de Acampada" abzweigen und dieser Straße stets folgen.

Pkt.2 **km 1,6** An der Weggabelung am „Pasada de las Bestias" den Abzweig geradeaus liegenlassen und der Schotterstraße rechts bergauf folgen. Nach 400 m beide Abzweigungen zur Galeria liegenlassen und auf dem Hauptweg bleiben.

Pkt.3 **km 2,8** Man erreicht die Schutzhütte „Choza Chimoche", läßt den Abzweig nach links liegen und folgt der Schotterstraße nach rechts um die Hütte herum.

Pkt.4 **km 4,6** An der Asphaltstraße links bergauf.

Pkt.5 **km 6,7** Nach links auf die breite Schotterstraße beim Unterstand „Choza Wildpret" Ri. „Cumbres Orotava, Pista Arco de Chimoche, Parada Francisco Bonin" abzweigen.

Pkt.6 **km 9,8** Am „Pasada del Fraile" verläßt man die geradeaus führende Forststraße und zweigt auf die steile Piste rechts bergauf ab (etwas weiter oben finden sich gelbe „Sendero Touristica"-Rauten).

Pkt.7 **km 10,8** Man erreicht eine Querstraße am „Cuevitas de Limon" und fährt auf dieser rechts bergab.

Pkt.8 **km 14,0** An der Gabelung gerade weiter, nicht rechts bergab. Nach 300 m an der Asphaltstraße links bergauf.

Pkt.9 **km 15,8** Vor dem Km-Stein „26" rechts auf die Schotterstraße abzweigen, Ri. „Pista Galerias Las Cumbres".

Pkt.10 **km 19,0** Am „Los Picachos" an der Querstraße links bergauf.

Pkt.11 **km 20,7** An der „Fuente de Mesas" rechts bergab, Ri. „Guancha, Icod, Piedra de los Pastores".

Pkt.12 **km 23,2** Man erreicht die große Kreuzung am „Mirador Piedra de los Pastores" und folgt dem Karrenweg rechts (geradeaus) steil bergab, Ri. „Chanajiga, Choza Viera y Clavijo". Nach 60 m scharf rechts auf den Fußweg, Ri. „Chanajiga" abzweigen und auf diesem steil bergab fahren.

Pkt.13 **km 24,3** Die breite Schotterstraße geradeaus überqueren und weiter dem Fußpfad bergab folgen („Sendero Touristica"-Schilder). Nach 600 m passiert man eine Galeria, nach weiteren 200 m den links abzweigenden Fußweg liegenlassen und geradaus bleiben.

Pkt.14 **km 25,7** Man erreicht eine Schotterstraße und fährt auf dieser rechts (links geht's zur Z.R. Chanajiga, 400 m). Nach 700 m an der „Choza Cruz de Luis" an der Gabelung links, Ri. „La Caldera" fahren. Nach 20 m an der nächsten Gabelung auf dem linken Ast bergab halten, Ri. „Aguamsa".

Pkt.15 **km 27,1** Den linken Abzweig liegenlassen und geradeaus, Ri. „Zona Recreativa Caldera, Orotava" fahren. Nach 600 m gerade bleiben.

Pkt.16 **km 28,1** Am „Lomo Alto" geradeaus, Ri. „Salto Bangarro" fahren. Von nun an immer geradeaus auf dem Hauptweg bleiben und nirgendwo abzweigen (bei km 28,8 Ri. „Aguamsa", bei km 29,4 an der 4er-Gabelung geradeaus, bei km 29,6 am Salto Bangarro Ri. „Lomo de los Tomillos", bei km 30,3 geradeaus, bei km 31,1 am Moro Quemada Ri. „Cueva de la Caldera", bei km 31,7 geradeaus, bei km 33,0 geradeaus).

Pkt.17 **km 35,1** An der Gabelung rechts bergauf, nach wenigen Metern die Hauptstraße überqueren und auf der asphaltierten Straße bergauf, Ri. „La Caldera" fahren. Nach 1 km zurück am Ausgangspunkt.

Varianten

Leichtere Abfahrten: Ab Pkt. 12 entweder über 02 (Pkt.13-18) oder 06 (Pkt.13-20). Weiter auf der rechten, oberen Schotterstraße, nach 400 m erreicht man Pkt.14.

Kombinationen

Mit C6: 03 bis Pkt.11, links bergauf nach Portillo, C6 Pkt.1-9, 03 ab Pkt.12.

Die markante Felswand „Los Órganos" (die „Orgelpfeifen"). Der Trialpfad, der durch diese Wand führt, ist alles andere als ein Sonntagsausflug!

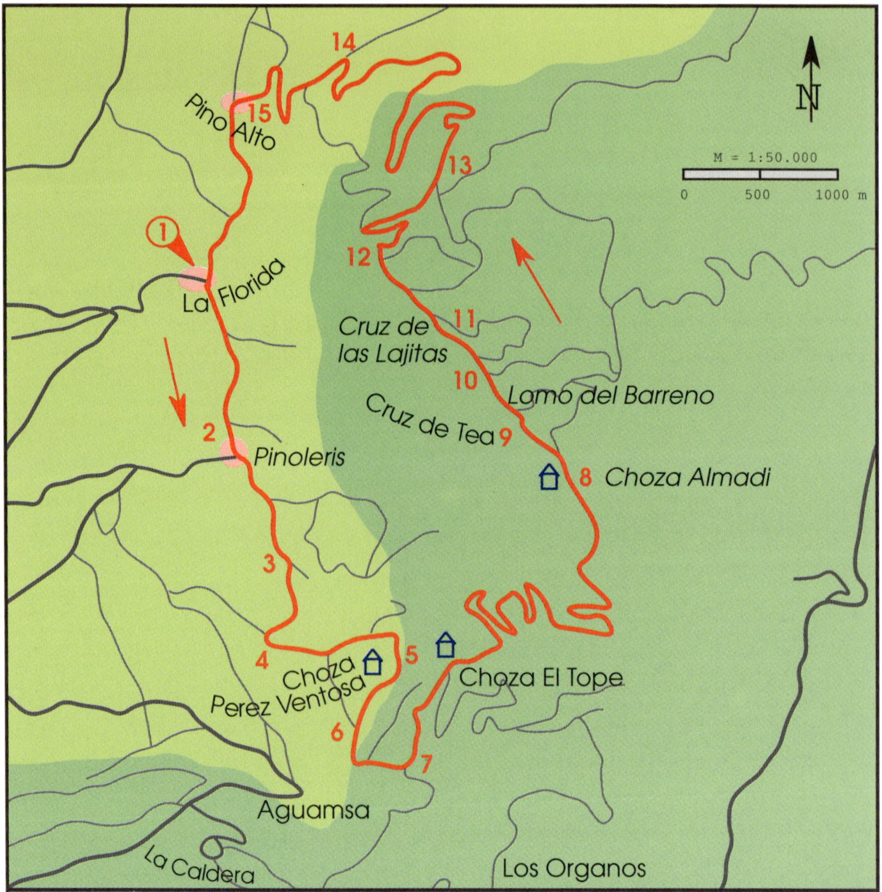
M = 1:50.000
0
500
1000 m
N
14
15
Pino Alto
13
1
12
La Florida
Cruz de las Lajitas
11
10
Lomo del Barreno
Cruz de Tea
9
2
Pinoleris
8
Choza Almadi
3
4
5
Choza Perez Ventosa
Choza El Tope
6
7
Aguamsa
La Caldera
Los Organos

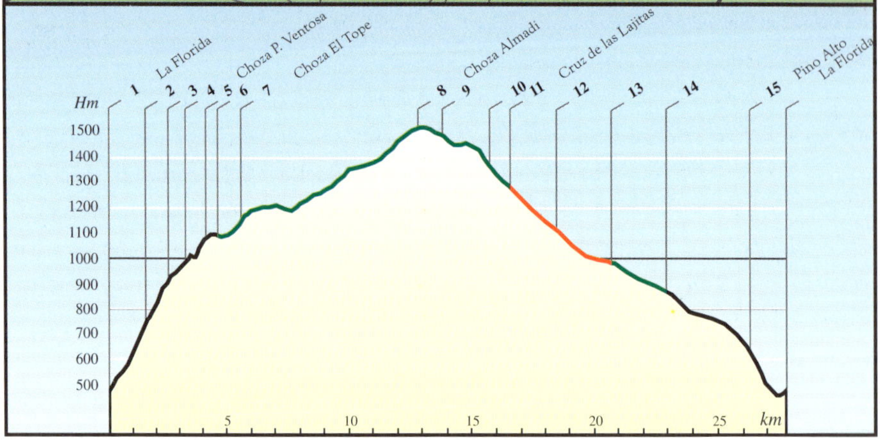
La Florida
Choza P. Ventosa
Choza El Tope
Choza Almadi
Cruz de las Lajitas
Pino Alto
La Florida
1 2 3 4 5 6 7 8 9 10 11 12 13 14 15
Hm
1500
1400
1300
1200
1100
1000
900
800
700
600
500
5
10
15
20
25
km

04 Cruz de las Lajitas

Schwere Tour

Lange Auffahrt durch den Ostrand des Orotava-Tals auf teils steilen Pisten. Traumabfahrt über Schotter- und Karrenwege mit einzigartigen Ausblicken bis Puerto. Supertour!

27,8 km
1119 Hm
2:34 Std

Diese abwechslungsreiche Tour führt am Ostrand des Orotava-Tals entlang und leitet über steile Nebenstraßen durch die Ackerbauregion, auf schönen Forststraßen durch den Kiefernwald und über Schotter- und Karrenwege durch den Nebelwald hinab. Mehrere Klimazonen, die so eng zusammenliegen – typisch für Teneriffa – durchfährt man auf dieser Tour. Ausgangspunkt ist der unscheinbare Ort mit dem klingenden Namen La Florida. Nur wenig oberhalb des zentralen Ortes La Orotava gelegen, bildet der Weiler den Eingang in das wahre Biker-Paradies dieses grünen Tales. In der Direttissma überwindet man die ersten Höhenmeter. Während die Autostraße den Höhenunterschied über eine Menge Serpentinen recht gemütlich überwindet, fährt der Offroader die Steigung in direkter Linie ab. Die Straße zieht stellenweise derart steil an, daß sie nur im Zick-Zack-Kurs zu bewältigen ist (obwohl asphaltiert!). Schon auf den ersten dreieinhalb Kilometern bezwingt man sage und schreibe 520 Höhenmeter, bis man an der Schutzhütte Choza Pérez Ventosa die erste Rast einlegt. Direkt am Eingang ins Waldgebiet gelegen, hat man von dieser Hütte aus schon die ersten Ausblicke auf das Orotava-Tal. Das in den unteren Lagen schon stark zersiedelte und verbaute Tal bietet trotz allem ein derart herrliches Bild, daß man sich nur schwer losreißen kann, um die Fahrt fortzusetzen. Zumal der schwerste Abschnitt hier beginnt.

Unmittelbar hinter der Hütte zieht ein schottriger Karrenweg derart steil in den Wald hinein, daß es sich kaum lohnt, aufzusteigen, denn nach wenigen Metern zwingt die Steigung wieder aus dem Sattel und man bewältigt das erste Stück schiebend. Nach einigen hundert Metern läßt der Neigungswinkel etwas nach, so daß der eine oder andere den Kampf mit der Piste aufnehmen wird. Wer seinen Spaß daran hat, quält sich den Weg keuchend und schwitzend hinauf, bis man endlich die rettende Forststraße erreicht, die zur zweiten Hütte, der Choza El Tope führt. Für all jene, die die Sache ein wenig gemütlicher angehen wollen, gibt's eine Alternativroute, die zwar länger ist und ein Stück die Straße entlangführt, die aber die Höhenmeter besser verteilt (s. Variante).

An der Choza El Tope angelangt, verschnauft man kurz, bevor man die lange, aber von hier aus problemlose Auffahrt zur dritten Hütte und gleichzeitig den höchsten Punkt angeht. Eine sehr gut befestigte

Forststraße leitet mit nur mäßigem Neigungswinkel aus dem Nebelwald heraus in die Zone des Kiefernwaldes. In weiten Serpentinen fährt man an alten, stattlichen Kiefern vorbei, deren Zweige teils mit langen, gelbgrünen Bartflechten behangen sind, bis man den Scheitelpunkt an der Choza Almadi erreicht. Hier kann man aufatmen, denn von nun an geht's nurmehr bergab. In traumhafter Fahrt gleitet man die Hänge hinab, passiert einen Aussichtspunkt nach dem anderen, und gelangt schließlich zum Cruz de las Lajitas. Von der flachen Kuppe genießt man die einzigartigen Ausblicke über das grüne Tal von Puerto bis zur Spitze des Teide - ein ganz besonderes Bild.

Über teils steile, schottrige Karrenwege geht die Reise weiter, bis man ein Asphaltband erreicht, das in nochmals unglaublich steiler Fahrt zu den Häusern von Pino Alto führt. Mitten am Steilhang liegt dieser kleine Ort, die Gebäude kleben förmlich am Berg und der Biker ist unglaublich froh, hier nur bergab zu müssen. Die letzten Meter rollt man gemütlich nach La Florida zurück.

Charakteristik

Fahrbahnen

Asphalt	8,5 km
Piste	14,7 km
Karrenwege	4,6 km
Pfade	0,0 km

Schwierigkeiten

leicht	4,1 km
mittel	10,5 km
schwer	13,0 km
extrem	0,2 km

Schiebe-/Tragestrecken

3 min/200 m bergauf

Rast/Verpflegung

Nur in La Florida, Pinoleris und am La Caldera.

Karten

Mapa Militar de España:
77-78;77-79 „La Orotava",
78-79 „Arafo" (Serie 5V 1:25.000)

Die ersten 4 km durchgehend sehr steile, asphaltierte Nebenstraßen. Ab der Choza Pérez Ventosa sehr steile Forstwege, teils schottrig, mit einem kurzen Schiebestück bis zur Choza El Tope. Ab hier sehr gute, gleichbleibende Schotterstraße zur Choza Almadi. Abfahrt: teils gute Schotterstraßen, teils steile Karrenwege, ein Großteil sehr schottrig und steinig, gegen Ende sehr steile Asphaltabfahrt.

Fahrstrecke

0,0	La Florida	481	0:00
5,9	Choza El Tope	1176	1:01
12,8	Choza Almadi	1509	1:45
16,7	Cruz de las Lajitas	1252	1:57
26,2	Pino Alto	589	2:26
27,8	La Florida	481	2:34

Routenführung

Ausgangspunkt: La Florida

Anfahrt von Puerto de la Cruz: Von Puerto de la Cruz nach La Orotava, auf der Hauptstraße durch und Ri. „Cañadas del Teide" halten. Dieser Straße folgt man ohne Berücksichtigung einer Abzweigung. 2,3 km nach der Ortsmitte La Orotava in einer Rechtskurve nach links, Ri. „La Florida" abzweigen (ACHTUNG, kleines Schild). Alle weiteren Abzweige ignorieren und stets geradeaus halten. Nach 900 m erreicht man eine Gabelung vor einer Bushaltestelle. Hier fährt man rechter Hand steil bergauf. Nach 100 m gibt es links eine kleine Parkmöglichkeit, nach weiteren 100 m erreicht man eine kleine Kirche. Hier beginnt die Tour.

Alternative Startpunkte: Pinoleris, Aguamsa, eventuell La Caldera und Pino Alto

Pkt.1 **km 0,0** An der kleinen Kirche vorbei und weiter steil bergauf fahren. Nach 300 m an der Gabelung vor der zweiten Kirche den geraden Weg (Ri. „Ashram") verlassen und rechts abzweigen. Nach weiteren 500 m vor der Mauer links und stets dem Hauptweg steil bergauf folgen (km 0,9 geradeaus, km 1,1 links).

Pkt.2 **km 1,6** An der Kirche in Pinoleris die Abzweigung nach rechts liegenlassen und geradeaus, linker Hand an der Kirche vorbei. Nach 200 m, vor dem grün-weißen Haus, an der ersten Möglichkeit auf die Asphaltstraße rechts steil bergauf (zwischen zwei weißen Mauern). Nach weiteren 500 m auf der Asphaltstraße bergauf bleiben.

Pkt.3 **km 2,6** Den linken Abzweig zum Haus liegenlassen und auf der Asphaltstraße nach rechts halten. Nach 350 m an der Querstraße links bergauf und nach weiteren 60 m der Straße durch die Linkskurve folgen.

Pkt.4 **km 3,3** Beim Heiligenschrein nach links, Ri. „Choza Pérez Ventosa" abzweigen, nach 150 m den rechten Abzweig liegen lassen und links geradeaus weiter.

Pkt.5 **km 3,7** Man erreicht die kleine Schutzhütte „Choza Pérez Ventosa" und folgt dem links steil bergauf führenden Weg an der Metallstange vorbei (nicht rechts bergauf, nicht links bergab). Immer auf dem Hauptweg bleiben, nach 200 m geradeaus, dann die zweite rechts.

Pkt.6 **km 4,7** An der Gabelung geradeaus bergauf, nach 500 m dem Weg durch die Rechtskurve steil bergauf folgen.

Pkt.7 **km 5,6** An der breiten Schotterstraße links bergauf, nach 1,0 km erreicht man die „Choza El Tope", läßt den rechten Abzweig liegen und bleibt geradeaus weiter.

Pkt.8 **km 12,8** Man erreicht die „Choza Almadi" und folgt der Straße geradeaus bergab (nicht rechts bergauf).

Pkt.9 **km 13,9** Am „Cruz de Tea" dem Hauptweg durch die Rechtskurve bergab folgen. Nach 400 m am „Lomo del Barreno" den rechten Abzweig, Ri. „Monte de Santa Úrsula" liegenlassen und links bergab, Ri. „Cruz de las Lajitas, Pino Alto" fahren.

Pkt.10 **km 15,8** An der Gabelung durch die Rechtskurve bergab halten, nach 30 m zweigt man scharf links auf den durch die Serpentine steil bergab führenden Weg ab.

Pkt.11 **km 16,7** Man erreicht bei einem Heiligenschrein das Cruz de las Lajitas, rollt hier gerade vorbei und weiter bergab. Nach 300 m erreicht man eine breiten Querweg und folgt diesem links bergab. Nach weiteren 400 m in der Rechtskurve auf den kleinen Weg nach scharf links steil bergab abzweigen.

Pkt.12 **km 18,5** Am Querweg links bergab.

Pkt.13 **km 20,8** Man erreicht eine breite Schotterstraße und folgt dieser links bergab, hält sich stets auf dieser Straße und läßt alle abzweigenden Wege liegen. (Nach 400 m passiert man das Picknickgebiet „Santa Úrsula".)

Pkt.14 **km 23,0** An der Asphaltstraße geradeaus bergab (nicht links auf die Schotterstraße). Nach 800 m an der Gabelung die rechts abwärtsführende Straße liegenlassen und auf die ebene Straße nach links abzweigen. Alle weiteren Abzweige liegenlassen und der Straße stets geradeaus folgen.

Pkt.15 **km 26,2** Man erreicht Pino Alto, passiert die kleine Kirche und zweigt an der Querstraße nach links ab. Dieser Straße folgt man anfangs steil bergab, läßt alle Abzweigungen unberücksichtigt und erreicht auf ihr den Ausgangspunkt (das letzte Stück kurz bergauf).

Variante

Etwas leichtere Auffahrt: Ab Pkt.4 stets Ri. „Aguamsa" und weiter zur Hauptstraße fahren. Von dieser zum La Caldera fahren und Ri. „Los Órganos" zur Choza El Tope (Pkt.7).

Kombinationen

Mit 01 (Verbindung über Aguamsa und La Caldera), mit 05 oder mit 03 bzw. 06 (Verbindung jeweils über La Caldera)

05 Los Órganos

Sehr schwere Tour

Gefährliche Trialfahrt mitten durch die Felsformation von Los Órganos auf schmalen, exponierten Pfaden. Landschaftlich beeindruckend, aber nur für schwindelfreie und trittsichere Bike-Piloten.

18,3 km
598 Hm
2:05 Std

Die Felswand von Los Órganos ist eine der Felsformationen, die Wind und Wetter im Laufe der Jahrhunderte aus dem Lavagestein herausgearbeitet haben. Die senkrechte Felswand konnte den Erosionsvorgängen nur wenig entgegensetzen, so daß die weicheren Schichten abgetragen und die härteren Basaltschlote freigelegt wurden. Diese Schlote liegen heute als senkrechte Säulen in der Felswand, einer neben der anderen, in den verschiedensten Größen. Mit etwas Fantasie kann man so den Namen der Felswand nachvollziehen - Los Órganos, die Orgelpfeifen.

Von unten gesehen zeigt sich der Felsen absolut unbezwingbar, lediglich einige Freeclimber könnten es wohl mit der senkrechten Wand aufnehmen. Und doch hat man auch als Biker eine Chance, diesen Felsen zu durchqueren. Unmittelbar oberhalb des senkrechten Abhanges zieht ein Fußpfad an der Böschung entlang und windet sich in schwindelnder Höhe durch den Fels. Für den Mountainbiker stellt der Pfad eine echte Herausforderung dar, ist dies doch ein schmaler Weg, für den selbst Wanderer gute Trittsicherheit benötigen.

Der kleine Nebenkrater La Caldera, der unterhalb der Orgelpfeifen liegt, ist der Ausgangspunkt der Trialrunde. Harmlos beginnt die Fahrt durch das ruhige Waldgebiet zum Fuß der Felswand. Ein kurzer Abstecher führt zum „Lomo de los Brezos", von dem man einen guten Blick auf Los Órganos hat. Aus der Nähe betrachtet, ist es unvorstellbar, diese Wand per Bike queren zu können und Zweifler an der eigenen Schwindelfreiheit werden bei diesem Anblick zu Recht ans Umkehren denken. Trialpiloten starten jedoch direkt ins Abenteuer.

An der Schutzhütte Choza Chimoche befindet sich der Eingang in die Felswand. Zunächst durchquert man in toller Fahrt ein Lavafeld, auf dem helle Kiefern einen einzigartigen optischen Kontrast zu der schwarzen Lavaasche bilden, bevor sich der Weg zum Pfad verengt und unvermittelt über mehrere Spitzkehren hochzieht. Völlig ungesichert leitet der Fußpfad am Abhang entlang, windet sich durch Einschnitte hindurch und um Felskegel herum. Der Weg führt teils über blanken Fels, teils durch üppige Vegetation. Immer wieder muß das Bike geschultert werden und durch Kehren, über Steinstufen oder loses Geröll getragen werden. Stellenweise ist der Weg sogar zum Schieben zu schmal, doch erstaunlich viel ist auch fahrbar. Immer wieder bieten sich schöne Ausblicke ins Tal, mehrmals taucht der Teide hinter der Felswand auf. Doch zum Betrachten der Landschaft bleibt nicht viel Zeit, denn der Blick ist stets gebannt auf den nächsten Wegabschnitt gerichtet. Ein

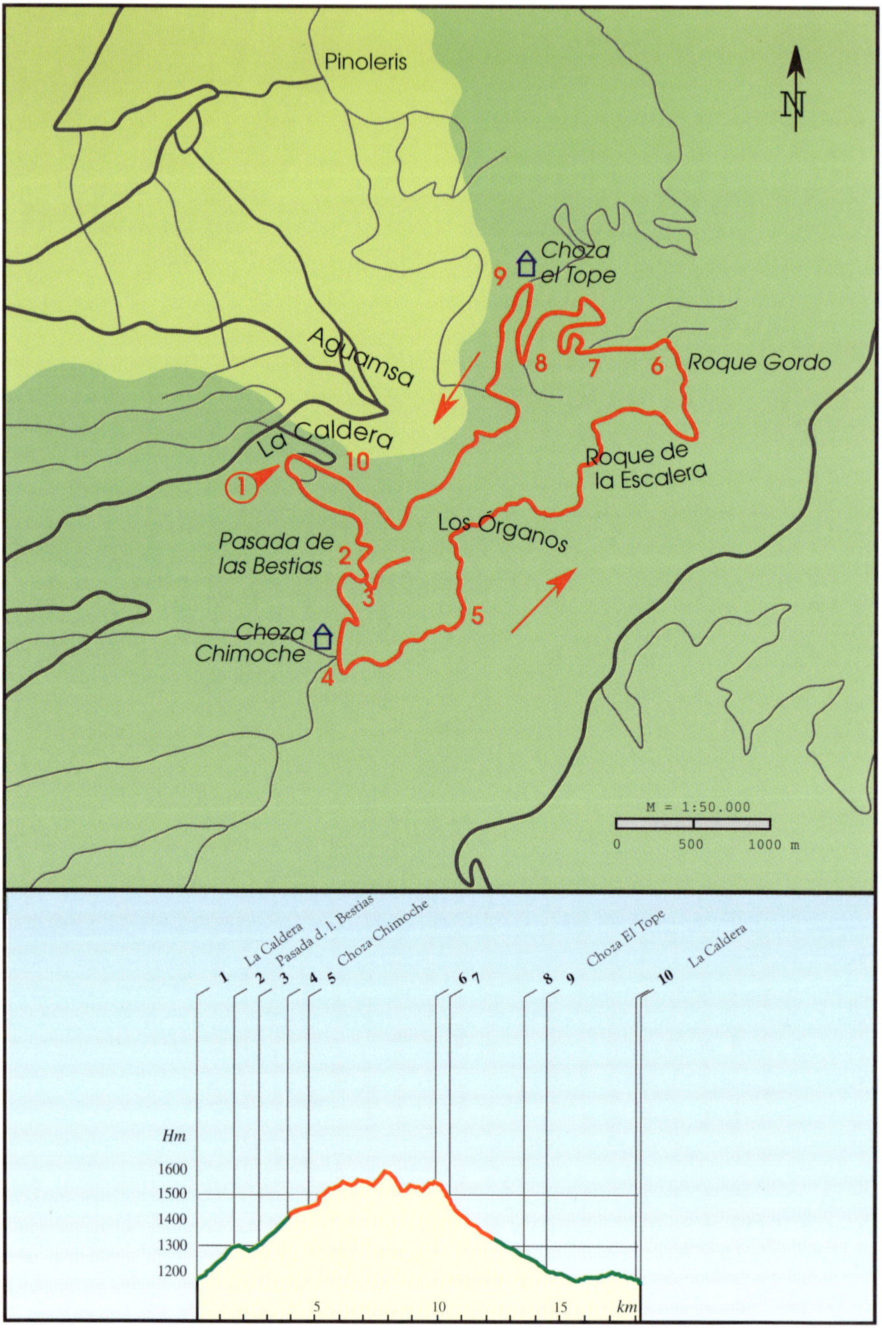
Pinoleris
N
Choza
el Tope
9
8
7
6
Roque Gordo
Aguamsa
La Caldera
10
1
Roque de
la Escalera
Los Órganos
Pasada de
las Bestias
2
3
Choza
Chimoche
4
5
M = 1:50.000
0
500
1000 m
1 La Caldera
2 Pasada d. l. Bestias
3
4
5 Choza Chimoche
6
7
8
9 Choza El Tope
10 La Caldera
Hm
1600
1500
1400
1300
1200
5
10
15
km

Sturz wäre wohl der letzte Fahrfehler des kühnen Piloten, denn die Felsabstürze fallen senkrecht in die Tiefe ab. Zuletzt heißt es noch gut aufgepaßt, um die entscheidende Abzweigung nicht zu verpassen. Vom Hauptweg führt ein kaum erkennbarer, nicht markierter Weg auf einen Felsvorsprung zu, vor dem der Weg nochmals abknickt und auf rutschigem Waldboden über steilste Serpentinen abwärts führt. Lediglich einige kleine, grüne Punkte auf den Felsen helfen ein wenig bei der Orientierung. Ab hier ist die Schlacht geschlagen, breite Wald- und Forstwege empfangen den erleichterten Biker und führen ihn zurück zum La Caldera.

Ein tolles Erlebnis, das sich allerdings nur wirklich erfahrene, trittsichere und schwindelfreie Biker zutrauen sollten, denn ein kleiner Fehler kann hier tatsächlich lebensgefährlich werden. Doch mit der nötigen Vorsicht, defensiver Einstellung und einer Portion kalkuliertem Risiko kann diese Runde zu einem beeindruckenden Bikeerlebnis werden und stellt für Trialfahrer ein echtes Highlight dar!

Charakteristik

Fahrbahnen

Asphalt	0,4 km
Piste	6,3 km
Karrenwege	4,9 km
Pfade	6,7 km

Schwierigkeiten

leicht	2,5 km
mittel	4,5 km
schwer	5,4 km
extrem	5,9 km

Schiebe-/Tragestrecken

1) 21 min/1400 m bergauf
(auf mehrere Strecken aufgeteilt)
2) 1 min/70 m bergab

Rast/Verpflegung

Kiosk am La Caldera, keine Möglichkeit unterwegs.

Karten

Mapa Militar de España:
78-79 „Arafo" (Serie 5V 1:25.000)
Der Pfad ist nicht verzeichnet!

Steile, grobschottrige Forststraße bergauf zur Choza Chimoche. Ab dort anfangs leichte Trialfahrt, dann immer schwerer werdend auf schmalem, stark exponiertem Fußweg. Großteils fester Untergrund, über viele Fels- und Steinstufen mit engen Kehren und mehreren Tragestücken. Sehr gefährlich! Abfahrt nur kurz sehr steil, durch rutschigen Nadelboden schwer zu fahren. Rest auf guten Wegen und Forststraßen, alle bestens zu befahren.

Fahrstrecke

0,0	La Caldera	1175	0:00
2,1	Lomo Brezos	1270	0:15
3,9	Choza Chimoche	1431	0:31
6,8	Aussichtspunkt	1570	0:58
14,5	Choza El Tope	1200	1:50
18,3	La Caldera	1175	2:05

Routenführung

Ausgangspunkt: La Caldera

Anfahrt von Puerto de la Cruz: Von Puerto de la Cruz nach La Orotava. Die Stadt auf der Hauptstraße durchfahren und immer Ri. „Cañadas del Teide" halten. Dieser Straße ohne Berücksichtigung einer Abzweigung stets weiter folgen. Nach 10 km erreicht man den Ortsbeginn von Aguamsa (unscheinbares Schild).

Fahrt zum Startplatz: 3 km nach dem Ortsschild, nach Durchfahren einer Rechtskehre, bei einem hölzernen Wegweiser nach links, Ri. „La Caldera" abzweigen. Nach 1,0 km erreicht man das Straßenrundeau an der Caldera.

Hier beginnt die Tour, Parkmöglichkeit auf dem Parkplatz an der Einmündung der Anfahrtsstraße.

Alternative Startpunkte: keine

Pkt.1 **km 0,0** Am tiefsten Punkt des La Caldera, bei der Bushaltestelle und dem Parkplatz, der Straße um den Krater gegen den Uhrzeigersinn (Ri. „Chimoche") folgen. Nach 180 m, am höchsten Punkt der Straße, auf die Schotterstraße nach rechts, Ri. „Pedro Gil, Chimoche, Pasada de las Bestias, Zona de Acampada" abzweigen und der Straße, ohne abzuzweigen, folgen.

Pkt.2 **km 1,6** An der Weggabelung am „Pasada de las Bestias" vorerst nach links (geradeaus) den Abstecher zum „Lomo de los Brezos" nehmen. Diesen erreicht man nach 550 m, kehrt um und fährt auf gleichem Weg zurück.

Pkt.3 **km 2,7** Zurück am „Pasada de las Bestias" der Schotterstraße links bergauf folgen. Nach 400 m beide Abzweigungen zur Galeria liegenlassen und auf dem Hauptweg bleiben.

Pkt.4 **km 3,9** Man erreicht die Schutzhütte „Choza Chimoche" und folgt dem Weg nach scharf links, Ri. „Camino de Candelaria" (nicht nach rechts um die Hütte herum). Nach 100 m endet die Schotterstraße und man folgt dem Fußweg, der in einer Linkskurve um den Felsen durch das Bachbett führt und am Berg hochzieht.

Pkt.5 **km 4,8** Den unscheinbaren Abzweig nach rechts liegenlassen und auf dem Hauptweg geradeaus bleiben. Diesem Pfad stets weiter folgen, bald über Spitzkehren bergauf und immer am Felshang entlang (es gibt keine weiteren Abzweigungen).

Pkt.6 **km 10,1** ACHTUNG! Nach einem ebenen Stück zweigt nach links bergab ein unscheinbarer Weg auf einen Felsvorsprung ab (keine Markierung, kein Wegweiser, erst nach einigen Metern grüne Punkte auf den Felsen). Diesem Weg folgt man und nach 30 m, vor dem Felsvorsprung, nochmals links über Serpentinen steil bergab.

Pkt.7 **km 10,7** Nach steiler Abfahrt am Bergrücken stets geradeaus den besseren Wegen folgen. Nach 300 m am Querweg links bergab.

Pkt.8 **km 13,6** Man erreicht einen Querweg und folgt dem Hauptweg durch die Rechtskurve bergab (nicht nach links). Nach 400 m geradeaus bergab bleiben.

Pkt.9 **km 14,5** An der Schutzhütte „Choza El Tope" auf der breiten Schotterstraße nach links fahren. Alle weiteren Abzweigungen ignorieren und der Straße stets folgen.

Pkt.10 **km 18,1** Der Asphaltstraße am La Caldera nach rechts folgen, nach 200 m zurück am Ausgangspunkt.

Variante

Der Trialstrecke weiter durch die Felsen zu folgen, ist nicht sinvoll. Der Pfad wird nach etwa 20 Minuten völlig unpassierbar.

Kombinationen

Mit 01, 04 oder 06 (Verbindung jeweils über La Caldera).

Tips und Hinweise

Auf keinen Fall dürfen die Gefahren dieser Runde unterschätzt werden. Der Weg führt teils als schmaler Pfad direkt durch die Felswand und ist über weite Strecken stark exponiert. Einen Fehltritt darf man sich hier keinesfalls erlauben! Wer solche Pfade mit dem Bike bestehen will, sollte über die nötige Erfahrung und eine defensive Einstellung verfügen.

Auf jeden Fall darf man sich an diese Runde nur bei besten Bedingungen wagen. Während oder nach Schlechtwetterperioden kann der Pfad sehr rutschig und damit wirklich lebensgefährlich werden; absolut tabu ist die Tour bei Nebel.

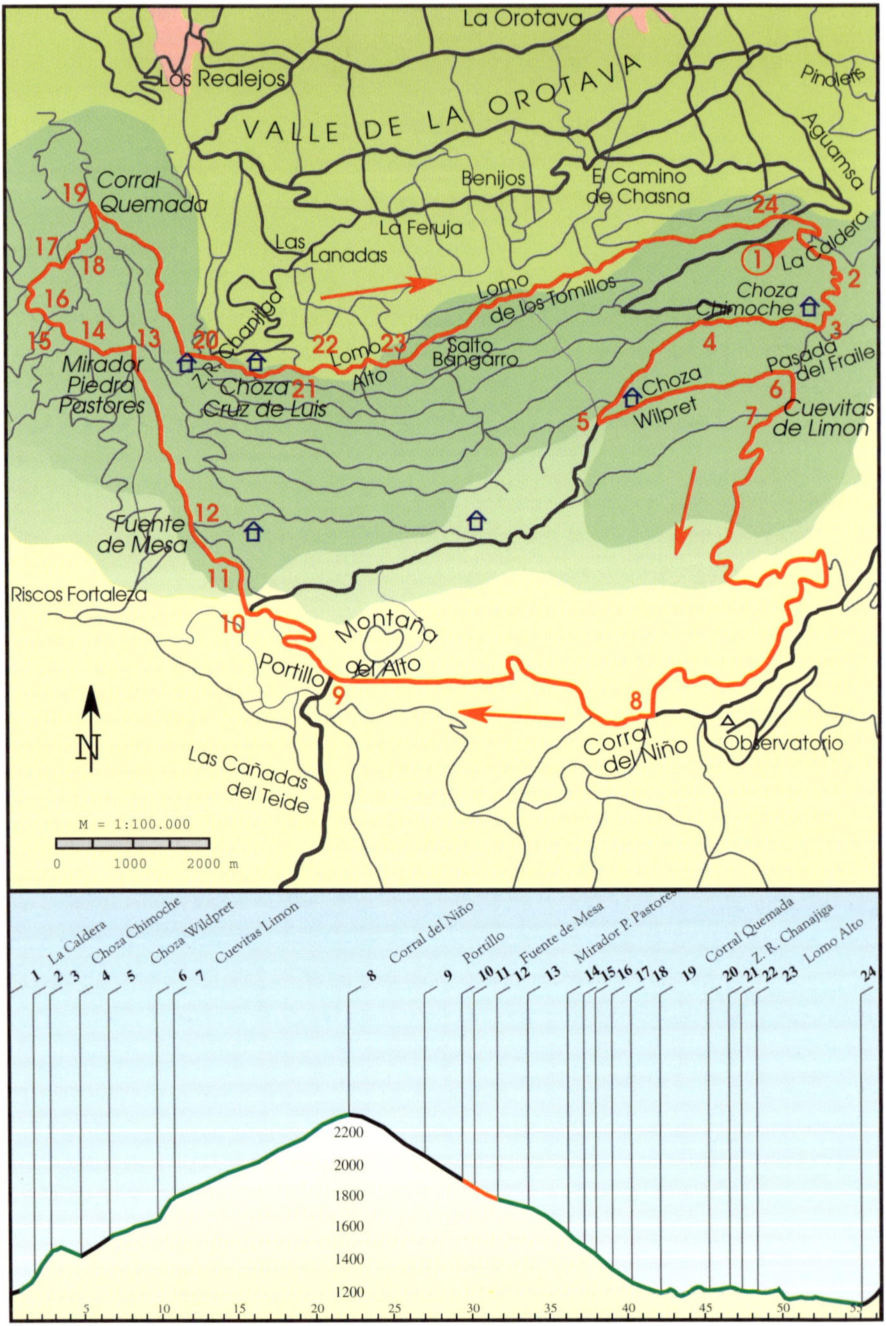
La Orotava
Los Realejos
VALLE DE LA OROTAVA
Pinolers
Aguamsa
Benijos
El Camino de Chasna
La Feruja
Las Lanadas
Corral Quemada
Z. R. Chanajiga
Lomo de los Tomillos
La Caldera
Choza Chimoche
Pasada del Fraile
Choza Wilpret
Cuevitas de Limon
Salto Bangarro
Lomo Alto
Choza Cruz de Luis
Mirador Piedra Pastores
Fuente de Mesa
Riscos Fortaleza
Montaña del Alto
Portillo
Corral del Niño
Observatorio
Las Cañadas del Teide
N
M = 1:100.000
0
1000
2000 m
La Caldera
Choza Chimoche
Choza Wildpret
Cuevitas Limon
Corral del Niño
Portillo
Fuente de Mesa
Mirador P. Pastores
Corral Quemada
Z. R. Chanajiga
Lomo Alto
2200
2000
1800
1600
1400
1200
5
10
15
20
25
30
35
40
45
50
55

06 Valle de la Orotava 2

Sehr schwere Tour

Lange Runde durch das gesamte Orotava-Tal bis hinauf in die Cañadas. Von der Zone des Nebelwaldes, durch den Kiefernforst und über Lavafelder bis zum Fuß des Teide. Fahrtechnisch überwiegend leichte Wege, landschaftlich einzigartig.

56,3 km
1366 Hm
4:41 Std

Alexander von Humboldt, der berühmte Weltreisende, Forscher und Naturwissenschafter des 18. Jahrhunderts soll bei seinem Besuch auf Teneriffa beim Anblick des Orotava-Tals die Bemerkung gemacht haben, auf all seinen Reisen „nirgends ein so mannigfaltiges, so anziehendes, durch die Verteilung von Grün und Felsmassen so harmonisches Gemälde" gesehen zu haben. Und tatsächlich bietet sich dem Betrachter, trotz der starken Zersiedelung des Tales, auch heute noch ein einzigartiges Bild eines fruchtbaren Tales. Über die Bananenplantagen am Meer, die Ackerbauzone, die anschließenden Wälder bis hin zum schneebedeckten Gipfel des Teide reicht der Blick. An dem Ort, der Alexander von Humboldt zu dieser begeisterten Aussage hinriß, befindet sich ein offizieller Aussichtspunkt (Mirador) und das – bei Touristen – sehr beliebte Café „Humboldtblick". Auch wenn ein Besuch lohnt, so will der stollenbereifte Naturliebhaber doch mehr, als diese Schönheit nur ansehen, er will sie unmittelbar erleben und er-fahren. Und dazu hat er auf dieser Tour eine der besten Möglichkeiten, denn von tief unten führt die Runde bis hinauf in die Cañadas, wobei man jede Zone hautnah erleben kann.

Der Startpunkt kann im Prinzip beliebig gewählt werden, so daß jeder sein persönliches Höhenmeterpensum finden kann. Landschaftlich am besten als Ausgangspunkt geeignet erscheint der Übergang vom bebauten Gebiet zum Waldgürtel zu sein. Tiefer unten bieten sich dem Biker kaum reizvolle Strecken und es müßten einige Kilometer auf der Straße absolviert werden. Wie bei den meisten Touren des westlichen Orotava-Tals startet man am La Caldera. Von hier zieht die Forststraße direkt in den Wald, an einer Galeria vorbei, um anschließend ein kurzes Stück heftig anzusteigen. Verhältnismäßig gemütlich geht's dann ein Stück auf der Straße, bevor man auf einer breiten Schotterstraße in die entlegeneren Gebiete dieses Tales vordringt. An einer unscheinbaren Gabelung beginnt die zweite Uphillprüfung, die kaum fahrend zu schaffen ist. Ein höllisch steiler Forstweg zwingt wohl jeden für einige hundert Meter aus dem Sattel, bis man neuerlich auf eine Schotterpiste trifft, die in wunderschöner Fahrt langsam aus dem Waldgebiet herausführt, sich immer höher hinaufwindet, bis sie in die fast vegetationslose Lavazone der Cañadas führt. Direkt unterhalb der weißen Kuppel des Observatoriums quert sie schließlich als weiche Sandpiste den Hang. Von hier oben überblickt man fast das gesamte waldige Tal von Orotava, während sich unmittelbar vor einem die unwirkliche Landschaft der erstarrten Lavaströme ausbreitet, zu Füßen des über allem thronenden Pico del Teide. Hoch oben, am Corral del Niño, hat man den Scheitelpunkt der Tour erreicht und rollt erst mal gemütlich nach Portillo. Nach der verdienten Rast beginnt der absolute Bikespaß.

Von beinahe 2300 m Seehöhe düst man jeden hart erstrampelten Meter wieder hinab. Vorerst schießt man über zwei Serpentinen auf der Straße hinab, zweigt dann in den Wald ab und folgt einem schmalen Waldweg über Wurzeln und Steine bis zur Forststraße, auf der man sich in rauschender Fahrt über flachere und steilere Abschnitte hinabstürzt. Immer wieder passiert man herrliche Aussichtspunkte, bis der Speed am Corral Quemada aufgefangen wird und eine ruhige Querfahrt über die Zona Recreativa Chanajiga und die Choza Cruz de Luis bis zurück zum unteren Waldrand des Orotava-Tales führt. Hier schweift der Blick nochmals über das ganze Tal bis zur Küste nach Puerto de la Cruz, während die gemütliche Fahrt zurück zum Caldera die lange Tour perfekt abschließt.

Charakteristik

Fahrbahnen

Asphalt	10,6 km
Piste	44,3 km
Karrenweg	0,0 km
Pfade	1,4 km

Schwierigkeiten

leicht	32,6 km
mittel	15,5 km
schwer	7,9 km
extrem	0,3 km

Schiebe-/Tragestrecken

5 min/300 m bergauf

Rast/Verpflegung

Kiosk am La Caldera, Bar/Restaurant in Portillo.

Karten

Mapa Militar de España:
77-78;77-79 „La Orotava“ + 78-79 „Arafo“
+ 77-80 „Teide“ (Serie 5V 1:25.000)

Großenteils sehr gute Forst- und Schotterstraßen bis zum Corral del Niño, lediglich am Beginn etwas grobschottrig. Ein kurzes, sehr steiles und rutschiges Schiebestück auf Waldboden, gegen Ende teils weicher, tiefer Sand. Abfahrt anfangs Asphalt, dann ein kurzer Waldweg, schmal und steinig. Ab der Fuente de Mesas durchgehend sehr gute Forst- und Schotterstraßen, alles bestens zu befahren.

Fahrstrecke

0,0	La Caldera	1170	0:00
10,8	Cuevitas de Limon	1770	1:22
22,1	Corral del Niño	2291	2:37
27,0	Portillo	2035	2:51
33,9	Piedra de los Pastores	1595	3:03
45,3	Z. R. Chanajiga	1185	3:48
56,3	La Caldera	1170	4:41

Routenführung

Ausgangspunkt: Aguamsa, La Caldera

Anfahrt von Puerto de la Cruz: Von Puerto de la Cruz nach La Orotava. Die Stadt auf der Hauptstraße durchfahren und immer Ri. „Cañadas del Teide" halten. Dieser Straße ohne Berücksichtigung einer Abzweigung stets weiter folgen. Nach 10 km erreicht man den Ortsbeginn von Aguamsa (unscheinbares Schild).

Fahrt zum Startplatz: 3 km nach dem Ortsschild, nach Durchfahren einer Rechtskehre, zweigt man nach links, Ri. „La Caldera" (Holzschild) ab. Nach 1,0 km erreicht man das Straßenrundeau an der Caldera.

Hier beginnt die Tour, Parkmöglichkeit auf dem Parkplatz an der Einmündung der Anfahrtsstraße.

Alternative Startpunkte: Zona Recreativa Chanajiga, Portillo, Cruz del Niño

Pkt.1 **km 0,0** Am tiefsten Punkt des La Caldera, bei der Bushaltestelle und dem Parkplatz, der Straße um den Krater gegen den Uhrzeigersinn (Ri. „Chimoche") folgen. Nach 180 m, am höchsten Punkt der Straße, auf die Schotterstraße nach rechts, Ri. „Pedro Gil, Chimoche, Pasada de las Bestias, Zona de Acampada" abzweigen und der Straße, ohne abzuzweigen, folgen.

Pkt.2 **km 1,6** An der Weggabelung am „Pasada de las Bestias" den Abzweig geradeaus liegenlassen und der Schotterstraße rechts bergauf folgen. Nach 400 m beide Abzweigungen zur Galeria liegenlassen und auf dem Hauptweg bleiben.

Pkt.3 **km 2,8** Man erreicht die Schutzhütte „Choza Chimoche", läßt den Abzweig nach links liegen und folgt der Schotterstraße nach rechts um die Hütte herum.

Pkt.4 **km 4,6** An der Asphaltstraße links bergauf.

Pkt.5 **km 6,7** Nach links auf die breite Schotterstraße bei der „Choza Wildpret" Ri. „Cumbres Orotava, Pista Arco de Chimoche, Parada Francisco Bonin" abzweigen.

Pkt.6 **km 9,8** Am „Pasada del Fraile" verläßt man die geradeaus führende Forststraße und zweigt auf die steile Piste rechts bergauf ab (etwas weiter oben finden sich gelbe „Sendero Touristica"-Rauten).

Pkt.7 **km 10,8** Man erreicht eine Querstraße am „Cuevitas de Limon" und fährt auf dieser links bergauf. Nach 600 m auf die Forststraße links bergauf abzweigen. Dieser nun stets folgen (immer geradeaus bergauf halten) und alle Abzweigungen ignorieren.

Pkt.8 **km 22,1** Am Corral del Niño der Asphaltstraße nach rechts bergab folgen.

Pkt.9 **km 27,0** Am Wegedreieck in Portillo rechts bergab, Ri. „Puerto de la Cruz, Orotava" halten.

Pkt.10 **km 29,4** 500 m nach dem Kilometerstein „30" zweigt in der zweiten Rechtskehre ein Schotter-/Karrenweg nach links ab. Diesem folgt man und nach wenigen Metern an der Gabelung rechts bergab.

Pkt.11 **km 30,2** An der Gabelung rechts, nach 500 m am Wegeviereck auf den querenden Weg nach rechts und nach weiteren 300 m an der Schotterstraße links bergab.

Pkt.12 **km 31,8** An der „Fuente de Mesa" geradeaus bergab, Ri. „Piedra de los Pastores".

Pkt.13 **km 33,9** Man erreicht die große Kreuzung am „Mirador Piedra de los Pastores" und folgt auf dem Hauptweg durch die Linkskurve (nicht links bergauf oder gerade bergab). Nach 700 m links bergab, Ri. „Casa Forestal Realejos, Guancha,....." und nach weiteren 100 m links, Ri. „Guancha, Icod". Nach nochmals 300 m rechts, Ri. „San Juan Rambla, Guancha, Icod" fahren.

Pkt.14 **km 36,1** An der Gabelung rechts, Ri. „Los Realejos".

Pkt.15 **km 37,2** An der Gabelung auf den unbeschilderten Weg geradeaus und nach 50 m rechts.

Pkt.16 **km 38,0** Geradeaus auf dem unbeschilderten Weg bleiben. Nach 700 m geradeaus bergab, Ri. „Icod el Alto, Los Realejos" fahren.

Pkt.17 **km 39,1** An der Kreuzung auf die Schotterstraße nach links bergab halten. Nach 100 m erreicht man eine Gabelung. Der rechte Weg führt nach wenigen Metern zur Hütte „Choza Viera y Clavijo". An dieser Gabelung hält man sich links bergab, Ri. „Las Llanadas, Los Realejos, Icod......".

Pkt.18 **km 40,2** Eine Schotterstraße führt von links oben herab, man bleibt weiter geradeaus. Nach 70 m an der Gabelung links, Ri. „Icod el Alto, Los Realejos". Nach weiteren 500 m an der Gabelung rechts, Ri. „Icod el Alto, Realejos". Ab hier stets dem eingeschlagenen Hauptweg folgen und alle Abzweigungen unberücksichtigt lassen (nach 150 m, 450 m, 650 m und 800 m immer auf der Forststraße bleiben).

Pkt.19 **km 42,1** Man erreicht den „Corral Quemada", läßt alle abwärts führenden Wege liegen und hält sich auf den breiten Weg nach rechts entlang des Wasserrohres, Ri. „Zona Recreativa Chanajiga, Realejos".

Pkt.20 **km45,3** Man erreicht die Zona Recreativa, fährt geradeaus durch und nach 150 m am Haus vorbei (nicht links bergab). Nach wenigen Metern die bergab abzweigende Asphaltstraße liegenlassen und auf der rechten, oberen Schotterstraße, Ri. „Las Cañadas, Choza Cruz de Luis, La Caldera, La Orotava" fahren.

Pkt.21 **km 46,6** An der Schutzhütte „Choza Cruz de Luis" an der Gabelung links, Ri. „La Caldera" fahren. Nach 20 m an der nächsten Gabelung auf dem linken Ast bergab halten, Ri. „Aguamsa".

Pkt.22 **km 47,3** Den linken Abzweig liegenlassen und geradeaus, Ri. „Zona Recreativa Caldera, Orotava" fahren. Nach 600 m gerade bleiben.

Pkt.23 **km 48,3** Am „Lomo Alto" geradeaus, Ri. „Salto Bangarro" fahren. Von nun an immer geradeaus auf dem Hauptweg bleiben und nirgendwo abzweigen (bei km 49,0 Ri. „Aguamsa", bei km 49,6 an der 4er-Gabelung geradeaus, bei km 49,8 am Salto Bangarro Ri. „Lomo de los Tomillos", bei km 50,5 geradeaus, bei km 51,3 am Moro Quemada Ri. „Cueva de la Caldera", bei km 51,9 geradeaus, bei km 53,2 geradeaus).

Pkt.24 **km 55,3** An der Gabelung rechts bergauf, nach wenigen Metern die Hauptstraße überqueren und auf der asphaltierten Straße bergauf, Ri. „La Caldera" fahren. Nach 1 km zurück am Ausgangspunkt.

Variante

Alternative Abfahrt ab Pkt.13 auf Trialpfad: 04, Pkt.12-14, an der Schotterstraße rechts, nach 700 m erreicht man 06, Pkt.21.

Kombinationen

Mit 04 oder 05 (Verbindung jeweils über La Caldera).

Am Scheitelpunkt der Tour sind die verschiedensten Abstecher in die Cañadas möglich.

Tips und Hinweise

Man sollte sich keinesfalls von tiefhängenden Passatwolken von dieser Tour abhalten lassen. Diese reichen meist nur in eine Höhe von 1400-1600 m, während darüber strahlender Sonnenschein herrscht!

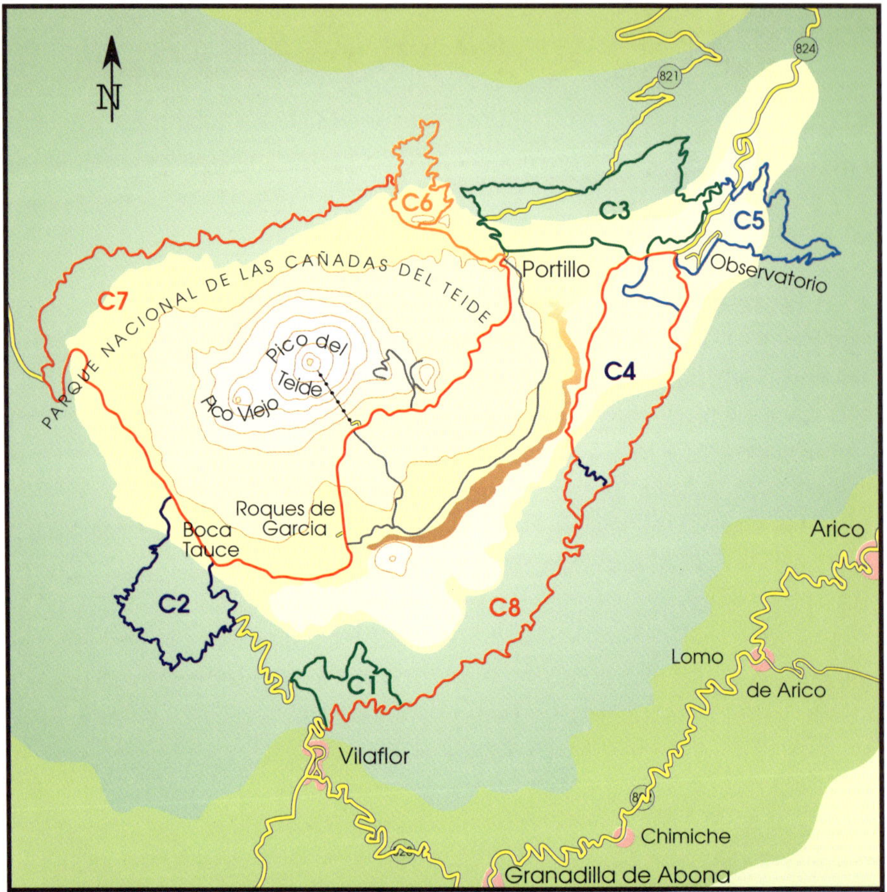

N
824
821
C6
C3
C5
C7
PARQUE NACIONAL DE LAS CAÑADAS DEL TEIDE
Portillo
Observatorio
Pico del Teide
Pico Viejo
C4
Roques de Garcia
Boca Tauce
C2
C8
Arico
Lomo de Arico
C1
Vilaflor
Chimiche
Granadilla de Abona

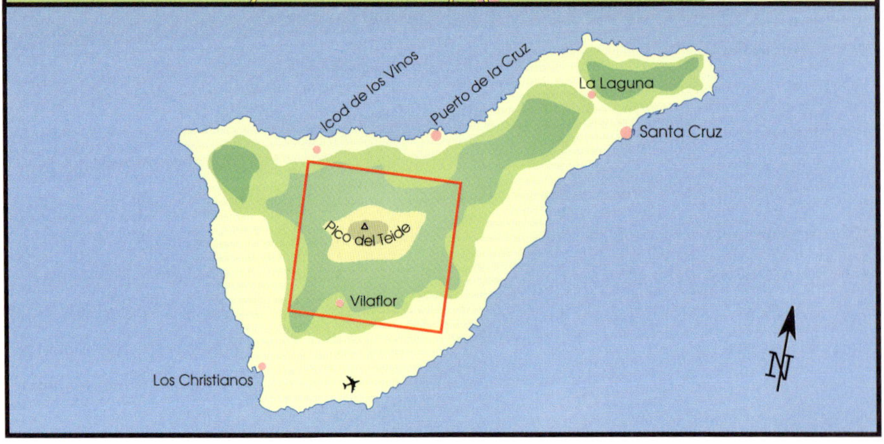

Icod de los Vinos
Puerto de la Cruz
La Laguna
Santa Cruz
Pico del Teide
Vilaflor
Los Christianos
N

DIE CAÑADAS

LAS CAÑADAS DEL TEIDE

Der zentral aufragende Vulkankegel des Pico del Teide ist mit Sicherheit die markanteste Erscheinung Teneriffas. 3718 m ragt dieses Ungetüm in den Himmel auf und ist damit der höchste Berg Spaniens. Beinahe von überall ist die Spitze des Vulkankegels sichtbar, nur an wenigen Winkeln kann man diese Erhebung nicht ausmachen. Ein eindrucksvolles Bild ergibt sich von den Nachbarinseln aus, im besonderen von der nächstgelegenen Insel Gomera. Von dort betrachtet, bietet sich dem Beobachter tatsächlich das Bild, als wäre ganz Teneriffa ein einziger, riesiger Vulkankegel, dessen Spitze zum Krater des Pico de Teide zuläuft. In Wahrheit ist dieser Gigant allerdings nur ein Winzling im Vergleich zu jenem Vulkan, der hier einst gethront haben soll. Unglaubliche 3000 m soll er den Fuß des Teide überragt haben, was eine Höhe von über 5000 m über dem Meeresspiegel ergibt. Vor rund 300.000 Jahren haben die unglaublichen vulkanischen Kräfte den Berg wie einen überdimensionalen Teekessel explodieren lassen. Unvorstellbare Ereignisse müssen sich hierbei abgespielt haben, als dieser Koloß geborsten ist. Absolut nichts ist von diesem Vulkankegel übrig geblieben. Seine Reste stürzten in sich zusammen und ließen einen riesigen Krater zurück, der mit rund 16 Kilometer Durchmesser zu den größten der Erde zählt. Und innerhalb dieses Kraters liegen - die Cañadas, die verwitterten Überbleibsel dieser gigantischen Erdbildungsvorgänge.

Bizarre Gesteinsformationen, verwitterte Felsen, schwarzglänzende Hügel aus Lavaschlacke, scharfkantige Schuttanhäufungen, Lavaströme und dazwischen weitläufige, helle Schwemmsandebenen. Und das Ganze als fast vegetationslose Hochebene eingefaßt von dem riesigen Kraterrand. Rund 500 m erhebt sich dieser über die Cañadas hinaus, an seiner höchsten Stelle, der Guajara, 2715 m hoch. Die Ebene der Cañadas selbst liegt auf etwa 2000 m und der wissenschaftliche Begriff Caldera - Kessel - ist somit eine treffende Bezeichnung.

Eine Reihe von sekundären vulkanischen Tätigkeiten haben die Landschaft immer wieder verändert und ihr Erscheinungsbild nachhaltig geprägt. Die augenscheinlichste dieser Veränderungen ist, daß sich aus dieser Hochebene in ihrem zentralen Teil ein riesiger Vulkankegel erhoben hat, der die Cañadas um mehr als 1500 m überragt - der Pico del Teide. Diesem beherrschenden Kegel sind einige kleinere vorgelagert, so etwa der Pico Viejo im Südwesten und die Montaña Blanca im Südosten. Doch auch der Kraterrand selbst hat sich durch den ständigen Vulkanismus stark verändert. Der nördliche und der östliche Rand ist fast vollständig zerstört oder nur mehr bruchstückhaft vorhanden und der Riesenkrater als solcher nur mehr mit etwas Fantasie vorstellbar.

Für den Biker eröffnet sich hier ein wahres Wunderland, denn die Fahrt durch Vulkangestein ist sicherlich etwas Einzigartiges. Ständig ändert sich Art und Aussehen der Landschaft, in den unglaublichsten Farben erscheinen die verschiedenen Gesteine, von rot über braun bis tiefschwarz ist alles vertreten, dazwischen die hellen Sandebenen und die karge Vegetation. Auch fahrtechnisch bietet diese Region eine ganze Menge, von gutangelegten Schotterstraßen über weiche Sandpisten bis hin zum härtesten Trial ist tatsächlich alles vertreten, so daß hier jeder seine Tour nach ganz individuellen Vorstellungen planen kann. Als Draufgabe befindet man sich hier weit oberhalb der Nebelzone; die dichten Wolken, die häufig an der Nordseite hängen, liegen tief unter des Bikers Füßen und unberührt von Passatwindeinflüssen tourt man hier oben meist in strahlendem Sonnenschein. Lediglich in den Wintermonaten kann etwas mehr Niederschlag fallen, der dann meist als Schnee liegenbleibt. Doch selbst in schneereichen Wintern bleibt die weiße Pracht kaum länger als einige wenige Wochen liegen. Man muß schon äußerstes Pech haben, um hier oben nicht optimale Bedingungen vorzufinden. Fast immer bieten sich die Cañadas als tolle Alternative zu wolkenverhangenen Touren an der Nordseite an.

Bereits 1954 wurde das gesamte Gebiet der Cañadas als Nationalpark geschützt. Mit seinen über 13.500 Hektar ist er der fünftgrößte Spaniens und gliedert sich in mehrere Zonen mit jeweils unterschiedlichen Bestimmungen. In manchen Gebieten herrscht generelles Betretungsverbot, in der Zentralzone innerhalb der Caldera dürfen die befestigten Wege nicht verlassen werden, auf manchen Pfaden gibt's sogar ein Fahrverbot für Radfahrer! Genaue Informationen holt man sich im Besucherzentrum (Centro de Visitantes) in Portillo. Hier finden Interessierte auch Ausstellungen zur Geologie, eine Bibliothek und Tonbildschau (auch auf deutsch). Das Besucherzentrum liegt 300 m hinter dem Eingang in die Cañadas, dem großen Straßendreieck in Portillo. Im gesamten Nationalpark ist auf jeden Fall das Sammeln von Pflanzen, Tieren und Steinen (!) generell untersagt. Auf entsprechende Rücksichtnahme braucht wohl nicht extra hingewiesen zu werden, vor allem um die hier allerorts recht freundliche Gesinnung gegenüber Bikern nicht zu beeinträchtigen. Recht eigenartig mutet allerdings an, daß sich unmittelbar neben der Kernzone des Nationalparks ein militärisches Übungsgelände befindet, dessen Betreten große Warntafeln verbieten. In Wahrheit warnen sie wohl eher vor der massenhaft herumliegenden Munition, denn Übungen selbst finden äußerst selten statt (und vor allem überall auf der Insel!).

Ein Besuch dieser Region ist also eine absolute Pflichtveranstaltung, denn nirgends sonst kann man eine solche Landschaft hautnah erleben. Nicht selten wird sie mit einer Kraterlandschaft des Mondes verglichen und wer möchte nicht einmal den Erdtrabanten beradeln?! Zu guter Letzt sei allerdings noch von Touren am Wochenende und an Feiertagen abgeraten. Vor allem an letzteren strömen die Einheimischen in Scharen in dieses Gebiet, bevölkern die entlegensten Regionen und fahren vor allem überall, auch auf holprigsten Schotterwegen, mit dem Auto herum. Zu diesen Zeiten ist es mit der Ruhe und Beschaulichkeit dieser herrlichen Landschaft vorbei! An solchen Tagen stellt man sein Bike am besten zur Seite und legt sich behaglich in die mediterrane Sonne!

MTB-Piste an der Montaña del Cedro

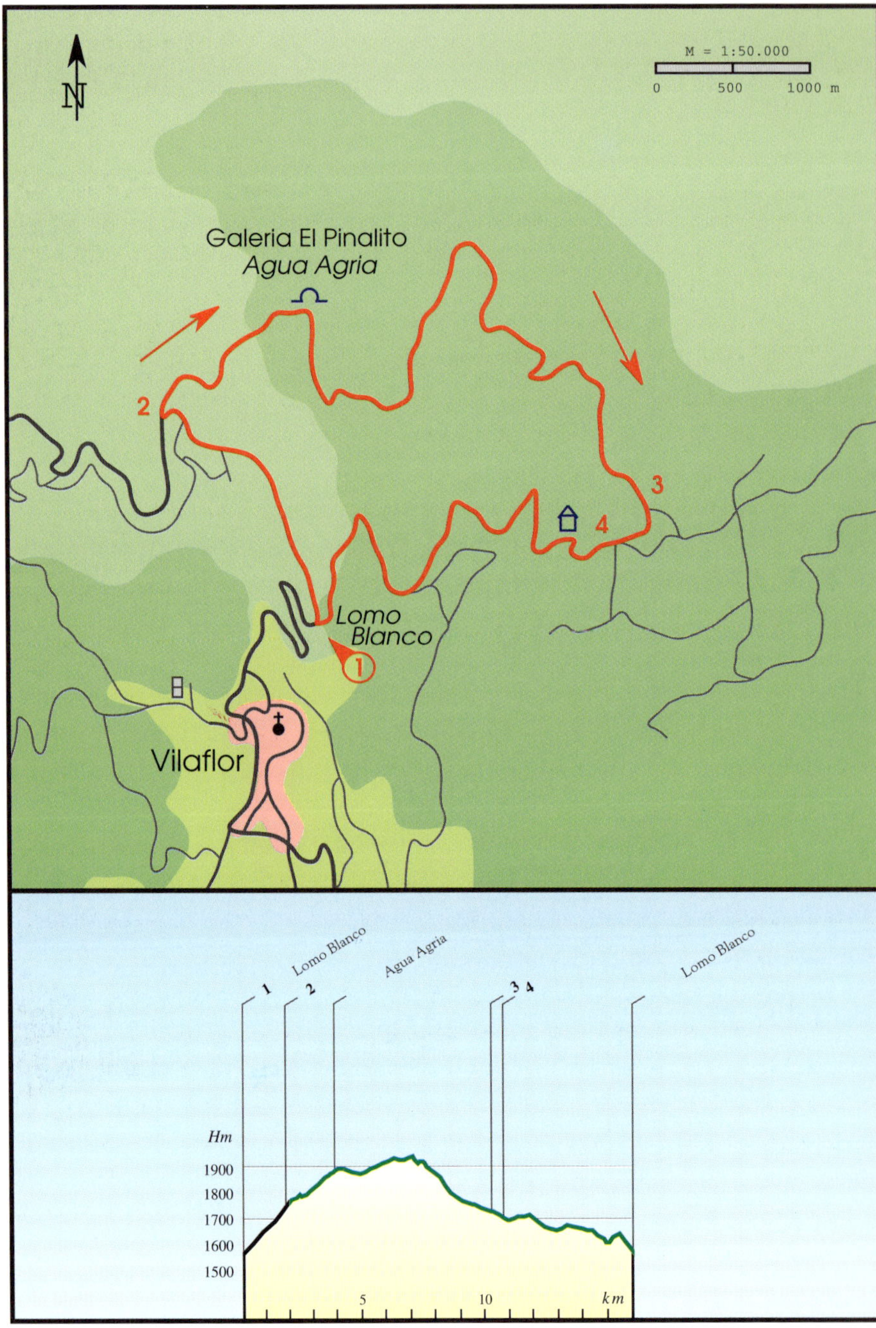
M = 1:50.000
0
500
1000 m
N
Galeria El Pinalito
Agua Agria
2
3
4
Lomo
Blanco
1
Vilaflor
Lomo Blanco
Agua Agria
Lomo Blanco
1
2
3 4
Hm
1900
1800
1700
1600
1500
5
10
km

C1 Agua Agria

Leichte, nur mäßig schwere Tour

Einmalige Runde zu einem einsamen Wasserhaus durch beeindruckende, felsige Landschaft an einer Schlucht entlang. Kaum Schwierigkeiten, absolute Pflichttour - nicht nur für Einsteiger!

15,9 km
516 Hm
1:32 Std

Ohne seine gigantischen Wasservorräte wäre Teneriffa wohl eine nicht so grüne Insel, vor allem die Landwirtschaft mit ihren an den unglaublichsten Stellen angelegten Terassenfeldern, könnte nicht derart ertragreich sein. Doch nicht nur für die Landbebauung, auch für die Menschen selbst, ist Wasser das mit Abstand lebenswichtigste Element. Seinen Wasserreichtum verdankt Teneriffa unterirdischen Wasserreservoirs. Es handelt sich nicht um Grundwasser, das es wegen der klüftigen Gesteinsstruktur der Kanaren nicht gibt, sondern um fossile Wasserspeicher, die auf Grund von Sickerwasser im Laufe der Jahrtausende entstanden sind. Um in diese Basalthohlräume vorzudringen, wurden waagrechte Stollen, oft mehrere Kilometer lang, in den Berg getrieben. Diese „Wasserwerke" werden als „Galerias" bezeichnet und haben ein entsprechend prägnantes Aussehen. Damit nämlich die Gesteinsmassen und der Schutt, die bei der Bohrung jeweils anfielen, abtransportiert werden konnten, wurden Schienen errichtet, auf denen der Gesteinsschutt aus dem Stollen gebracht wurde. Man machte sich allerdings nicht die Mühe, diesen „Abfall" wegzuführen, sondern schüttete ihn unmittelbar vor der Galeria den Berg hinunter, so daß teilweise riesige Abraumhalden entstanden sind.

Die unterirdischen Quellen rund um Vilaflor sind besonders bekannt, da man ihr Wasser auf ganz Teneriffa und auch auf den anderen Kanaren in Flaschen gefüllt kaufen kann. Für Mitteleuropäer hat das Wasser allerdings einen recht eigenartigen Geschmack, doch da die Wasserleitung kein Trinkwasser liefert, begnügt man sich eben mit solchem. Für schwitzende, durstige Biker ist das Aroma sowieso nebensächlich!

Zu einer solch typischen Galeria führt diese Tour und zwar zur Galeria Agua Agria (so steht's zumindest auf den Wegweisern). In den Militärkarten wird sie als Galeria El Pinalito bezeichnet, doch an diese kleinen Unstimmigkeiten ist man auf der Insel längst gewöhnt! Oberhalb des Blumenortes Vilaflor geht's ein Stück auf der Fahrstraße hoch, bevor man diese verläßt und auf gutem Schotterweg schnell vorankommt. Nur kurz ist die Straße etwas steiler, einiges Geröll liegt auf der Fahrbahn, doch das kann den Biker nicht wirklich aufhalten, bis man zur Galeria gelangt. In ihrer typischen Form laufen die Schienen aus dem Stollen heraus, queren die Straße und enden an einer großen Schutthalde. Es ist beeindruckend, sich vorzustellen, daß sich auf gleicher Höhe, nur ein wenig tiefer im Fels, ein riesiges Wasserreservoir befindet, aus dem unzählige Liter Trinkwasser befördert werden.

Doch der schönste Abschnitt dieser Tour folgt noch, denn die Fahrt führt in eine atemberaubende Landschaft hinein. Mit jeweils nur kurzen Steigungen quert man direkt oberhalb einer tief abfallenden Schlucht, des Barrancos de las Mesas, den Berghang. Dieser Barranco stürzt stellenweise senkrecht neben der Fahrbahn in die Tiefe, doch gemütlich rollt man auf bester Forststraße an den Abhängen vorbei. Fast eben ist die Straße hier, doch um das zu ermöglichen, wurde sie direkt in den Hang gesprengt. Riesige Felstürme sind an den Böschungen stehen geblieben und ragen als spitze Kegel neben der Fahrbahn auf. Um diese herum, stets am Hang entlang, schlängelt sich die Straße. Schöne Ausblicke gegen Süden eröffnen sich, mit etwas Glück erspäht man bei klarem Wetter Gran Canaria, bevor man zum Endspurt ansetzt und in toller Fahrt abwärts braust. Einige wenige Höhenmeter stehen gegen Ende noch auf dem Programm, doch schon bald erreicht man den Ausgangspunkt.

Eine wirklich grandiose Tour, auf der man ohne größere Schwierigkeiten eine imposante, teils von Menschenhand geschaffene Landschaft durchfährt. Unbedingt empfehlenswert!

Charakteristik

Fahrbahnen

Asphalt	1,9 km
Piste	14,0 km
Karrenwege	0,0 km
Pfade	0,0 km

Schwierigkeiten

leicht	6,3 km
mittel	8,5 km
schwer	1,1 km
extrem	0,0 km

Schiebe-/Tragestrecken: keine

Rast/Verpflegung

Keine Möglichkeit unterwegs.

Karten

Mapa Militar de España:
77-82 „Granadilla de Abona" + 77-81
„Las Cañadas del Teide" (Serie 5V 1:25.000)

Leichte, nur mäßig steile Asphaltauffahrt, dann weiter auf einer anfangs steilen und grobschottrigen Schotterstraße, ein Bachbett muß durchfahren werden (problemlos). Rest wenig steil, kurzzeitig durch tiefen Sandboden etwas schwieriger, aber alles bestens zu befahren.

Fahrstrecke

0,0	Lomo Blanco	1575	0:00
1,9	Abzw. Schotterstr.	1795	0:12
3,8	Agua Agria	1889	0:31
15,9	Lomo Blanco	1575	1:32

Routenführung

Ausgangspunkt: Vilaflor, Lomo Blanco

Anfahrt von Puerto de la Cruz: Von Puerto de la Cruz nach Orotava, auf der Hauptstraße durch und Ri. „Cañadas del Teide" halten. Dieser Straße folgt man ohne Berücksichtigung einer Abzweigung. Nach 28 km am Wegedreieck vor Portillo geradeaus weiter, Ri. „Parque Nacional del Teide, Vilaflor". Nach 21 km die Abzweigung nach rechts liegen lassen und geradeaus, Ri. „Vilaflor, Los Christianos" fahren.

Fahrt zum Startplatz: Nach 12,5 km (2 km oberhalb von Vilaflor) zweigt am „Lomo Blanco" linker Hand eine Schotterstraße Ri. „Campamento Madre del Agua" ab.

Hier beginnt die Tour, Parkmöglichkeit am Beginn der Schotterstraße.

Alternativer Startpunkt: im Ort Vilaflor

Pkt.1 **km 0,0** Die abzweigende Schotterstraße liegenlassen und auf der Asphaltstraße bergauf fahren.

Pkt.2 **km 1,9** Rechts der Straße auf die Schotterstraße, Ri. „Agua Agria" abzweigen. Dieser Schotterstraße folgt man stets weiter, passiert bei km 3,8 die Galeria und läßt in der Folge alle abzweigenden Wege unberücksichtigt.

Pkt.3 **km 10,3** An der Gabelung auf dem rechten Abzweig weiter.

Pkt.4 **km 10,7** An der Querstraße rechts, nach 150 m die links abzweigende Schotterstraße liegenlassen und geradeaus weiter. Alle weiteren Abzweigungen unberücksichtigt lassen und der Straße zurück zum Ausgangspunkt folgen.

Variante

Abstecher zum Campamento Madre del Agua: Am Pkt.3 links, nach 300 m wieder links und stets auf dem Hauptweg bleiben. Nach 2,8 km links, Ri. „Campamento Madre del Agua" abzweigen, den man nach 300 m erreicht. Auf gleichem Weg zurück, bei km 17,3 geradeaus weiter. Nach 600 m erreicht man Pkt. 4 und fährt geradeaus.

Kombinationen

Mit C8

Tips und Hinweise

Diese kleine Tour führt durch landschaftlich beeindruckende Gebiete. Wer in Vilaflor sein Lager aufgeschlagen hat, sollte sich diese Runde auf keinen Fall entgehen lassen! Biker aus Puerto de la Cruz müssen eine lange Anfahrt in Kauf nehmen.

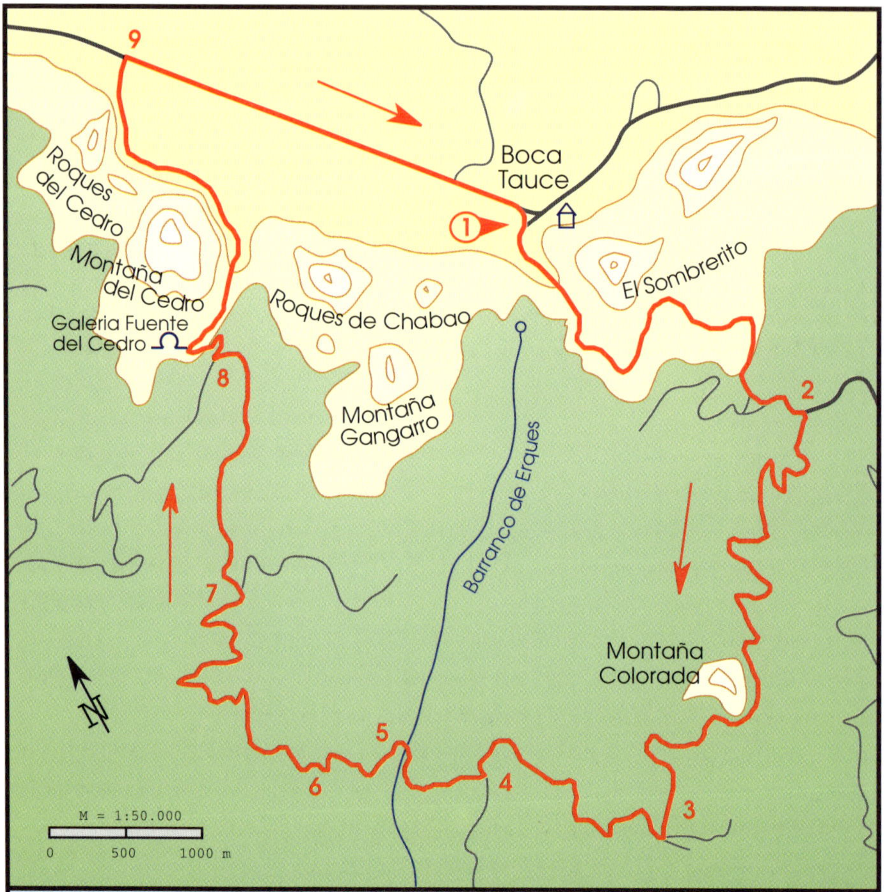

9
Boca
Tauce
1
Roques
del Cedro
Montaña
del Cedro
Galeria Fuente
del Cedro
Roques de Chabao
El Sombrerito
8
2
Montaña
Gangarro
Barranco de Erques
7
Montaña
Colorada
5
6
4
3
M = 1:50.000
0
500
1000 m

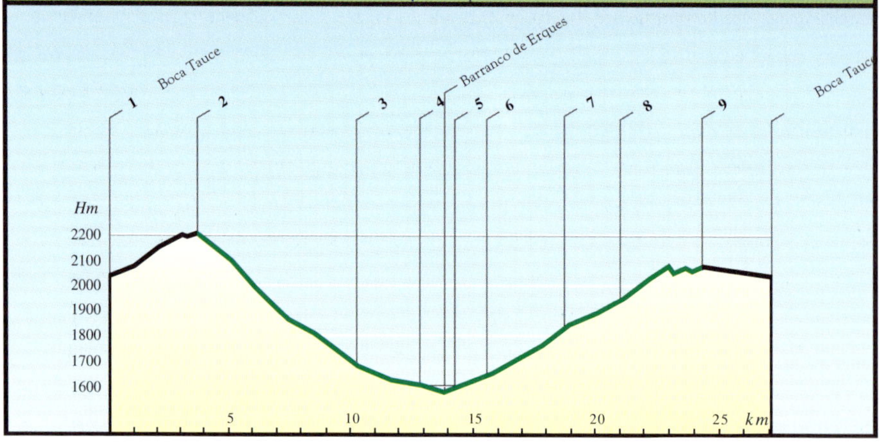

Boca Tauce
Barranco de Erques
Boca Tauce
1
2
3
4
5
6
7
8
9
Hm
2200
2100
2000
1900
1800
1700
1600
5
10
15
20
25
km

C2 Montaña del Cedro

Mäßig schwere Tour

Gemütliche Runde durch den Westrand der Cañadas auf einsamen Schotter- und Vulkanpisten. Durch tolle Lavaformationen geht's über den Kraterrand in den Kiefernwald hinunter und mit einzigartigen Ausblicken auf den Teide wieder zurück.

27,1 km
716 Hm
2:00 Std

Die riesige, unwirkliche Landschaft der Cañadas zeigt sich in ihrem Südwestteil von der schönsten und beeindruckendsten Seite. Der Kraterrand ist hier in seiner vollen Größe erhalten und ragt an seiner höchsten Erhebung, der Guajara, rund 600 m über die Schwemmsandebenen hinaus. Die Südwestseite des Teide läßt die gewaltigen Eruptionen hautnah erleben. Die erstarrte Lava ist auf dieser Seite in Form gewaltiger, schwarzer Schlackeströme zu erkennen, die sich mit unglaublicher Hitze über die Wand des Vulkans ergossen haben. Durch die Abkühlung ist das glutflüssige Magma zusammengeschrumpft, eingerissen und gebrochen. Letztendlich blieben teils nur handtellergroße Brocken übrig. Diese liegen als riesige Lavafelder am Fuß des Teide und haben eine Ausdehnung von mehreren Quadratkilometern. Durch das größte dieser Felder führt die Tour zur Montaña del Cedro mitten hindurch.

Startpunkt der Tour ist das „Boca Tauce", die Straßengabelung am südwestlichen Eingang in die Cañadas. Der Anblick der mächtigen Wand des Teide vermittelt den besten Eindruck der Urgewalten, die diese Landschaft erschaffen haben. Karg, trocken und vegetationslos liegt diese Vulkanlandschaft vor dem Besucher und doch hat sie durch das wechselnde Farbenspiel der Lavaströme, des Magmagesteins und der Sandfelder eine ungeahnte Konstrastierung. Die Farbpalette reicht von braun, über tiefschwarz bis zu ocker und rostrot. Der unterschiedliche Mineralgehalt des Gesteins ermöglicht dieses Spiel der Natur.

Gemütlich beginnt die Tour am Boca Tauce und führt zunächst auf bester Straße über den Kraterrand hinaus. An der Kuppe empfiehlt sich nochmals ein Blick zurück in die Cañadas, bevor man sich auf einer breiten Lavapiste den Hang hinabstürzt. Schlagartig ändert sich der Landschaftscharakter. Der Biker sieht sich plötzlich einem Kiefernforst gegenüber, dessen Bäume dem vulkanischen Boden offensichtlich genügend Nährstoffe abringen, um hier auswurzeln zu können. Gleichzeitig öffnet sich der Blick auf die Südwestküste Teneriffas, von den Touristenzentren um Playa de las Américas bis zur Steilküste von Los Gigantes. Bei guter Sicht erkennt man die kleine Nachbarinsel La Gomera.

Immer tiefer führt das Schotterband hinunter, vorbei an surreal wirkenden Bodenformationen, die in eigentümlich rotbrauner Farbe glänzen. Der Baumbestand wird immer dichter, bis man am tiefsten Punkt der Tour den Barranco de Erques passiert. Ein alter Steinkanal leitet das Wasser zu den Städten im Süden. Langsam beginnt die Piste wieder anzusteigen und führt mit durchgehend gemächlichem Neigungswinkel wieder in Richtung Kraterrand hinauf. Während der Auffahrt erscheint bereits die Spitze des Pico del Teide, die mit jedem zurückgelegten Höhenmeter ein Stückchen näherkommt. Mit tollen Ausblicken gegen Süden erreicht man schließlich wieder den Kraterrand und mit einem Male eröffnet sich erneut der steinige Kessel der Cañadas. Die Montaña del Cedro bildet den hiesigen Teil der schroffen Kraterwand.

Die Rückfahrt zum Boca Tauce ist sicherlich einer der Höhepunkte der Tour, denn sie führt den Offroader unmittelbar an der bizarren Wand des riesigen Kraters entlang. Große Steinspitzen, ovale Felskegel und senkrechte Wände kennzeichnen die Region um die Montaña del Cedro. Eine holprige Schotterpiste endet schließlich an der asphaltierten Straße, die einige Kilometer kerzengerade durch ein Feld schwarzen Lavagesteins hindurchführt. Die tiefschwarzen Steinbrocken glänzen durch ihren Obsidiangehalt silbrig in der südlichen Sonne. Mit diesem landschaftlichen Erlebnis schließt diese durchwegs leichte Tour direkt am Fuß des Teide ab: ideal für Genießer.

Charakteristik

Fahrbahnen

Asphalt	6,8 km
Piste	20,4 km
Karrenwege	0,0 km
Pfade	0,0 km

Schwierigkeiten

leicht	6,8 km
mittel	20,2 km
schwer	0,2 km
extrem	0,0 km

Schiebe-/Tragestrecken: keine

Rast/Verpflegung

keine

Karten

Mapa Militar de España:

75-81; 76-81 „Guia de Isora" (Serie 5V 1:25.000)

Anfangs leichte Asphaltauffahrt, dann durchgehend sehr gut zu befahrende Schotterpiste bis zur Montaña del Cedro, teils auf Lavaboden, nur im letzten Stück etwas steiler. Leichte Fahrt zur Straße zurück, im letzten Teil sehr grobschottrig, problemlose Rückfahrt auf Asphalt.

Fahrstrecke

0,0	Boca Tauce	2039	0:00
7,9	Montaña Colorado	1895	0:38
13,6	Barranco de Erques	1585	0:54
21,0	Galeria Fuente del Cedro	1960	1:30
22,7	Montaña del Cedro	2090	1:46
27,1	Boca Tauce	2039	2:00

Routenführung

Ausgangspunkt: Boca Tauce (Kreuzung C821/C823)

Anfahrt von Puerto de la Cruz: Von Puerto de la Cruz nach La Orotava. Die Stadt auf der Hauptstraße durchfahren und immer Ri. „Cañadas del Teide" halten. Dieser Straße folgt man ohne Berücksichtigung einer Abzweigung. Nach 28 km am Wegedreieck vor Portillo geradeaus weiter, Ri. „Parque Nacional del Teide, Vilaflor". Nach weiteren 21 km erreicht man die Straßengabelung am Boca Tauce (geradeaus Ri. „Vilaflor, Los Christianos", rechts Ri. „Guia de Isora, Puerto Santiago"). Hier beginnt die Tour, Parkmöglichkeiten am Straßenrand.

Pkt.1 **km 0,0** Am Boca Tauce an der Straßengabelung Ri. „Vilaflor, Los Christianos" fahren.

Pkt.2 **km 3,9** Beim Km-Stein „57" auf die Schotterstraße nach rechts abzweigen und die Schranke passieren.

Pkt.3 **km 10,2** Den linken Abzweig unberücksichtigt lassen und geradeaus bergab fahren.

Pkt.4 **km 12,8** 100 m nach Passieren einer Schranke an der Gabelung den geraden Weg verlassen und dem Hauptweg durch die Rechtskurve folgen. Nach 200 m den rechten Abzweig liegenlassen und auf dem linken Weg bleiben.

Pkt.5 **km 14,2** Den linken Abzweig liegenlassen und geradeaus bleiben.

Pkt.6 **km 15,5** Den linken Abzweig liegenlassen und geradeaus bleiben. Nach 1,3 km wiederum den linken Abzweig unberücksichtigt lassen.

Pkt.7 **km 18,8** Dem Hauptweg durch die Linkskurve folgen, nicht gerade auf den schmäleren Weg fahren.

Pkt.8 **km 21,0** An der Gabelung unterhalb eines Hauses den linken Abzweig, Ri. „Galeria de Tagara" liegenlassen und durch die Rechtskurve bergauf fahren. Nach 600 m den linken Abzweig unberücksichtigt lassen.

Pkt.9 **km 24,3** An der Asphaltstraße nach der Schranke rechts. Nach 2,8 km zurück am Ausgangspunkt.

Variante

Bei Pkt.8 ist ein Abstecher zur Galeria de Tagara möglich, die abenteuerlich im gleichnamigen Barranco eingebettet liegt. Die Fahrt führt allerdings 310 Höhenmeter hinunter und dementsprechend auch wieder hinauf.

Tips und Hinweise

Die Roques del Cedero und die Montaña del Cedro gehören zur „Klasse 1" des Nationalparks und unterliegen damit den strengsten Schutzbestimmungen. Von Klettereien auf den Felsen und Fahrten abseits der befestigten Wege muß daher unbedingt Abstand genommen werden.

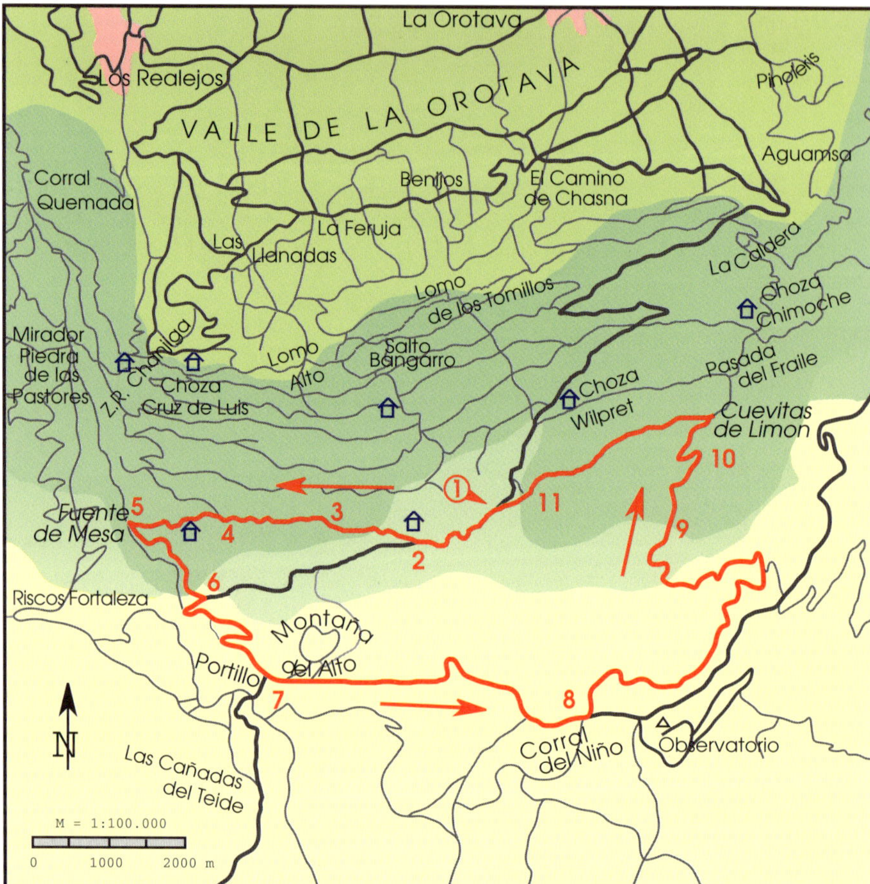
La Orotava
Los Realejos
VALLE DE LA OROTAVA
Pinoleris
Aguamsa
Corral
Quemada
Benijos
El Camino
de Chasna
Las
Llanadas
La Feruja
La Caldera
Lomo
de los Tomillos
Choza
Chimoche
Mirador
Piedra
de las
Pastores
Z.P. Chanilga
Choza
Cruz de Luis
Lomo
Alto
Salto
Bangarro
Choza
Wilpret
Pasada
del Fraile
Cuevitas
de Limon
10
11
1
5
3
Fuente
de Mesa
4
2
9
6
Riscos Fortaleza
Montaña
del Alto
Portillo
7
8
N
Corral
del Niño
Observatorio
Las Cañadas
del Teide
M = 1:100.000
0
1000
2000 m

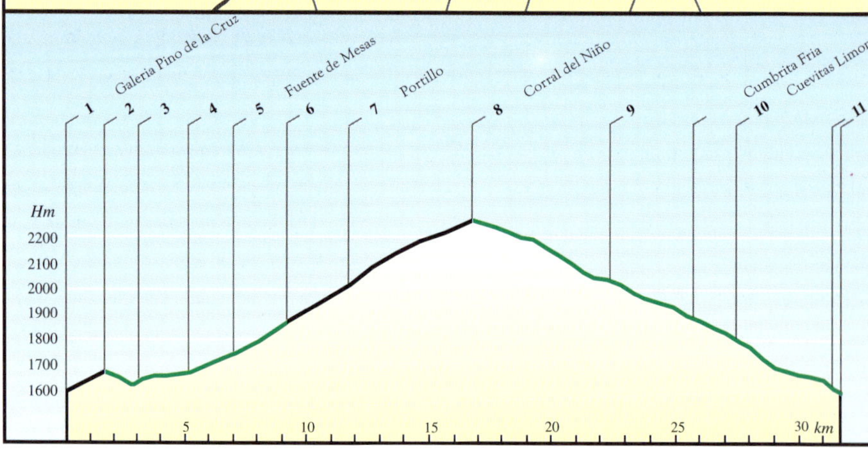
Galeria Pino de la Cruz
Fuente de Mesas
Portillo
Corral del Niño
Cumbrita Fria
Cuevitas Limon
1
2
3
4
5
6
7
8
9
10
11
Hm
2200
2100
2000
1900
1800
1700
1600
5
10
15
20
25
30
km

C3 Montaña Alto

Mäßig schwere Tour

Perfekte Runde vom Waldgebiet in die Cañadas. Landschaftlich wunderschön, fahrtechnisch leicht, erstklassige Abfahrt auf tadelloser Forstpiste. Tolle Einstiegstour in die Cañadas.

31,7 km
756 Hm
2:44 Std

Unzählige größere und kleinere Vulkankegel sind durch sekundäre Aktivitäten des vulkanischen Bodens entstanden, haben sich in den verschiedensten Formationen aus der Erde erhoben und stehen nun als Bergkegel aus der eingefallenen Ebene der Cañadas heraus. Eine dieser vielen Kuppen ist die Montaña del Alto, die, etwas außerhalb des zentralen Kraters, an der nach Nordosten abfallenden Seite der Cañadas liegt. 2151 m liegt die Spitze über dem Meeresniveau, gerade einmal 150 m überragt sie die Ebene um Portillo. Beileibe also kein Riese, dieser Hügel und doch zieht er die Aufmerksamkeit auf sich. Einerseits wegen seiner tiefschwarzen Farbe, mit der sich das Lavagestein gegen die etwas tiefer gelegenen Waldhänge abzeichnet. Andererseits ziehen mehrere Wege von der Straße zum Fuß der Kuppe, so daß man meinen könnte, hier ein paar nette Trials absolvieren zu können. Leider entpuppt sich diese Hoffnung als unerfüllbar, denn alle Wege sind für Stollenreifen eine Klasse zu hoch. Auf den Militärkarten ist ein herrlich anzusehender Weg verzeichnet, der die schwarze Kuppe umrundet. Bei der Befahrung muß man allerdings feststellen, daß das lose und noch dazu sehr leichte Lavagestein einfach keinen Halt gibt. Nach wenigen Metern dürften wohl auch Cracks scheitern, so daß einzig der - auch sehr lohnende - Fußmarsch um den Berg übrigbleibt. Alle anderen Wege enden überhaupt völlig unvorhersehbar und ein gegen Norden abwärts ziehender Pfad präsentiert sich bald als Lavafeld, das nur mit einigen gewagten Kletteraktionen bezwungen werden kann. Von Fahren kann hier keine Rede sein. Also sollten sich auch Expeditionisten mit der Fahrt zum Fuße der Montaña del Alto begnügen. Reizvoll genug ist auch das, denn der alles beherrschende Teide zeigt sich hier mit seiner gigantischen Ostwand in voller Pracht.

Von der Galeria Pino de la Cruz ist der Weg hinauf durchwegs unproblematisch, in wunderschöner Fahrt quert eine Forststraße den Hang, mitten durch die Ausläufer des Waldgebietes. Ohne Schwierigkeiten erreicht man die Fuente de Mesa, eine Quelle, an der die Trinkflaschen aufgefüllt werden können, denn das Wasser hat im Gegensatz zum Leitungswasser beste Trinkqualität. Keine schlechte Idee, zumal der eigentliche Anstieg erst hier beginnt. Während die Bäume immer spärlicher werden, bieten sich vom Straßenrand aus einzigartige Blicke auf das Orotava-Tal, bis man das Waldgebiet ganz verläßt und sich die letzten Kilometer auf der Fahrstraße im gleißenden Sonnenlicht nach Portillo hochschraubt. Eine kurze Pause sollte sich hier jeder gönnen, denn es geht weiter bergauf und ein Blick auf die Straße zeigt eine gehörige Steigung. Tatsächlich zieht das Asphaltband mächtig an, bevor man den Abstecher zur Montaña del Alto nimmt und am Fuße des schwarzen Lavagesteins den Blick auf den Teide genießt. Hier hat man's schon so gut wie geschafft; nach wenigen, nicht mehr allzu steilen Kilometern ist der Scheitelpunkt der Tour am Corral del Niño erreicht.

Der folgende Abschnitt zählt sicherlich zu den schönsten Abfahrten der Region. Eine anfangs weiche, feinsandige Piste führt unterhalb des Observatoriums an beeindruckenden Erdformationen vorbei. In der Seitenwand der Straße zeichnet sich der farblich unterschiedliche Schichtaufbau des vulkanischen Bodens ab, entstanden durch unzählige Ausbrüche, die sich Schicht um Schicht aufgelagert haben. Eine gute Forststraße taucht in das Waldgebiet ein und leitet durch einige Kurven, mal steiler, mal weniger steil um Kuppen herum und zwischen den Bäumen hindurch. Verfahren kann man sich trotz der zahlreichen Abzweigungen kaum, denn die meisten der Forstwege führen wieder zusammen und enden allesamt an der Anfahrtsstraße. Lediglich die letzte Gabelung sollte man nicht verpassen, denn sonst landet man eine Etage tiefer. Nach wahrer Traumabfahrt mündet man schließlich wieder an der Galeria Pino de la Cruz und ist sich jedenfalls sicher, daß diese Tour nicht die letzte in dieser wunderbaren Region war!

Charakteristik

Fahrbahnen

Asphalt	9,2 km
Piste	22,5 km
Karrenwege	0,0 km
Pfade	0,0 km

Schwierigkeiten

leicht	13,6 km
mittel	12,3 km
schwer	5,8 km
extrem	0,0 km

Schiebe-/Tragestrecken: keine

Rast/Verpflegung

Bar/Restaurant in Portillo.

Karten

Mapa Militar de España:
77-78;77-79 „La Orotava" + 77-80 „Teide"
(+ ev. 78-80 „Guimar") (Serie 5V 1:25.000)

Leichte, nur mäßig steile Asphalt- und Schotterauffahrt, durchgehend bester Belag. Zwischen Portillo und Corral del Niño steile Asphaltstraße. Leichte Abfahrt auf guter Forststraße, anfangs stellenweise tiefer Boden durch den Lavasand, aber gut befahrbar.

Fahrstrecke

0,0	Galeria Pino de la Cruz	1600	0:00
7,0	Fuente de Mesa	1750	0:44
11,8	Portillo	2035	1:29
16,7	Corral del Niño	2291	1:58
28,0	Cuevitas de Limon	1770	2:37
31,7	Galeria Pino de la Cruz	1600	2:44

Routenführung

Ausgangspunkt: Galeria Pino de la Cruz (C 821, Km 24)

Anfahrt von Puerto de la Cruz: Von Puerto de la Cruz nach La Orotava. Die Stadt auf der Hauptstraße durchfahren und Ri. „Cañadas del Teide" halten. Dieser Straße folgt man 20 km ohne Berücksichtigung einer Abzweigung. Beim Kilometerstein „24" erreicht man linker Hand ein Picknickgebiet und den Abzweig einer Schotterstraße Ri. „Pista de Izaña". Diesen Abzweig läßt man liegen und erreicht nach 350 m die „Galeria Pino de la Cruz" bei einem Schild „Vorsicht Feuer".

Hier beginnt die Tour, Parkmöglichkeit am rechten Straßenrand.

Alternativer Startpunkt: Portillo

Pkt.1 **km 0,0** Auf der Asphaltstraße in Anfahrtsrichtung bergauf.

Pkt.2 **km 1,6** Nach rechts auf die Schotterstraße, Ri. „Galeria de las Cumbres" abzweigen.

Pkt.3 **km 3,0** An der 3er-Gabelung auf den geradeaus führenden Ast halten (nicht rechts bergab, nicht links bergauf).

Pkt.4 **km 5,1** Am „Los Picachos" den rechten Abzweig Ri."Las Llanadas,..." ignorieren und links bergauf, Ri."Las Cañadas" fahren. (Nach 1000 m gerade auf dem Hauptweg bleiben.)

Pkt.5 **km 7,0** An der „Fuente de Mesa" an der Querstraße links bergauf, Ri. „Las Cañadas". Nach 800 m auf dem Hauptweg bleiben.

Pkt.6 **km 9,1** Man erreicht die Asphaltstraße und fährt rechts bergauf, Ri. „Parque National del Teide".

Pkt.7 **km 11,8** Am Wegedreieck in Portillo nach links auf die C 824, Ri. „Observatorio de Izaña, La Laguna" abzweigen. Nach 700 m ist linker Hand ein Abstecher zur Montaña Alto möglich, die Umrundung ist leider nicht fahrbar.

Pkt.8 **km 16,7** Unmittelbar vor dem Kilometerstein „38" erreicht man den beschilderten Corral del Niño und zweigt auf die Schotterstraße nach links ab.

Pkt.9 **km 22,3** Geradeaus auf dem Hauptweg bleiben. Alle weiteren Abzweige ignorieren und stets geradeaus auf der Forststraße bleiben.

Pkt.10 **km 27,4** An der Querstraße rechts, nach 600 m am „Cuevitas de Limon" durch die Linkskurve bergab.

Pkt.11 **km 31,4** An der Gabelung den rechten Abzweig liegenlassen und auf dem Forstweg links halten. Nach 300 m zurück am Ausgangspunkt.

Varianten

Für Asphaltbiker ist die gesamte Auffahrt auf der Straße möglich.

Ein Abstecher zur Montaña Alto bietet sich vor allem wegen des Picknickplatzes und der herrlichen Ansicht des Teide an. Leider sind alle in den Karten verzeichneten Wege rund um den Lavaberg entweder nicht existent oder nicht befahrbar.

Kombinationen

Mit C4, C5 oder C6, eventuell auch mit C7 oder C8 (äußerst kilometerintensiv!).

Bei Start im Orotava-Tal ist eine Kombination mit O3 möglich.

Tips und Hinweise

Es ist nicht empfehlenswert, um die Montaña Alto weiter als bis zum Picknickplatz vorzudringen. Alle Pisten enden entweder im Nichts oder sind nach wenigen Metern unfahrbar. Empfehlenswert ist aber die Umrundung der schwarzen Bergkuppe zu Fuß. Auf dem mit scharfkantigem Lavagestein übersäten Weg genießt man traumhafte Ausblicke ins Orotava-Tal und über die Cañadas.

Obskure Lavaformation, im Hintergrund der Pico del Teide

C4 Montaña Roquillo

Mäßig schwere bis schwere Tour

Einsame Runde durch die Ausläufer der Cañadas mit fantastischen Ausblicken in den Kraterkessel. Lange Auffahrt zum Lavaberg der Roquillo auf schwarzen Sandpisten. Schöne, ruhige Tour.

24,3 km
603 Hm
2:08 Std

Die schönsten Einblicke in das Zentralgebiet der Cañadas - den eingestürzten Vulkankessel - hat man zweifellos vom Rand desselben. Bis zu 400 m überragt die Wand des eingefallenen Kraters die Talsohle. Am Südosthang des Kessels führt eine Piste oben am Krater entlang, teils unmittelbar neben der senkrecht abfallenden Wand. Auf diesem Schotterweg bieten sich atemberaubende Ausblicke auf die bizarre Vulkanlandschaft, die einem hier zu Füßen liegt. Man überblickt die unterschiedlichen Gesteinsformationen, erkennt die verschiedenen Lavaströme und die erodierten Reste unvorstellbarer Vulkanausbrüche. Die Kraft vergangener Erdgewalten wird hier unmittelbar bewußt, besonders angesichts des aus der Ebene gigantisch hoch aufragenden Vulkankegels des Pico del Teide.

Am Beginn der Tour führt eine weiche, sandige Piste durch die staubige, von vereinzelten Büschen durchsetzte Landschaft. Fast erinnert die Umgebung an die Kulissen eines Wildwestfilms und tatsächlich wurden in den Cañadas - neben vielen utopischen Filmen - auch eine Reihe von Western gedreht - der Llano de Ucanca, am Fuße der Roques de Garcia gelegen, mußte schon mehrmals als Kulisse herhalten. Die Tour führt durch die sandigen Ebenen langsam an den Kraterrand heran, an dem sich der Blick über die Cañadas öffnet. Die Piste verläuft immer an der Kante entlang, bis sie nach schöner, langer Fahrt zur Hälfte von einem kleinen Steinhaufen abgesperrt ist und ein Schild „Sin Salida" das jähe Ende des Weges voraussagt. Tatsächlich endet der Weg nach einigen Kilometern an den Hängen der Montaña Pasajiron buchstäblich im Nichts, keine Verbindung gibt es hinüber zum gigantischen Trialgebiet um die Guajara. Der tief eingeschnittene Barranco del Rio liegt dazwischen und versperrt auch Wanderern den Weg. Also bleibt nur die nach links abzweigende Schotterstraße übrig, die durch die Serpentinen abwärts führt. Trotz der Einsamkeit dieses Landstrichs ist Vorsicht geboten, denn nicht selten, wie auf vielen schönen Pisten dieser Erde, jagen Motocrosser ihre Maschinen über den Schotter. Hoffentlich unbehelligt erreicht man eine große Weggabelung, die einige Möglichkeiten für Abstecher offenhält, unter anderem auch die Fahrt nach Vilaflor. Da man aber schließlich wieder zum Startpunkt zurück will, bleibt nur die Wahl des linken Astes übrig, der in langer, dafür aber nicht allzu steiler Auffahrt jeden verlorenen Höhenmeter wieder wettmacht. Endlich ist die Kuppe erreicht, hinter welcher der namensgebende Berg - die Montaña Roquillo - aufsteigt. Tiefschwarz erhebt sich ein riesiger Lavaberg aus dem Boden, bestehend aus den Schlackeresten einer der vielen vergangenen Ausbrüche.

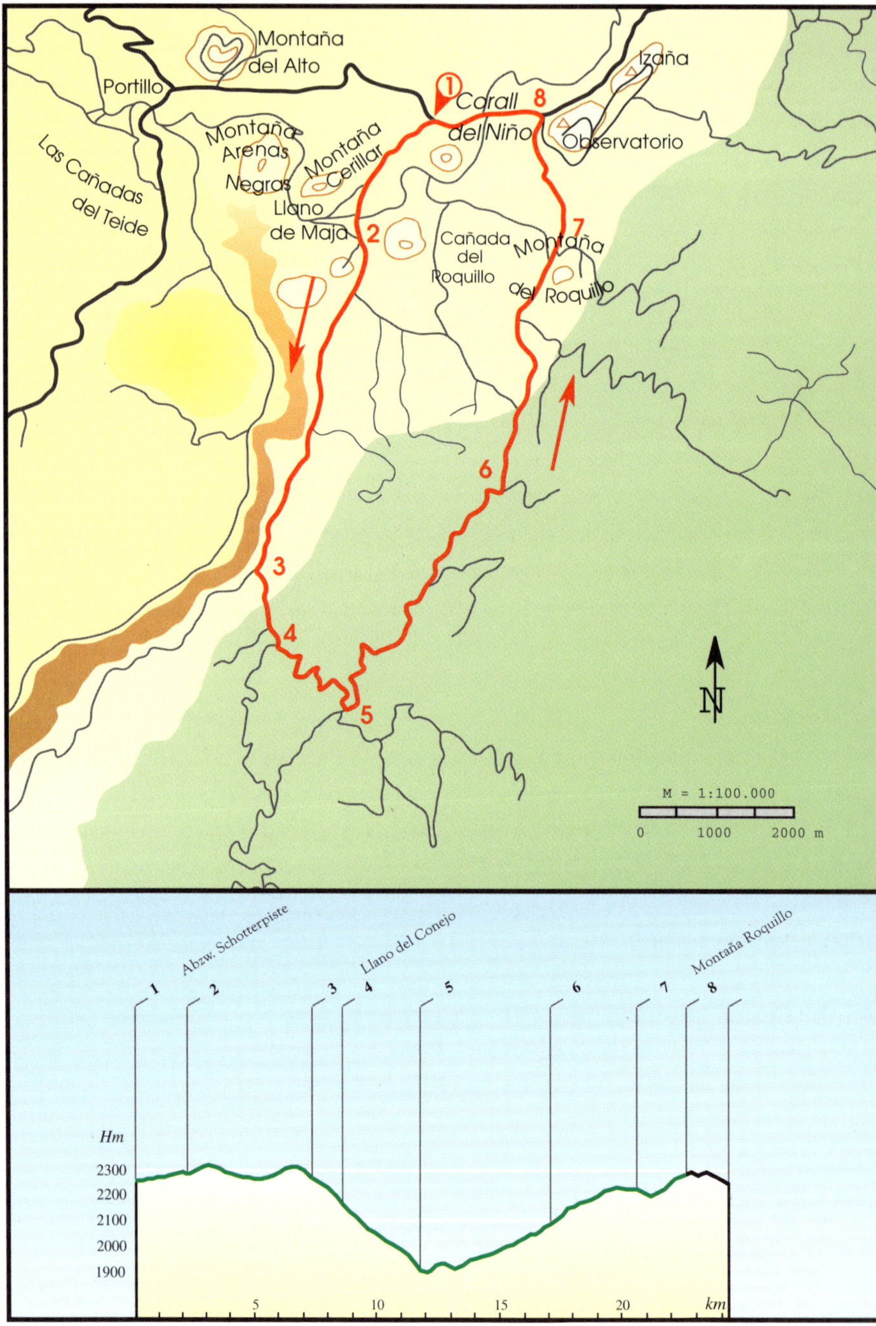
Montaña
del Alto
Portillo
Corall
del Niño
8
Izaña
Observatorio
Las Cañadas
del Teide
Montaña
Arenas
Negras
Montaña
Cerillar
Llano
de Maja
2
Cañada
del
Roquillo
7
Montaña
del Roquillo
6
3
4
5
N
M = 1:100.000
0
1000
2000 m
Abzw. Schotterpiste
Llano del Conejo
Montaña Roquillo
1
2
3
4
5
6
7
8
Hm
2300
2200
2100
2000
1900
5
10
15
20
km

Einen fantastischen Gegenpart findet der schwarze Berg in der weißen Kuppel des Observatoriums, die in Sichtweite auf der Kuppe thront. Dies ist die letzte Station dieser Tour, doch bevor man dorthin durchstartet und die letzten Höhenmeter abradelt, kann man sich in den Lavafeldern gehörig austoben. Man braucht dazu nicht einmal die Straße zu verlassen, denn diese führt mitten durch den schwarzen Lavasand, auf dem man herrliche Drifts und Power-Slides hinlegen kann. Ein fantastisches Gefühl, mitten in freier Natur solch eine Spielwiese vorzufinden, die für Stollenreifen wie geschaffen ist. Doch letztendlich macht sich auch der Verspielteste auf den Rückweg, und diejenigen, für die diese Runde lediglich ein Vorgeschmack auf weitere Touren ist, können gleich noch die eine oder andere Route anschließen und die verbleibenden Energien in der großartigen Landschaft der Cañadas verpowern. Die Möglichkeiten sind unendlich und eine Variante ist schöner als die andere - ein riesiges Tourengebiet für Mountainbiker.

Charakteristik

Fahrbahnen

Asphalt	1,6 km
Piste	22,7 km
Karrenwege	0,0 km
Pfade	0,0 km

Schwierigkeiten

leicht	8,1 km
mittel	8,9 km
schwer	7,3 km
extrem	0,0 km

Schiebe-/Tragestrecken: keine

Rast/Verpflegung

Keine! (nächste Möglichkeit in Portillo: 4,2 km)

Karten

Mapa Militar de España:

77-80 „Teide" + 77-81 „Cañadas del Teide"

(Serie 5V 1:25.000)

Durchwegs gute Schotterstraßen, der Belag wechselt ständig zwischen fester, glatter Unterlage, weichem und tiefen Sand, groben Schotter und feinkörniger Lavaasche. Großteils problemlos befahrbar.

Fahrstrecke

0,0	Abzw. Schotterstr.	2248	0:00
7,3	Llano del Conejo	2270	0:36
12,7	Bco. Chinquejo	1917	0:49
20,6	Montaña Roquillo	2218	1:45
22,7	Abzw. Observatorium	2297	2:02
24,3	Ausgangspunkt	2248	2:08

Routenführung

Ausgangspunkt: C 824, zw. Kilometer 38 und 39 (Nähe Portillo)

Anfahrt von Puerto de la Cruz: Von Puerto de la Cruz nach La Orotava. Die Stadt auf der Hauptstraße durchfahren und Ri. „Cañadas del Teide" halten. Dieser Straße folgt man ohne Berücksichtigung einer Abzweigung und erreicht nach 28 km das Wegedreieck vor Portillo.

Fahrt zum Startplatz:: In Portillo links auf die C 824, Ri."Observatorio de Izaña, La Laguna" abzweigen. Nach 4,2 km erreicht man die Abzweigung einer Schotterstraße nach rechts, Ri. „Los Tres Pinos" (700 m vor dem beschilderten Corral del Niño). Hier beginnt die Tour. Parkmöglichkeit am Beginn der Schotterstraße.

Anfahrt von Santa Cruz: Über die „Autopista del Norte" bis zur Ausfahrt „La Laguna", Ri. „Esperanza, Las Cañadas" halten und auf der C 824 durch La Esperanza, Richtung Portillo. Nach 38,7 km erreicht man die Abzweigung der Schotterstraße nach links (1400 m nach der Abzweigung zum Observatorium und 700 m nach dem Corral del Niño).

Alternative Startpunkte: Abzweig zum Observatorium (leichter zu finden!), Portillo (Anfahrt zu Pkt.1 per Bike)

Pkt.1 **km 0,0** Von der Asphaltstraße auf den Schotterweg Ri. „Los Tres Pinos" abzweigen (von Portillo kommend rechts, von Esperanza links). Nach 600 m den rechts abzweigenden Karrenweg liegenlassen und auf dem Hauptweg bleiben.

Pkt.2 **km 2,2** Geradeaus auf dem Hauptweg bleiben (nicht rechts bergauf). Nach 700 m an der Gabelung auf dem rechten Ast geradeaus weiter und diesem stets folgen.

Pkt.3 **km 7,3** Vor der teilweisen Absperrung des Weges durch einen Steinhaufen, zweigt man beim Schild „Sin Salida" auf den links bergab führenden Weg ab. Diesem stets bergab folgen.

Pkt.4 **km 8,6** An der Gabelung auf den unbeschilderten Ast nach links (geradeaus) halten, nicht dem Weg durch die Rechtskurve folgen.

Pkt.5 **km 11,8** Am Wegeviereck auf der breiten Querstraße unbeschildert links bergauf fahren (nicht geradeaus und nicht rechts bergab). Dieser Schotterstraße stets folgen und alle Abzweigungen unberücksichtigt lassen (auch bei km 15,1 gerade auf dem Hauptweg bleiben).

Pkt.6 **km 17,1** An der Gabelung den rechten Ast liegenlassen und links bergauf halten. Wiederum stets auf dem Hauptweg bleiben.

Pkt.7 **km 20,6** Bei der Montaña Roquillo an beiden Gabelungen nach links und rechts jeweils geradeaus fahren, in Richtung auf das Observatorium zu.

Pkt.8 **km 22,7** Man erreicht die Asphaltstraße am Abzweig zum Observatorium und hält sich hier nach links. Nach 1,6 km zurück am Ausgangspunkt.

Varianten

Zwischen Portillo und dem Observatorium sind Abstecher nach allen Richtungen möglich.

Kombinationen

Mit C3 oder C5 (beide Kombinationen führen über die Cumbre Dorsal auf die Nord- und Südseite Teneriffas).

Tips und Hinweise

Auf dieser Tour wird das militärische Sperrgebiet der Cañadas umrundet. Überall stehen Warnschilder, doch die warnen eher vor der massenhaft herumliegenden Munition als vor tatsächlichen Übungen. Auf Militär trifft man hier äußerst selten, denn Übungen finden auf ganz Teneriffa statt und nicht nur in den Cañadas. Von den Warntafeln braucht sich also niemand abschrecken lassen.

Roques de Garcia: der „Finger Gottes" vor dem Vulkankegel des Teide

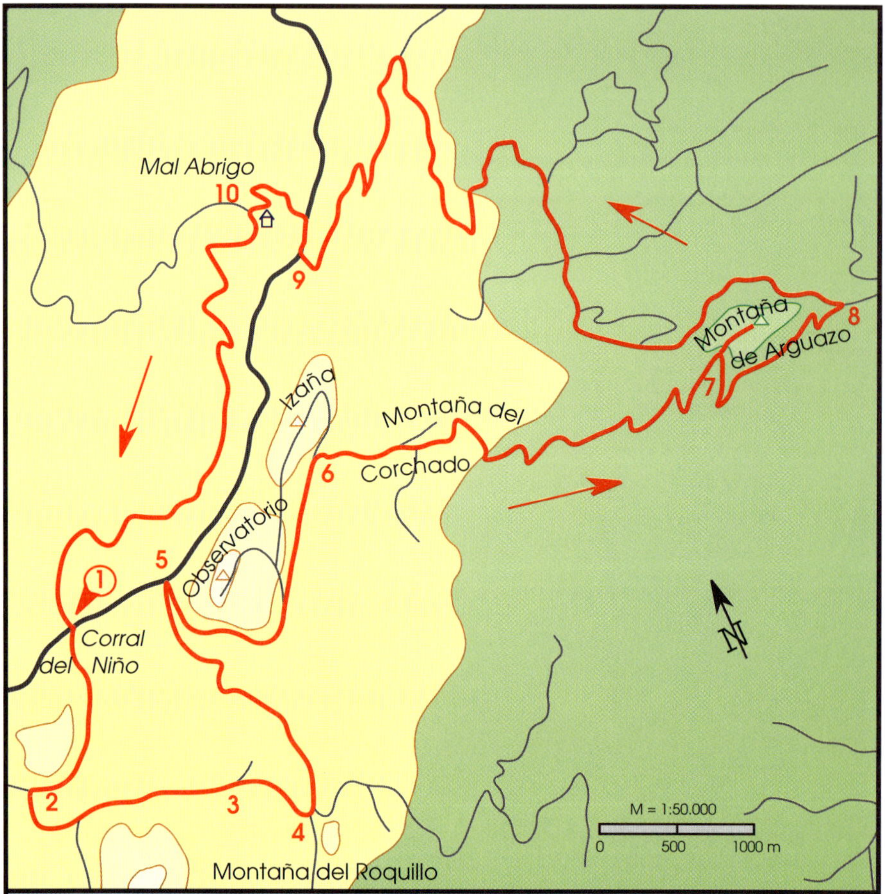
Mal Abrigo
10
9
Izaña
Montaña del
Corchado
6
Observatorio
5
1
Corral
del Niño
2
3
4
Montaña del Roquillo
Montaña
de Arguazo
8
7
N
M = 1:50.000
0
500
1000 m
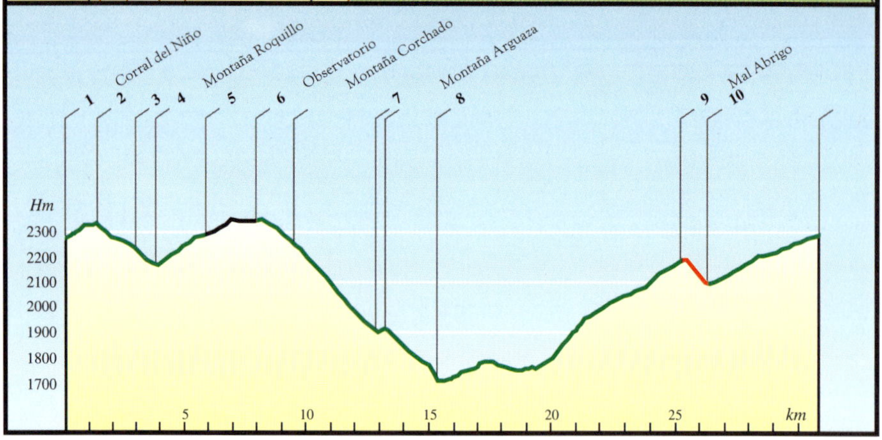
Corral del Niño
Montaña Roquillo
Observatorio
Montaña Corchado
Montaña Arguaza
Mal Abrigo
1
2
3
4
5
6
7
8
9
10
Hm
2300
2200
2100
2000
1900
1800
1700
5
10
15
20
25
km

C5 Observatorio

Schwere Tour

Große Runde um das Observatorium auf tollen Schotter- und Sandpisten durch Lavafelder und Waldgebiet. Wenig technische Anforderungen, aber lange Auf- und Abfahrten mit schönen Ausblicken auf die Nord- und Südseite Teneriffas.

30,8 km
975 Hm
2:43 Std

Schon von weitem sichtbar thront auf der Ostseite der Cañadas das Observatorium. Obwohl es weitaus größere Exemplare dieser Art gibt, so ist dieses hier nicht minder beeindruckend. Die Beobachtungsstation besteht aus zwei Anteilen, nämlich aus einem meteorologischen und einem astronomischen Observatorium. Auf den Zwillingshöckern der Montaña El Cabezon und der Izaña stehend, überblicken sie auf knapp 2400 m einen Großteil Teneriffas. Der astronomische Komplex, um einige wenige Meter höhergelegen, ragt mit seiner weißen Kuppel an einer der höchsten Stelle der Cañadas auf, überragt nurmehr vom Vulkankegel des Teide selbst. Scharfkantig zeichnen sich die Konturen der Sternwarte gegen den blauen Himmel ab, während das Weiß einen Kontrast zum dunklen, rot-braunen Gestein und der schwarzen Lava bildet.

Rund um dieses Bauwerk führt die Tour, immer wieder bergauf und bergab. Von allen Seiten kann man die Kuppel mit dem benachbarten Fernsehturm und die meteorologische Station bestaunen. Während die Nord- und die Ostseite eine relativ bequeme Umrundung zulassen, so muß man gegen Südosten tief am Berghang abtauchen. Ausgangspunkt ist der Corral del Niño, ein kleiner Sattel, nur einige wenige Kilometer von Portillo entfernt. Von hier aus wird erst mal die Montaña de la Carniceria umrundet, einer der zahllosen kleineren Vulkankegeln. In schöner Fahrt quert man die Hangkante mit traumhaften Ausblicken auf die Südseite Teneriffas, die Cañadas und den Pico de Teide, der sich hier, mit der vorgelagerten Montaña Blanca, von seiner schönsten Seite zeigt. Die weitere Route führt an einem echten Kuriosum vorbei. In niederschlagsreichen Monaten sickert aus einer unterirdischen Quelle mitten in dem trockenen Sandhang klares Wasser hervor, rinnt einige Meter den Hang hinab, um dann – völlig unerwartet – wieder in der Erde zu verschwinden. Spaßvögel haben einen winzig kleinen See aufgestaut und wie eine Miniaturoase gluckst das Wasser in der wüstenhaften Umgebung vor sich hin. Zu gewissen Zeiten dürfte sich das Mini-Bächlein zu einem größeren Wasserstrom mausern, denn die Fahrbahn ist in weiterer Folge extrem stark ausgewaschen, fast meterhohe Längsrillen ziehen entlang der erdigen Piste. Was für einen Geländewagen eine schwierige Aufgabe darstellt, ist mit dem Mountainbike kein größeres Problem, denn die Rillen können in großem Bogen umfahren werden. Nach kurzer Fahrt an einem einsamen, verloren in der Landschaft stehenden Haus vorbei, erreicht man die Montaña del Roquillo, einen großen schwarzen Berg aus Lavaschlacke. Hier zweigt die Route ab und führt direkt auf das Observatorium zu. Die asphaltierte Zufahrtsstraße leitet bis knapp an die Beobachtungsstation heran, bevor Zäune und Schranken die Weiterfahrt verhindern. Knapp vorher zweigt eine Schotterstraße ab, an der die eigentliche Tour beginnt. Um die Beobachtungsstation gen Südosten umrunden zu können, muß man zwangsläufig bis zur Montaña de Arguaza abfahren, dessen Spitze knapp über 1900 m liegt. Ein ausgesprochen wackeliges Gerüst eines der vielen Brandmeldetürmen Teneriffas steht dem Schwindelfreien zur Besteigung offen, doch kann das Observatorium von hier gerade nicht mehr ausgemacht werden, so daß mit den Blicken auf die Südküste Teneriffas vorliebgenommen werden muß.

Noch weitere 200 Höhenmeter führt die Straße bergab, bevor man endlich auf die wieder bergauf führende Piste trifft, auf der der markante Südhang der Arguaza umfahren wird und die sich an tief abfallenden Barrancoschluchten vorbei, wieder zurück auf den zentralen Bergrücken der Cumbre Dorsal schlängelt. In langer, abwechslungsreicher Fahrt durch unterschiedliche Gesteins- und Lavaformationen schraubt man sich hoch, um endlich am Kamm zum letzten, kurzen Wegabschnitt zu gelangen. Ein schmaler, steiniger Karrenweg führt durch zwei Serpentinen zu einer Schotterstraße hinab, auf der man direkt unterhalb der Sternwarte die letzten Meter auf weichem Lavasand zum Ausgangspunkt zurückbikt und sich so der Kreis um die weiße Kuppel schließt.....

Charakteristik

Fahrbahnen

Asphalt	2,3 km
Piste	26,8 km
Karrenwege	1,7 km
Pfade	0,0 km

Schwierigkeiten

leicht	10,2 km
mittel	15,0 km
schwer	5,6 km
extrem	0,0 km

Schiebe-/Tragestrecken: keine

Rast/Verpflegung

Keine! (nächste Möglichkeit in Portillo: 4,9 km)

Karten

Mapa Militar de España: 77-80 „Teide"
+ 78-80 „Güimar" (Serie 5V 1:25.000)

Am Beginn etwas grober Schotterbelag, dann stark ausgewaschene Fahrbahn mit extrem hohen Längsrillen, Ab- und Auffahrt um die Arguazo auf durchwegs guten Schotterstraßen, teils mitten durch Lavafelder, alles problemlos zu befahren. Steiniger Karrenweg bergab, durch einige enge Kurven. Auf weicher Sandpiste mit teils tiefer Auflage zurück.

Fahrstrecke

0,0	Corral del Niño	2287	0:00
3,9	Montaña Roquillo	2184	0:25
8,1	Observatorium	2350	0:49
13,2	Montaña Arguazo	1913	1:01
25,2	Mal Abrigo	2195	2:12
30,8	Corral del Niño	2287	2:43

Routenführung

Ausgangspunkt: Corral del Niño (C 824, km 38) (Nähe Portillo)

Anfahrt von Puerto de la Cruz: Von Puerto de la Cruz nach La Orotava. Die Stadt auf der Hauptstraße durchfahren und Ri. „Cañadas del Teide" halten. Dieser Straße folgt man ohne Berücksichtigung einer Abzweigung und erreicht nach 28 km das Wegedreieck vor Portillo.

Fahrt zum Startplatz: In Portillo links auf die C 824, Ri. „Observatorio de Izaña, La Laguna" abzweigen. Nach 4,9 km erreicht man unmittelbar vor dem Kilometerstein „38" am beschilderten „Corral del Niño" die Abzweigung zweier Schotterstraßen.

Hier beginnt die Tour. Parkmöglichkeit am Beginn der Schotterstraßen.

Anfahrt von Santa Cruz: Über die „Autopista del Norte" bis zur Ausfahrt „La Laguna", Ri. „Esperanza, Las Cañadas" halten und auf der C 824 durch La Esperanza, Richtung Portillo. Nach 38 km erreicht man, (700 m nach der Abzweigung zum Observatorium) beim Kilometerstein „38" den „Corral del Niño".

Alternativer Startpunkt: am Observatorium

Pkt.1 **km 0,0** Am „Corral del Niño" fährt man, von Portillo kommend, auf die rechte Schotterstraße (von Esperanza kommend auf die linke!) (Richtung Süden). Diese gabelt sich nach wenigen Metern und man folgt dem rechts bergauf führenden Ast (nach 200 m passiert man ein gelbes Schild).

Pkt.2 **km 1,4** Bevor man den Berg vollständig umrundet, folgt man dem Hauptweg an der Gabelung links bergab. Nach 500 m an der Gabelung wieder auf dem Hauptweg durch die Linkskurve bleiben.

Pkt.3 **km 3,0** An der Gabelung dem Hauptweg nach rechts folgen. Nach 500 m erneut dem Hauptweg durch die Rechtskurve folgen.

Pkt.4 **km 3,9** Vor der „Montaña del Roquillo" auf dem Querweg nach links auf das Observatorium zu (den Abzweig nach rechts liegenlassen).

Pkt.5 **km 5,9** Man erreicht die Asphaltstraße an der Abzweigung zum Observatorium und folgt der scharf rechts, zum Observatorium führenden Straße.

Pkt.6 **km 8,1** 100 m vor der Absperrung auf die Schotterstraße nach rechts, Ri. „Arguazo" abzweigen. Auf dieser Piste stets bleiben.

Pkt.7 **km 12,9** An der Abzweigung beim Schild „Vorsicht Feuer" vorerst geradeaus bleiben, nach 250 m erreicht man den Aussichtspunkt. Auf gleichem Weg zurück und auf dem Hauptweg links bergab.

Pkt.8 **km 15,3** Der Weg läuft spitzwinkelig mit einem zweiten, von links kommenden zusammen. Hier nach scharf links auf eben diese Schotterstraße abzweigen und den Berg umrunden (nicht geradeaus bergab!). Dieser Straße bergauf folgen und alle Abzweigungen unberücksichtigt lassen.

Pkt.9 **km 25,2** Man erreicht die Asphaltstraße, folgt ihr nach rechts und zweigt nach 150 m an der „Montaña Limon" auf den unscheinbaren Karrenweg nach links ab.

Pkt.10 **km 26,3** An der Schotterstraße links bergauf, nach 4,5 km zurück am Ausgangspunkt.

Varianten

Die Tour kann zweimal verkürzt werden: Erstens indem man die Runde um die Montaña Roquillo ausläßt und direkt an der Abzweigung zum Observatorium startet und zweitens kann das Stück zwischen dem Mal Abrigo und dem Ende der Tour durch die Rückfahrt auf der Asphaltstraße abgekürzt werden.

Kombinationen

Mit C3 (C3 Pkt.1-8, C5 Pkt.1-10, rechts, nach 1,3 km an C3 Pkt.9) oder mit C4

Tips und Hinweise

Das gesamte Gebiet um das Observatorium ist militärisches Sperrgebiet und als solches unzugänglich, so daß mit der Besichtigung aus der Ferne vorliebgenommen werden muß. Der meteorologische Teil kann gegen Voranmeldung besichtigt werden.

C6 Riscos Fortaleza

Schwere Tour

Abwechslungsreiche Runde um den Nordwestrand des Kraters bis zum Nebelwald hinab. Tolle Karrenwege durch Schwemmsand, kurze Trials und lange Schotterstraßen durch das Waldgebiet. Einziges Manko: Man beginnt mit der Abfahrt.

27,2 km
826 Hm
2:40 Std

Die Felsen der Riscos Fortaleza bilden den nördlichsten Teil des noch erhaltenen Kraterrandes. Während sich der südwestliche Teil in voller Pracht und Größe präsentiert, sind die nördlichen Teile infolge jüngerer vulkanischer Tätigkeiten fast vollständig verschwunden. Als letzter Rest der einst gigantischen Kraterwand stehen gegen Norden die Riscos de la Fortaleza und der El Cabezon (die „Festungsklippen" und der „Dickkopf"). Zwischen diesen beiden findet sich ein markanter Einschnitt, die Degollada del Cedro, der „Zedernsattel". Dies ist das Ziel der Tour.

Vom Besucherzentrum in El Portillo beginnt an einer etwas versteckten Abzweigung ein feinschottriger Weg, der durch die parkähnliche Landschaft führt. Rund um das Besucherzentrum wurden eine Menge kleiner Inseln angelegt, in denen alle typischen Pflanzen dieser Region vertreten sind, jede feinsäuberlich mit einem kleinen Schildchen markiert und beschriftet. Unzählige Eidechsen laufen hier herum, die schon so an Menschen gewöhnt sind, daß man sie sogar füttern kann! Ein verwirrendes Wegegeflecht verläuft zwischen den Inseln, die durch die vielen Kuppen und Felsen kaum zu überblicken sind. Im Zweifelsfalle hält man auf die im Blickfeld liegenden Riscos Fortaleza zu, die meisten dieser Wege laufen letztendlich doch zu einem einzigen Pfad zusammen, der bald mitten durch die nördlichen Ausläufer der Cañadas führt. In einem ständigen Auf und Ab, um Büsche und Felsen herum, schlängelt sich der Weg auf die beiden Berge zu. Auf jeden Fall sollte man der Versuchung widerstehen, das Bike in die Sandebenen abseits der Wege zu lenken. Man befindet sich hier am Rand des Nationalparks, in dem das Verlassen der Wege strengstens verboten ist, auch wenn manche Reifen- oder Fußspur auf anderes schließen läßt. Nach schöner Fahrt durch die Lavalandschaft wird schließlich der Fuß der beiden Kraterberge erreicht. Hier wäre das Ziel eigentlich schon erreicht und wem diese kurzen 4 km ausreichen, schultert seinen Drahtesel und erreicht in wenigen Minuten den Sattel. Interessanter ist es jedoch sicherlich, die Felsen in großem Bogen zu umrunden, auf der Südseite abzufahren und sich von dort wieder auf den Sattel hochzukämpfen.

Auf einem, in den Karten nicht verzeichneten Weg stürzt sich der Mutige am Westrand der Riscos einen kaum erkennbaren Pfad mitten durch das Lavagestein hinab. Wer sich und sein Material schonen will (vor allem den Reifen setzt das scharfkantige Gestein zu), trägt das Gefährt die ersten Meter hinunter. Der Pfad wird immer besser, weitet sich bald zum Karrenweg, bis er schließlich als Schotterstraße in das nördliche Wald-

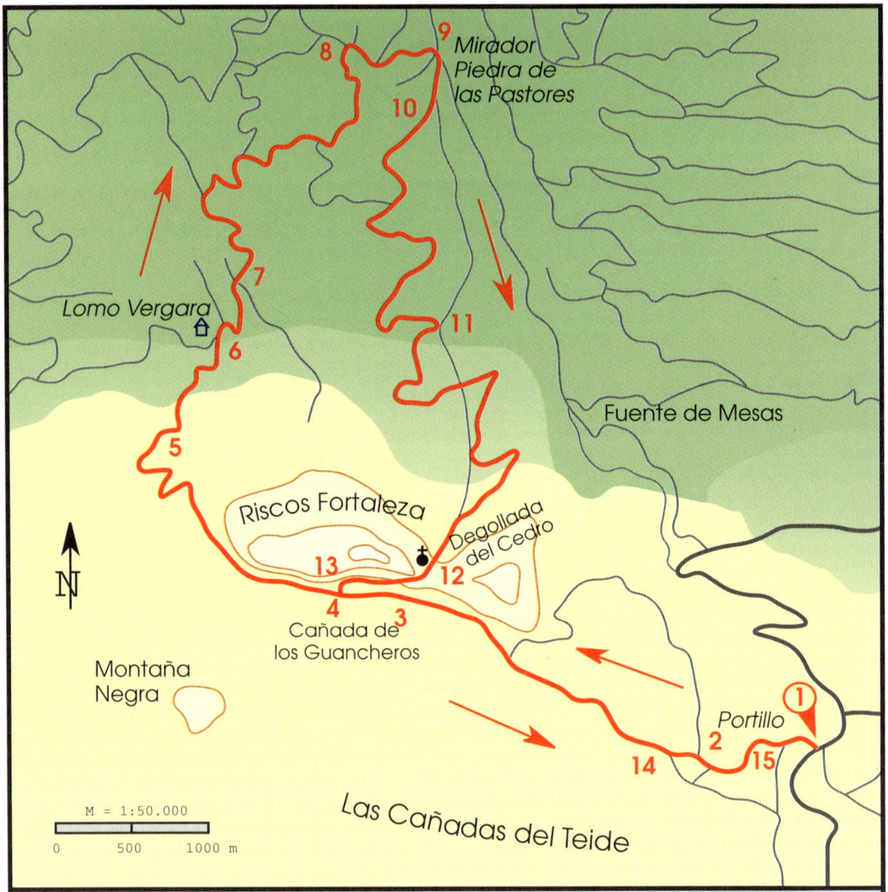
9
Mirador
Piedra de
las Pastores
8
10
7
Lomo Vergara
6
11
5
Fuente de Mesas
Riscos Fortaleza
Degollada
del Cedro
13
12
N
4
3
Cañada de
los Guancheros
Montaña
Negra
1
Portillo
2
15
14
M = 1:50.000
0
500
1000 m
Las Cañadas del Teide

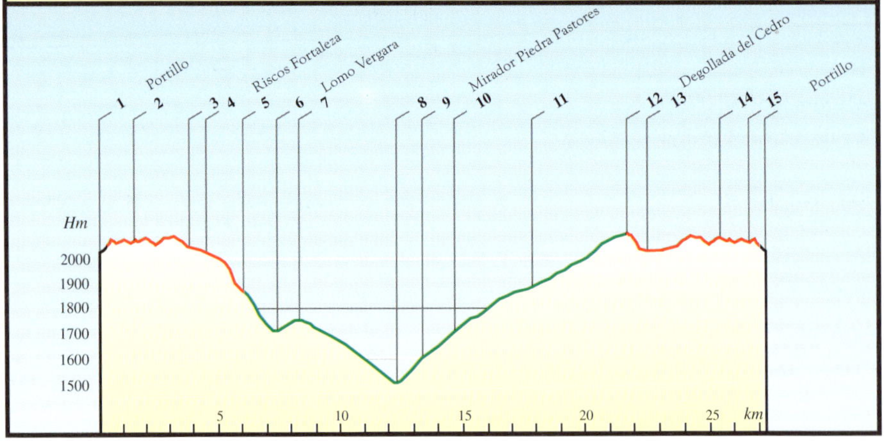
Portillo
Riscos Fortaleza
Lomo Vergara
Mirador Piedra Pastores
Degollada del Cedro
Portillo
1
2
3
4
5
6
7
8
9
10
11
12
13
14
15
Hm
2000
1900
1800
1700
1600
1500
5
10
15
20
25
km

gebiet hinabführt. Am Lomo de Vergara erreicht man bei einem kleinen Forsthaus das riesige Metallgerüst eines „Feuerturms", auf denen Schwindelfreie die herrliche Aussicht genießen können. Der Pico del Teide zeigt sich von hier nur noch als weit entfernte Felsspitze, bis er bei der Weiterfahrt schließlich ganz hinter dem Kraterrand verschwindet. Immer tiefer geht die Fahrt abwärts, schon steigen Zweifel auf, ob man überhaupt so weit wieder hochradeln will, bis die Talfahrt endlich am Mirador Piedro de los Pastores aufgefangen wird. Ist die Nordseite wolkenverhangen, was nicht selten der Fall ist, so taucht man hier schon in die Wolken ein. Um so leichter fällt allerdings der Start zur Auffahrt, denn meist verläßt man bereits nach wenigen Höhenmetern die Wolkenschicht und strampelt in herrlichem Sonnenschein auf dem Bergrücken hoch. Immer wieder passiert man schöne Aussichtspunkte, bald taucht die Spitze des Teide auf und langsam wächst er mit jedem Tritt hinter der Felswand empor, bis endlich der Rücken der Riscos Fortaleza erreicht ist. Hier wird der Blick freigegeben und der Teide präsentiert sich in seiner vollen Größe. Am Fuße der Felsen liegt die schon bekannte Sandebene, zu der ein mit Büschen verwachsener Geröllweg hinabführt.

Charakteristik

Fahrbahnen

Asphalt	0,4 km
Piste	16,0 km
Karrenwege	7,3 km
Pfade	3,5 km

Schwierigkeiten

leicht	5,3 km
mittel	16,2 km
schwer	5,6 km
extrem	0,1 km

Schiebe-/Tragestrecken

Je nach Fahrkönnen einige Meter bergab.

Rast/Verpflegung

Nur in Portillo, an der Strecke selbst keine!

Karten

Mapa Militar de España:

77-88 „Teide" + 71-78;77-79 „La Orotava"

Bis zu den Riscos sandige, teilweise grobschottrige Karrenwege mit stellenweise tiefem Untergrund, durchgehend gut befahrbar. Schwieriger Felspfad über rauhes Lavagestein bergab, bald steiniger Karrenweg. Auffahrt auf besten Schotterstraßen. Von der Degollada del Cedro kurzer Pfad bergab, steinig und verwachsen. Über die Karrenwege wieder zurück.

Fahrstrecke

0,0	Portillo	2035	0:00
3,8	Riscos Fortaleza	2036	0:22
7,3	Lomo Vergara	1705	0:41
13,3	Piedra Pastores	1598	1:07
21,9	Degollada del Cedro	2084	2:08
27,2	Portillo	2035	2:40

Routenführung

Ausgangspunkt: Portillo

Anfahrt von Puerto de la Cruz: Von Puerto de la Cruz nach La Orotava. Die Stadt auf der Hauptstraße durchfahren und Ri. „Cañadas del Teide" halten. Dieser Straße folgt man ohne Berücksichtigung einer Abzweigung und erreicht nach 28 km das Straßendreieck vor Portillo (links Ri. „Observatorio de Izaña, La Laguna", rechts Ri. „Parque Nacional del Teide, Vilaflor").

Hier beginnt die Tour. Parkmöglichkeit rechter Hand der Straße auf dem Parkplatz vor dem Besucherzentrum.

Pkt.1 **km 0,0** Vom Parkplatz auf der Straße (C 821) Ri. „Parque Nacional del Teide, Vilaflor" in die Cañadas hineinfahren. Nach 200 m passiert man ein weißes Schild „Las Cañadas". 30 m nach diesem Schild zweigt ein schmaler Sandweg nach rechts ab. Man übersteigt die Kette und folgt nun stets diesem Hauptweg (alle Abzweigungen nach links und rechts liegenlassen). Nach 300 m an der T-Kreuzung links bergauf. Wieder stets dem Hauptweg folgen.

Pkt.2 **km 1,4** Auf dem Hauptweg geradeaus bergauf bleiben.

Pkt.3 **km 3,8** Nach kurzer Abfahrt erreicht man eine große Schwemmsandebene unterhalb der Riscos Fortaleza. Auf kaum sichtbarem Weg geradeaus auf die Felswand zuhalten und nach etwa 100 m auf wieder besser sichtbarem Weg am Fuße der Felsen entlangfahren.

Pkt.4 **km 4,4** An der Gabelung auf dem linken Weg geradeaus weiter (nicht rechts bergauf). Nach 800 m wird der Weg am Ende der Felswand zu einer Steinpiste und führt rechter Hand zwischen Lavageröll abwärts.

Pkt.5 **km 6,1** Den Karrenweg geradeaus liegenlassen und der Schotterstraße durch die Linkskurve folgen. Nach 300 m auf dem Hauptweg geradeaus bergab bleiben und nach weiteren 400 m nochmals geradeaus bergab.

Pkt.6 **km 7,3** Am Wegekreuz beim großen Turm und dem Haus in eingeschlagener Richtung geradeaus weiter (nicht links unterhalb des Hauses vorbei).

Pkt.7 **km 8,2** Den links bergab führenden Karrenweg liegenlassen und auf dem Hauptweg leicht ansteigend bleiben. Nach 700 m an der 4er-Gabelung geradeaus bergab bleiben, diesem Weg stets folgen und alle Abzweigungen unberücksichtigt lassen (km 10,1: zwei Wege kommen von oben, km 10,4: zwei Wege gehen links ab).

Pkt.8 km 12,2 An der Querstraße rechts bergauf, Ri. „Las Cañadas". Nach 400 m den links bergab führenden Weg ignorieren und nach 100 m auf dem Hauptweg durch die Rechtskurve Ri. „Las Cañadas" fahren.

Pkt.9 km 13,3 Man erreicht den „Mirador Piedra de los Pastores", verläßt den geradeaus führenden Hauptweg und zweigt nach scharf rechts oben auf den rechten der beiden bergauf führenden Wege Ri. „Pista de Tomás el Guarda" ab.

Pkt.10 km 14,7 An der Gabelung vor dem großen Holzschild geradeaus bergauf.

Pkt.11 km 17,9 Die geradeaus abzweigende Schotterstraße liegenlassen und dem Hauptweg durch die Rechtskurve folgen. Alle Abzweigungen liegenlassen und stets diesem Hauptweg bergauf folgen.

Pkt.12 km 21,9 Geradeaus auf den Sattel der Riscos Fortaleza vorrollen, an der Kuppe dem breiteren Weg nach rechts abwärts folgen und nach 80 m die Schranke passieren.

Pkt.13 km 22,6 Nach der Abfahrt an der Sandebene sofort nach scharf links durch die Büsche fahren. Nach 200 m erreicht man den Anfahrtsweg und folgt diesem linker Hand weiter. Die Ebene erneut weglos durchqueren und auf den breiteren Weg an deren Ende zusteuern. Auf diesem kurz steil bergauf fahren und stets folgen.

Pkt.14 km 25,4 Nach kurzer Abfahrt an der Gabelung links und diesem Weg stets folgen.

Pkt.15 km 26,6 An der Gabelung auf den linken flacheren Weg, nach 100 m an der runden Gabelung rechts und diesem Pfad stets geradeaus folgen. Nach 400 m an der Straße links, nach 250 m zurück beim Ausgangspunkt.

Variante

Leichtere Auffahrtsmöglichkeit: Vom Mirador Piedra Pastores über die Fuente de Mesa und weiter auf der Straße auffahren.

Kombinationen

Mit C3 oder W4, tolle Kombinationen mit O2 oder O3.

Tips und Hinweise

Wer an der Degollada del Cedro noch Lust und Power hat, zweigt hier rechts auf den weiter bergauf führenden Karrenweg ab. Der fahrbare Weg endet allerdings auf halber Höhe, dort muß das Bike zurückgelassen werden und man steigt weglos zum Gipfel auf. Der Wegabschnitt zwischen Portillo und den Riscos führt etwa ab der Hälfte in die Kernzone des Nationalparks, in der die befestigten Wege nicht verlassen werden dürfen.

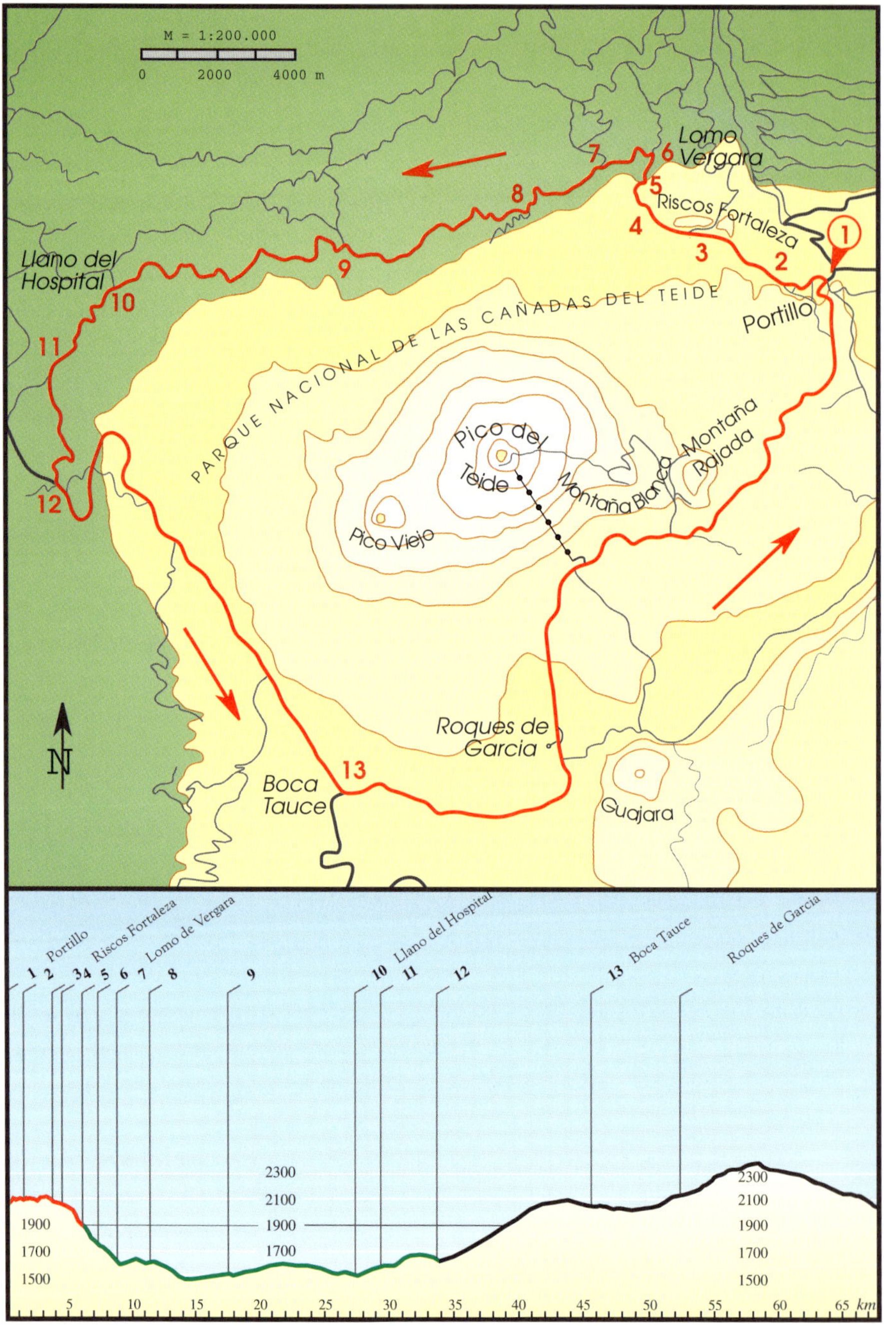
M = 1:200.000
0 2000 4000 m
Lomo Vergara
Riscos Fortaleza
Portillo
Llano del Hospital
PARQUE NACIONAL DE LAS CAÑADAS DEL TEIDE
Pico del Teide
Montaña Rajada
Montaña Blanca
Pico Viejo
Roques de Garcia
Boca Tauce
Guajara
N
1 2 3 4 5 6 7 8 9 10 11 12 13
Portillo
Riscos Fortaleza
Lomo de Vergara
Llano del Hospital
Boca Tauce
Roques de Garcia
2300
2100
1900
1700
1500
5 10 15 20 25 30 35 40 45 50 55 60 65 km

C7 Pico del Teide

Sehr schwere Tour

Extrem lange, kräfteraubende Umrundung des Teide durch einsame Regionen mit spektakulären Blicken auf alle Seiten des gigantischen Vulkankegels. Abschluß durch die bizarre Landschaft der Cañadas auf langer Asphaltstraße. Supertour für Biker mit Durchhaltevermögen!

67,8 km
1296 Hm
4:42 Std

„Irgendwo – weit draußen in der See – steht ein riesiger Berg, der alles an sich zieht, was in seine Nähe kommt - der Magnetberg. Wehe dem Schiffer, der ihm zu nahe kommt! Der Berg zieht ihn unabwendbar heran, reißt zuletzt alles Eisen aus dem Schiff, die Nägel aus den Planken, und dann wird man ans Ufer gespült – so man Glück hat - und kehrt nie mehr zurück. Sindbad, dem Seefahrer erging es so, der auf seinen Kreuzfahrten durch die Weltmeere an den Magnetberg angespült wurde und nur durch die Hilfe des Riesenvogels Rokh entkommen konnte, an den er sich anklammerte und der ihn durch die Lüfte davontrug."

So erzählen alte orientalische Sagen über den „magischen Berg". Und es gibt geheimnisvolle Geschichten von Inseln im südlichen Meer, zu denen man hinkommen kann, bei der Rückfahrt jedoch verweigert das Schiff seinen Dienst und immer wieder drängt es den Schiffer zurück zu den Inseln, die ihn so magisch anziehen. Seemannsgarn und Schiffermärchen? Vielleicht, vielleicht aber auch nicht. Denn tatsächlich existiert ein Berg, so gewaltig und erhaben, daß die Sagen vom Magnetberg fast wahrhaftig erscheinen.

Weit im Süden, zwischen Mitteleuropa und Äquator, ragt mitten aus dem blauen Ozean ein riesiger Berg. Fast viertausend Meter streckt sich seine Spitze über das Meer hinaus und als ein riesiger Kegel steht dieser Koloß da, großartig und unberührbar – der Pico del Teide. Mit seinen 3718 m der höchste Berg Spaniens – und so weit vom Mutterland entfernt. Ein grauer und brauner Kegel, teils bewachsen, übersät mit gigantischen Geröllrinnen. Beim Anblick meint man fast den alten Mythen um die magnetische Anziehungskraft glauben zu müssen. In Wahrheit waren es einfach Strömungen und Winde, die es den Seglern leichtmachten, hinzukommen, aber sehr schwer, sich wieder abzuwenden. Märchen und Geschichten mit allerlei Symbolgehalt mußten zur Erklärung herhalten. Mehrere Monate im Jahr präsentiert sich der Vulkankegel versteckt unter einer, in der afrikanischen Sonne glänzend weißen, glitzernden Schneedecke, die dem Berg einen besonderen Reiz verleiht.

Aus dem ihn umgebenden Kraterring ragt die Spitze des Teide immer noch rund 1500 m empor, fast unbezwingbar, gäbe es nicht die von Menschenhand geschaffene Aufstiegshilfe auf diesen Koloß – eine Seilbahn! Der ökoorientierte Naturfreak wendet sich von diesem Machwerk ab und besteigt den Giganten aus eigener Kraft. In fast vierstündigem Anstieg von den Cañadas aus erreicht man den Gipfel, aus dessen Spalten und Löchern 80°C heiße Wasser- und Schwefeldämpfe aufsteigen. Auf etwa halben Weg befindet sich das Refugio de Altavista, das allerdings nicht ganzjährig geöffnet ist. Hier besteht eine Übernachtungsmöglichkeit, um im Morgengrauen zum Gipfel hochzusteigen und in schwindelnder Höhe den Sonnenaufgang hinter dem Horizont zu erleben. Mit Sicherheit ein gewaltiges Erlebnis. Für Mountainbiker bleibt dies allerdings ein Traum, denn der Berg ist absolut Velo-unfreundlich! Selbst die Befahrung der vorgelagerten Montaña Blanca, des „Weißen Berges", ist nicht möglich. Das leichte und lose herumliegende Lavagestein gibt den Stollenreifen einfach keinen Halt und auch Cracks müssen nach wenigen Metern das Handtuch werfen. Doch was soll's - zu den Füßen des Kegels breitet sich das wahre Bikerwunderland aus und selbst bei der hier vorgestellten Umfahrung des Teide zeigt der Berg seine Krallen!

Recht gemütlich beginnt's in Portillo und in beeindruckender Fahrt rollt man mitten durch die Cañadas direkt auf den Vulkankegel zu. Gegen Norden ist der Kraterrand nicht mehr erhalten und so stürzt man sich auf wüster Piste über die Ausläufer der Kraterwand hinab, bis man am Lomo Vergara auf eine Schotterpiste trifft, auf der die eigentliche Expedition beginnt. In endlos langer Fahrt umkreist man die Nordseite des Teide. Unterhalb gigantischer Geröllfelder bikt man direkt in der Hangseite des Vulkans mit atemberaubenden Blicken auf den linker Hand aufragenden Kegel des Pico del Teide und die Wälder des Orotava-Tals auf der anderen Seite. Absolut einsam ist diese Gegend hier, keinem Menschen, nicht mal einem Wanderer, begegnet man in dieser Region, während man Kilometer um Kilometer hinabspult. Unglaublich lang ist diese Strecke, schon glaubt man, sich völlig verirrt zu haben, doch der seitlich aufragende Berg zeigt den richtigen Weg. In einer endlos langen Schleife umfährt man den Kegel, bis der Weg an der Nordwestseite anzusteigen beginnt und man ein schwer zu befahrendes Sandgebiet quert. Mitten durch den Lavasand wurde die Straße getrieben und in diesem weichen Untergrund versinken die Reifen, so daß das relativ kurze Stück viel Kraft kostet. Endlich erreicht man an der Westseite das Asphaltband, das leichteres Weiterkommen verspricht. Und das ist auch nötig, hat man hier doch erst die Hälfte des Weges hinter sich gebracht! Weit ist man hier vom Teide entfernt, doch alle Wege und Pfade, die die Fahrt verkürzen könnten, sind nur bruchstückhaft vorhanden, so daß man sich in langer, anstrengender Fahrt zu den Cañadas zurückkämpfen muß. Die Asphaltstraße führt in beeindruckender Fahrt mitten durch Lavasand, auf dem unglaublicherweise hellgrüne Kiefern wachsen. Dann leitet sie durch erstarrte Magmafelder, die kilometerlang nur tiefschwarzes Lavagestein zeigen. Schließlich passiert man den Llano de Ucanca, dessen bizarre Felsformationen an eine Wildwestlandschaft erinnern, bis man schließlich die Roques de Garcia erreicht, die „Finger Gottes". Diese bekannte Felsgruppe ist beinahe auf allen Fotos Teneriffas abgebildet. Hier zweigt eine Schotterpiste ab, die direkt an der Kraterwand entlangführt, auf der allerdings Fahrverbot für Bikes herrscht. Doch angesichts der bereits zurückgelegten Kilometer kann auch die Weiterfahrt auf dem Asphaltband zufriedenstellen, zumal sie weiter mitten durch die unglaublichen Formationen der bizarren, urgewaltigen Landschaft der Cañadas führt. Erschöpft trudelt man in Portillo ein und schließt ein gewaltiges Erlebnis ab - den alles beherrschenden Pico del Teide vollständig umrundet zu haben und ihn von allen seinen - sehr unterschiedlichen - Seiten gesehen zu haben. Ausdauer und gute Motivation braucht man sicherlich, um die endlos langen Schotterpisten zu bestehen, auf jeden Fall muß ausreichend Flüssigkeit (am besten mehrere Liter) mitgeführt werden, unterwegs gibt's keine einzige Verpflegungsstätte!

Charakteristik

Fahrbahnen

Asphalt	34,2 km
Piste	27,7 km
Karrenwege	5,4 km
Pfade	0,5 km

Schwierigkeiten

leicht	17,6 km
mittel	41,3 km
schwer	8,7 km
extrem	0,2 km

Schiebe-/Tragestrecken

Je nach Fahrkönnen einige Meter bergab.

Rast/ Verpflegung

Nur in Portillo, an der Strecke selbst keine! Ausreichend Verpflegung und vor allem viel Wasser mitnehmen!

Karten

Mapa Militar de España:
77-80 „Teide" + 77-81 „Cañadas del Teide" + 76-80 „Santiago del Teide" + 75-81; 76-81 "Guia de Isora"
(Serie 5V 1:25.000)
(Trialpfad bei den Riscos Fortaleza nicht verzeichnet.)

Leichte Anfahrt zu den Riscos Fortaleza auf sandigem Karrenweg, kurzer, schwer zu fahrender Trial über scharfes Lavagestein. Schotter- und Forstpisten mit durchgehend bestem Untergrund, alles gut zu befahren, lediglich im letzten Stück feiner Lavasand mit etwas tieferer Auflage. Lange, kräftezehrende Asphaltstraße bis zurück nach Portillo mit einigen Auf- und Abfahrten.

Fahrstrecke

0,0	Portillo	2035	0:00
3,8	Riscos Fortaleza	2036	0:22
7,3	Lomo de Vergara	1705	0:41
27,4	Llano del Hospital	1535	2:13
45,9	Boca Tauce	2039	3:34
52,5	Roques de Garcia	2134	3:56
67,8	Portillo	2035	4:42

Routenführung

Ausgangspunkt: Portillo

Anfahrt von Puerto de la Cruz: Von Puerto de la Cruz nach La Orotava. Die Stadt auf der Hauptstraße durchfahren und Ri. „Cañadas del Teide" halten. Dieser Straße folgt man ohne Berücksichtigung einer Abzweigung und erreicht nach 28 km das Wegedreieck vor Portillo.

Hier beginnt die Tour. Parkmöglichkeit rechter Hand der Straße auf dem Parkplatz vor dem Besucherzentrum „Portillo".

Anfahrt von Santa Cruz: Über die „Autopista del Norte" bis zur Ausfahrt „La Laguna", Ri. „Esperanza, Las Cañadas" halten und auf der C 824 durch La Esperanza bis Portillo (43 km).

Alternative Startpunkte: C 823, Kilometerstein „12"
Boca Tauce (Kreuzung C 821 mit C 823)
Roques de Garcia

Pkt.1	**km 0,0**	Vom Parkplatz auf der Straße (C 821) Ri. „Parque Nacional del Teide, Vilaflor" in die Cañadas hineinfahren. Nach 200 m passiert man ein weißes Schild „Las Cañadas", 30 m nach diesem Schild zweigt ein schmaler Sandweg nach rechts ab. Man übersteigt die Kette und folgt nun stets diesem Hauptweg (alle Abzweigungen nach links und rechts liegenlassen). Nach 300 m an der T-Kreuzung links bergauf. Wieder stets dem Hauptweg folgen.
Pkt.2	**km 1,4**	Auf dem Hauptweg geradeaus bergauf bleiben.
Pkt.3	**km 3,8**	Nach kurzer Abfahrt erreicht man eine große Schwemmsandebene unterhalb der Riscos Fortaleza. Auf kaum sichtbarem Weg geradeaus auf die Felswand zusteuern und nach etwa 100 m auf wieder besser sichtbarem Weg am Fuße der Felsen entlang halten.
Pkt.4	**km 4,4**	An der Gabelung auf dem linken Weg geradeaus weiter (nicht rechts bergauf). Nach 800 m wird der Weg am Ende der Felswand zu einer Steinpiste und führt rechter Hand zwischen Lavageröll abwärts.
Pkt.5	**km 6,1**	Den Karrenweg geradeaus liegenlassen und der Schotterstraße durch die Linkskurve folgen. Nach 300 m auf dem Hauptweg geradeaus bergab bleiben und nach weiteren 400 m nochmals geradeaus bergab.
Pkt.6	**km 7,3**	Am Wegekreuz beim Aussichtsturm den geradeaus führenden Weg verlassen und auf die Schotterstraße links unterhalb des Hauses vorbei.
Pkt.7	**km 8,7**	Den durch die Rechtskurve abwärts führenden Hauptweg verlassen und auf die Schotterstraße links bergauf halten.

Pkt.8 **km 11,5** Den linken Abzweig Ri. „Pista de Arenceros, Sin Salida" liegenlassen und auf dem Hauptweg geradeaus bleiben.

Pkt.9 **km 17,8** Die rechts bergab führende Schotterstraße Ri. „Casa forestal Icod" liegenlassen und geradeaus, Ri. „Llano del Hospital" bleiben.

Pkt.10 **km 27,4** Man erreicht eine Querstraße und hält sich hier unbeschildert links bergauf. Nach 700 m geradeaus auf dem Hauptweg bleiben.

Pkt.11 **km 29,5** Den links abzweigenden Weg liegenlassen und rechts, Ri. „Guia de Isora" halten.

Pkt.12 **km 33,8** Man erreicht eine Asphaltstraße und folgt dieser links bergauf.

Pkt.13 **km 45,8** An der Straßengabelung links, Ri. „Parque National del Teide, La Orotava" und folgt stets dieser Straße, ohne irgendwo abzuzweigen. Nach 22 km zurück in Portillo.

Variante

Von den Roques de Garcia beim Pardor National del Teide verläuft eine Schotterpiste bis Portillo mitten durch die Ebene der Cañadas. Leider besteht hier ein Fahrverbot für Bikes!

Kombinationen

Marathonrunde mit C8: Nach Umrundung des Teide zum Sattel der Guajara hochsteigen (C8, Variante), Trialabfahrt zum Campamento Madre del Agua, Auffahrt nach Portillo. (94,5 km/2393Hm!)

Tips und Hinweise

In den Karten sind einige Wege verzeichnet, die die lange Fahrt um den Westhang des Teide ein beträchtliches Stück verkürzen würden. Doch alle Pfade um das Cruz de los Dos Hermanos sind nur bruchstückhaft vorhanden und eine durchgehende Befahrung zur C 823 ist nicht möglich. Auch die am Pkt.11 abzweigende Schotterpiste Ri. „Llano de los Hermanos" endet im Nichts, so daß nur die beschriebene, weite Umfahrung gegen Westen übrigbleibt.

Genausogut kann diese Runde auch umgekehrt gefahren werden, man beginnt hierzu mit der Fahrt durch die Cañadas und den Asphaltkilometern und spart sich die zermürbend lange Schotterpiste für die zweite Hälfte auf. Einziger Nachteil: Der Trialpfad zum Fuß der Riscos Fortaleza ist in dieser Richtung bergauf über mehrere hundert Meter unfahrbar, das Rad muß geschultert werden.

Ein besonderer Hinweis sei hier nochmals bezüglich der Verpflegung angebracht. Unterwegs gibt es absolut keine Rastmöglichkeit (mit Ausnahme eines Abstechers nach 53 km zum Hotel Parador). Es muß daher ausreichend Verpflegung und vor allem genügend Flüssigkeit mitgeführt werden, um diesen Marathon unter südlicher Sonne zu bestehen!

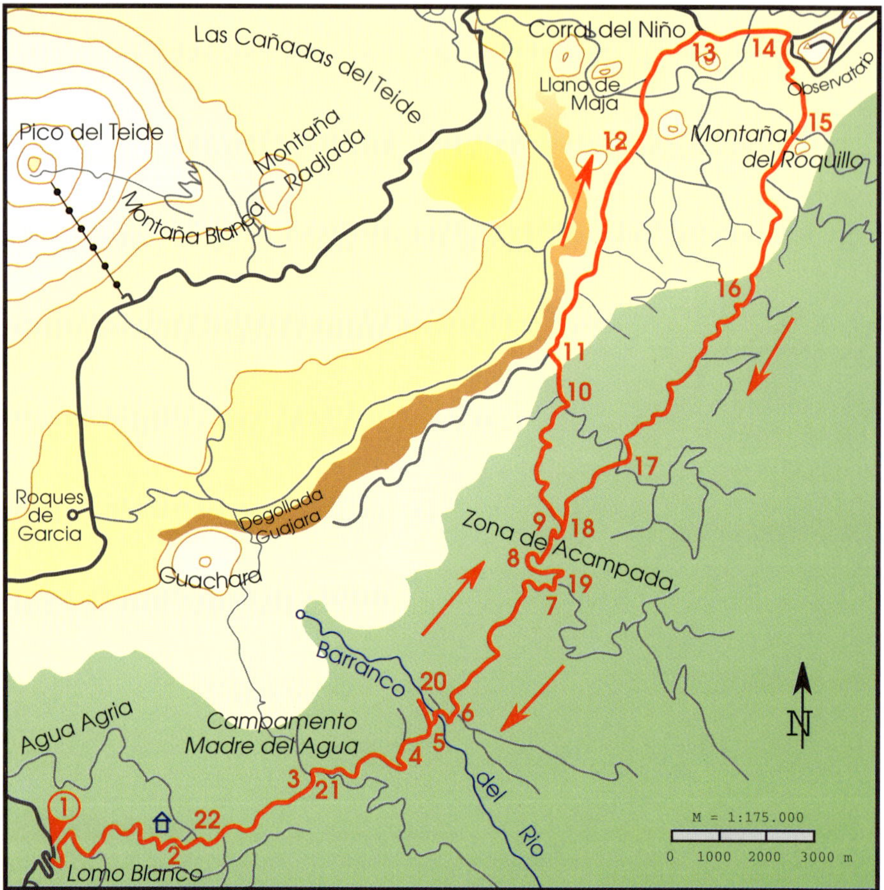
Las Cañadas del Teide
Corral del Niño
Llano de Maja
Pico del Teide
Montaña Radjada
Montaña Blanca
Observatorio
Montaña del Roquillo
Roques de Garcia
Degollada Guajara
Guachara
Zona de Acampada
Barranco del Rio
Agua Agria
Campamento Madre del Agua
Lomo Blanco
N
M = 1:175.000
0 1000 2000 3000 m
1 2 3 4 5 6 7 8 9 10 11 12 13 14 15 16 17 18 19 20 21 22

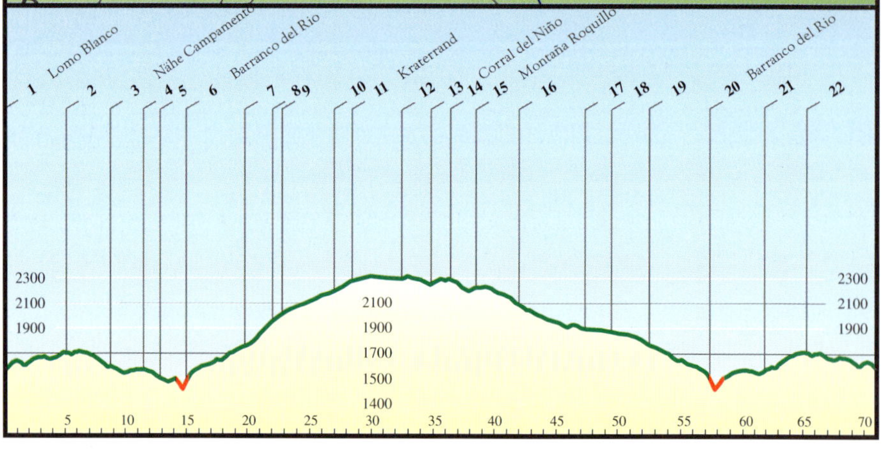
Lomo Blanco
Nähe Campamento
Barranco del Rio
Kraterrand
Corral del Niño
Montaña Roquillo
Barranco del Rio
1 2 3 4 5 6 7 8 9 10 11 12 13 14 15 16 17 18 19 20 21 22
2300
2100
1900
1700
1500
1400
5 10 15 20 25 30 35 40 45 50 55 60 65 70

C8 Barranco del Rio

Sehr schwere Tour

Lange Expedition von Vilaflor in die Cañadas durch den Barranco del Rio. Endlose Schotterpisten leiten durch den Kiefernwald bis hinauf zum Kraterrand. Mitten durch Lavagestein und vorbei an alten Vulkankegeln geht's durch die bizarre Landschaft.

71,1 km
1739 Hm
5:38 Std

Wasser ist das mit Abstand wichtigste und wertvollste Gut, über das der Mensch verfügen kann, lebensnotwendig und unersetzlich. Gerade auf Inseln ist das kühle Naß meist rar vorhanden und Wasservorräte machen Inselregionen zu reichen Gebieten. Teneriffa verfügt über eine Reihe alter Wasserspeicher im Inneren seiner Felsen. Den überwiegenden Teil findet man auf der Nordseite, wo unzählige Stollen in den Fels getrieben wurden, um diese Wasserreservoirs anzuzapfen. Der Wasserreichtum macht den Norden zum grünen und landwirtschaftlich nutzbaren Teil des Eilandes. Der karstige Süden hingegen leidet unter chronischer Wassernot, jedes Pflänzchen ringt dem Boden den letzten Tropfen ab. Um so gewaltiger nehmen sich im Gegenzug dazu die wenigen Wasserläufe des Südens aus. Meist sind es nur spärliche Rinnsale, den Großteil des Jahres ausgetrocknet. Doch einer dieser Läufe führt praktisch das ganze Jahr über Wasser und hat im Laufe der Zeit eine tiefe Schlucht in das Lavagestein gegraben, der Barranco del Rio.

Wie ein gigantischer Messerschnitt verläuft dieser Graben vom Kraterrand der Caldera bis tief in den Süden zu den Ausläufern der Berge. An den tiefsten Stellen hat sich der Wasserlauf über 200 m in den Fels gegraben und senkrechte Wände und abgeschliffene Felsen zurückgelassen. Dieser riesige Barranco ist der Zentralpunkt dieser Tour.

Oberhalb von Vilaflor beginnt eine gute, breite Schotterstraße, die in ständigem Auf und Ab oberhalb des Blumenortes bis zum Campamento Madre del Agua und weiter zum Einstieg in den Barranco del Rio führt. Völlig unscheinbar zweigt rechts der Schotterstraße ein Pfad ab, der über Spitzkehren fast 100 m tief in den Barranco hineinführt. Verpassen kann man diese Abzweigung trotzdem nicht, da die Schotterstraße nach 600 m abrupt vor der senkrecht in die Schlucht abfallenden Felswand endet. Hat man den Boden erreicht, glaubt man sich in einer anderen Welt, denn ringsherum ist alles grün, Vögel zwitschern und das Wasser plätschert vor sich hin – welch ein Gegensatz! An der gegenüberliegenden Wand muß der Drahtesel wieder hochgeschleppt werden, zu einer hier beginnenden Schotterstraße, die über unzählige Kilometer bergauf führt. Langsam, Tritt für Tritt, schraubt man sich die Kurven hoch, bis endlich der Kraterrand erreicht ist und sich vor den Augen der gigantische Vulkankegel des Teide erhebt und die zu seinen Füßen liegenden Cañadas. Hier befindet man sich auf immerhin 2300 m Seehöhe. Bis zu 400 m überragt die Wand des eingefallenen Kraters die Talsohle. Am Südosthang des Kessels führt die Schotterpiste oben am Kraterrand entlang, teils unmittelbar neben der senkrecht abfallenden Wand. Auf diesem Schotterweg bieten sich atemberaubende Ausblicke auf die bizarre Vulkanlandschaft, die einem hier zu Füßen liegt. Die Kraft vergangener Erdgewalten wird hier unmittelbar bewußt, besonders angesichts des aus der Ebene gigantisch hoch aufragenden Vulkankegels des Pico del Teide.

Eine gemütliche Rundtour durch die Sandebenen führt nahe an die weiße Kuppel des Observatoriums heran und weiter zur Montaña del Roquillo, vorbei an tiefschwarzen Lavafeldern, durch Schlackereste der Vulkanausbrüche und über den weichen Untergrund des Schwemmsandes. Schließlich landet man auf einer Schotterstraße, die in rasanter Fahrt abwärts leitet, bis sie wieder in die Anfahrtsstrecke einmündet und man in endloser Fahrt nach Vilaflor zurücksegelt. Und wem dies zu unspektakulär erscheint, dem sei die Variante empfohlen: eine harte Trialabfahrt über Vulkangestein, Lavaasche und steile, verwinkelte Waldpfade!

Charakteristik

Fahrbahnen

Asphalt	1,6 km
Forstwege	67,4 km
Karrenwege	0,0 km
Pfade	1,8 km

Schwierigkeiten

leicht	18,8 km
mitte	136,8 km
schwer	14,5 km
extrem	0,7 km

Schiebe-/Tragestrecken

1) 5 min/300 m

2) 6 min/400 m

Rast/Verpflegung: keine

Karten

Mapa Militar de España:

77-82 „Granadilla de Abona" + 77-81 „Cañadas del Teide" + 77-80 „Teide" (Serie 5V 1:25.000)

Lange, anstrengende Auffahrt auf gutem Schotterbelag. Tragestrecke durch den Barranco del Rio, steil bergauf. Auffahrt im zweiten Teil anstrengender, teils steiniger, grober Untergrund. Querfahrt durch die Cañadas bestens zu befahren, stellenweise tiefsandig. Abfahrt über beste Schotterpisten, erneute Tragestrecke durch den Barranco.

Fahrstrecke

0,0	Lomo Blanco	1575	0:00
8,7	Nähe Campamento	1600	0:52
14,7	Barranco del Rio	1418	1:18
35,6	Corral del Niño	2291	3:36
38,5	Montaña del Roquillo	2218	3:45
57,0	Barranco del Rio	1418	4:38
70,8	Lomo Blanco	1575	5:38

Routenführung

Ausgangspunkt: Vilaflor

Anfahrt von Puerto de la Cruz: Von Puerto de la Cruz nach Orotava. Die Stadt auf der Hauptstraße durchfahren und Ri. „Cañadas del Teide" halten. Dieser Straße folgt man ohne Berücksichtigung einer Abzweigung. Nach 28 km am Wegedreieck vor Portillo geradeaus weiter, Ri. „Parque Nacional del Teide", nach 21 km die Abzweigung nach rechts liegenlassen und geradeaus, Ri. „Vilaflor, Los Christianos" halten.

Fahrt zum Startplatz: Nach 12,5 km (2 km oberhalb von Vilaflor) zweigt am „Lomo Blanco" linker Hand eine Schotterstraße Ri. „Campamento Madre del Agua" ab. Hier beginnt die Tour, Parkmöglichkeit am Beginn der Schotterstraße.

Anfahrt von Santa Cruz: Über die „Autopista del Sur" bis „San Isidro". Weiter über Granadilla de Abona nach Vilaflor.

Fahrt zum Startplatz: Auf der Hauptstraße durch Vilaflor durch, nach 2,0 km am „Lomo Blanco".

Alternativer Startpunkt: C 824, Abzweig zum Observatorium (Einsteigen bei Pkt.14)

Pkt.1 **km 0,0** Der Schotterstraße rechts des Anfahrtsweges Ri. „Campamento Madre del Agua" folgen, alle folgenden Abzweigungen liegenlassen und stets auf der breiten Schotterstraße bleiben (bei km 1,8 und 3,1 zweigen Karrenwege ab, immer geradeaus bleiben).

Pkt.2 **km 5,1** 250 m nach einem kleinen Steinhaus die rechts bergab führende Schotterstraße liegenlassen und auf dem Hauptweg geradeaus bleiben. Nach 150 m die Abzweigung Ri. „Agua Agria" unberücksichtigt lassen und rechts, Ri. „Barranco del Rio" halten. Nach weiteren 600 m den linken Wegabzweig liegenlassen und geradeaus weiter. Alle folgenden Abzweigungen bei km 6,2 und 6,9 liegenlassen und stets dem Hauptweg folgen.

Pkt.3 **km 8,7** Nach links zweigt ein Weg Ri. „Campamento Madre del Agua" ab (diesen kann man nach 300 m erreichen, dort gibt's Wasser und eine Rot-Kreuz-Station), man bleibt geradeaus auf der breiten Schotterstraße unbeschildert weiter. Nach 500 m geradeaus Ri. „Barranco del Rio" (nicht rechts bergab Ri. „Las Vegas").

Pkt.4 **km 11,5** Den abzweigenden Karrenweg liegenlassen und auf dem Hauptweg geradeaus weiter.

Pkt.5 **km 12,9** Nach einem kurzen, abschüssigem Stück steht links oberhalb des Weges ein Holzschild „Respetamus la Naturaleza". Genau gegenüber zweigt bei einem kleinen Steinmännchen ein Fußpfad spitzwinkelig rechts bergab ab. Dies ist der weitere Wegverlauf, doch vorerst geradeaus auf der Schotterstraße bleiben. Nach 600 m erreicht man deren Ende (toller Blick in den Barranco hinein!), kehrt wieder um und zweigt bei nunmehr km 14,1 auf den in den Barranco führenden Fußweg ab. Nach 600 m durchquert man den Bach, folgt dem Pfad nach links, nach 60 m am Holzschild vorbei und steil bergauf.

Pkt.6 **km 15,0** Man erreicht eine Schotterstraße, folgt dieser nach rechts, läßt alle Abzweigungen liegen und bleibt stets auf dem Hauptweg.

Pkt.7 **km 19,8** An der Querstraße links bergauf, Ri. „A Izaña".

Pkt.8 **km 22,1** Man passiert die „Zona de Acampada" (hier gibt's Wasser) und hält sich geradeaus durch.

Pkt.9 **km 22,9** An der Gabelung links bergauf, Ri. „Pina de la Pelota".

Pkt.10 **km 27,1** Den rechts bergab führenden Ast liegenlassen und der Schotterstraße durch die Linkskurve bergauf folgen. Nach 400 m an der Gabelung rechts bergauf.

Pkt.11 **km 28,4** Am Querweg unbeschildert nach rechts (nicht links „Sin Salida").

Pkt.12 **km 32,5** Den rechts abzweigenden Ast liegenlassen und ab hier alle Abzweigungen nach links und rechts unberücksichtigt lassen und stets auf dem Hauptweg bleiben.

Pkt.13 **km 34,8** Man erreicht die Hauptstraße und fährt auf dieser rechts.

Pkt.14 **km 36,4** Nach rechts zweigt die asphaltierte Straße zum Observatorium ab. Hier fährt man auf die Schotterstraße, die rechter Hand der Asphaltstraße beginnt und hält sich auf dieser bergab („Pista General de Arico").

Pkt.15 **km 38,5** Bei der Montana Roquilla beide Abzweigungen nach rechts und links liegen lassen und geradeaus halten.

Pkt.16 **km 42,0** An der Gabelung den linken Abzweig Ri. „Fasnia" liegenlassen und rechts halten. Immer auf dem Hauptweg bleiben (bei km 44,0 geradeaus bleiben).

Pkt.17 **km 47,3** An der Viererkreuzung geradeaus bergab fahren (nicht rechts bergauf, Ri. „Pino de la Pelota" und links bergab Ri. „Picachos").

Pkt.18 **km 49,4** 100 m nach einer Galeria erreicht man erneut den Abzweig am Pkt.9 (rechts bergauf Ri. „Pino de la Pelota"). Hier fährt man geradeaus bergab und auf dem Anfahrtsweg zurück.

Pkt.19 **km 52,5** An der Gabelung rechts.

Pkt.20 **km 57,3** Nach links in den Barranco del Rio absteigen, an der Gegenseite wieder hinauf und an der Schotterstraße links.

Pkt.21 **km 61,9** Den linken Abzweig Ri. „Las Vega" liegenlassen und geradeaus fahren. Nach 500 m den Abzweig zur „Campamento Madre del Agua" liegenlassen und wieder geradeaus weiterfahren.

Pkt.22 **km 65,3** Den rechten Abzweig Ri. „Agua Agria" liegenlassen und gerade weiter. Nach 600 m wieder geradeaus halten und immer auf dem Hauptweg bleiben (bei km 71,1 zurück am Ausgangspunkt).

Varianten

Abkürzungsmöglichkeit: Mit dem Auto bis Pkt.3 zum Campamento Madre del Agua anfahren.

Trialroute: Eine einzigartige Trialabfahrt führt entlang des Barranco del Rio von den Cañadas hinunter zum Campamento Madre del Agua. Die Piste beginnt am Kraterrand zwischen der Guajara und dem Barranco del Rio. Von dort muß das Bike über ein Lavagesteinsfeld bergab getragen werden, bis man über ein schwarzes, staubendes Lavafeld zum Waldgürtel abfährt und sich einen schweren, teils extrem steilen und manchmal schwer zu findenden Waldweg hinabkämpft. Um zum Einstieg dieses Trialpfades zu gelangen, muß man allerdings durch diezentralen Cañadas fahren, die innerhalb des Kraters liegen. Und diese Region gehört zur Kernzone des Nationalparkes, in dem nicht nur das Verlassen der Wege verboten ist, sondern ein Befahren derselben mit dem Bike ebenfalls untersagt ist.

Es gibt zwei Möglichkeiten, zum Eingang dieses Trialgebiets zu gelangen:

1) durch den Llano de Maja:

Bei km 33,3 links zwischen den Büschen zur großen Sandebene, diese weglos durchqueren, bald an einer Metallstange vorbei bis zur Schotterpiste. Auf dieser scharf links und die Schranke passieren ***(Ab der Schranke Fahrverbot für Fahrräder - das Bike muß die folgenden 12,7 km geschoben werden!)*** Bei km 51,3, nach Passieren eines kleinen Sattels und einer kurzen Auffahrt, knapp bevor der Weg eine Rechtskurve um die große Felsnase herum macht, erreicht man den Abzweig eines unscheinbaren Fußweges nach links (markiert mit einem kleinen Steinmännchen). Weiter bei Pkt.23.

2) über die Asphaltstraße zum Hotel Parador National del Teide:

Pkt.13 **km 34,8** An der Asphaltstraße links.

km 39,0 Am Wegedreieck in Portillo links, Ri. „Parque National del Teide, Vilaflor". Stets auf der Hauptstraße bleiben.

km 54,6 Von der Hauptstraße auf die schmale Asphaltstraße nach links abzweigen (350 m nach den Roques de Garcia). Nach 600 m die Schranke passieren und dem Schotterweg weiter folgen. ***(Ab der Schranke Fahrverbot für Fahrräder – das Bike muß die folgenden 2,1 km geschoben werden!)***

km 57,3 Nach Umfahren einer großen Felsnase erreicht man den Abzweig eines unscheinbaren Fußweges nach rechts (markiert mit einem kleinen Steinmännchen). Weiter bei Pkt.23.

Am Beginn des Fußweges den Kilometerzähler auf Null stellen und weiter nach folgender Route:

Pkt.23 **km 0,0** Dem Fußweg mit geschultertem Bike steil bergauf folgen.

km 0,9 Man erreicht den Sattel und folgt dem Pfad nach rechts. Nach 400 m gabelt sich der Weg an einer Metallstange, man bleibt auf dem linken, breiteren Ast am Hang entlang und folgt diesem bald durch das Geröll bergab.

(Der Sattel ist gleichzeitig die Grenze des Nationalparkes!)

km 3,0 Man erreicht die schwarze Hochfläche, steigt auf die Lava auf und hält sich neben der Steinreihe geradeaus bergab.

km 4,0 Man erreicht das Waldgebiet und hält sich entlang der Steinreihe (des Kanals) in den Wald hinein. Nach 200 m dem linker Hand des Kanals abzweigenden Fußweg folgen, auf diesem den Kanal nach rechts überqueren und dem Pfad über die Kehren bergab folgen.

km 7,0 An der Schotterstraße neben zwei Häusern rechts bergab. Nach 600 m an der Querstraße scharf links bergab (nach rechts erreicht man nach wenigen Metern den Campamento Madre del Agua) und nach 300 m an der breiten Schotterstraße des Anfahrtsweges nach rechts. Diesem nun stets ohne Abzweigung folgen.

km 10,8 Den rechts abzweigenden Weg unberücksichtigt lassen und geradeaus weiter. Nach 600 m den Abzweig Ri. „Agua Agria" liegenlassen und wieder geradeaus bleiben. Nach weiteren 150 m die links abzweigende Schotterstraße liegenlassen, gerade weiter. Alle weiteren Abzweigungen unberücksichtigt lassen. Nach weiteren 5,7 km zurück am Ausgangspunkt.

(67,9 km/1918 Hm/6:41 Std über den Llano de Maja; 74,5 km/2006 Hm/6:49 Std über die Cañadas-Straße)

Bei beiden Möglichkeiten folgende Schiebe-/Tragestrecken:
1) 20 min/1100 m bergauf
2) 5 min/400 m eben
3) 17 min/1200 m bergab
(Hierbei sind die Schiebestrecken durch den Nationalpark nicht mitgerechnet!)

Kombinationen

Mit C7 oder mit Teilstücken anderer Cañadas-Touren möglich (z.B. C3 oder C6).

Tips und Hinweise:

Auf dieser Tour erreicht man einen der höchsten, per Bike fahrbaren Punkte Teneriffas. Wer noch höher hinauf will, kann die Wanderung auf den Gipfel der Montaña Pasajirón (2527 m) oder gar auf die Guajara (2717 m) anschließen. Hierzu fährt man bei Pkt.11 links und folgt der Schotterpiste bis zu deren Ende. Von dort hat man die Möglichkeit, zu Fuß weiter bis zum Gipfel aufzusteigen. Nach rund 40minütigem, steilem Anstieg überblickt man das gesamte Gebiet der Cañadas von den höchsten Punkten des Kraters aus.

Die Kanarische Kiefer als ständiger Wegbegleiter auf den Offroadpisten.

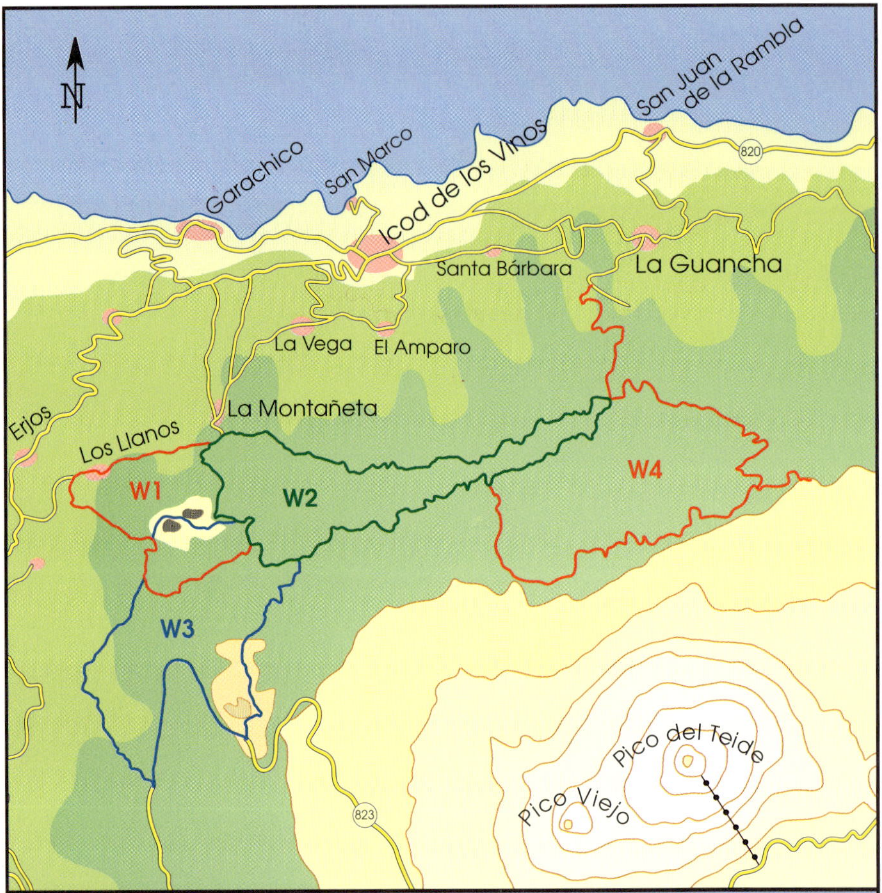

N
Garachico
San Marco
Icod de los Vinos
San Juan de la Rambla
820
Santa Bárbara
La Guancha
La Vega
El Amparo
Erjos
La Montañeta
Los Llanos
W1
W2
W3
W4
823
Pico del Teide
Pico Viejo

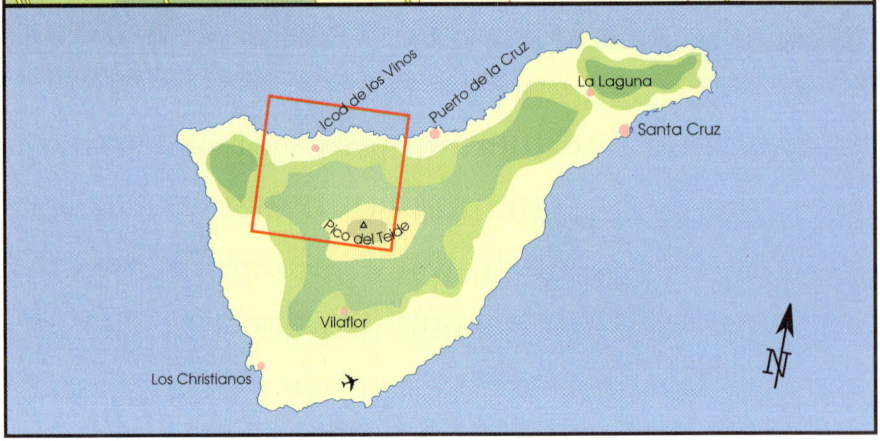

Icod de los Vinos
Puerto de la Cruz
La Laguna
Santa Cruz
Pico del Teide
Vilaflor
Los Christianos
N

DAS WALD-VULKANGEBIET

LADERAS DEL TEIDE

Das Wald-Vulkangebiet an der Westabdachung des Teidemassivs stellt eine äußerst interessante Region dar. Zuerst einmal beeindrucken die ausgedehnten Wälder, die sich oberhalb von Icod de los Vinos bis zum Fuß des Teide erstrecken. Die kanarischen Kiefern mit ihren weit ausladenden Ästen und den langen, silbrigglänzenden Nadeln lassen das Sonnenlicht bis auf den Boden durch. Der trockene, warme Lavasand ist mit Nadeln übersät und die Kiefernzapfen liegen überall verstreut. Die kanarische Kiefer kann mehrere hundert Jahre alt werden und besitzt die Besonderheit, an den langen Nadeln die Luftfeuchtigkeit kondensieren zu lassen, was für den Wasserhaushalt Teneriffas von entscheidender Bedeutung ist. Die Feuchtigkeit des Bodens erhöht sich dadurch um das Zwei- bis Dreifache gegenüber anderen Regionen.

Im östlichsten Bereich, am Eingang ins Orotava-Tal, ist der Wald am dichtesten und kommt dem Mitteleuropäer am ehesten vertraut vor. Je weiter man gegen Westen gelangt, um so lichter wird der Wald, um so größer die Plätze zwischen den Kiefern und dazwischen taucht schon der stachelige Ginster auf. Eine der größten Lichtungen ist der Llano del Hospital, eine der Drehscheiben der Touren durch diese Region. Fast alle Routen laufen hier zusammen, ein großes"H"-förmiges Wegenetz geht von dort weg. Das gesamte Waldgebiet wird durchzogen von einem Geflecht von Forststraßen. Außer diesen sehr gut angelegten Pisten findet man keinerlei andere Wege. Trialfahrer suchen vergeblich schmale Pfade, selbst der Lavasandboden der freien Flächen bietet keinerlei durchgehende Wegnetze. Es zweigen zwar immer wieder kleine Fußwege im Bereich des Llano del Hospital von den Forstwegen ab, doch diese sind nirgendwo durchgehend befahrbar. Die meisten enden bereits nach wenigen Metern und selbst allfällige, in den Karten verzeichnete Wegverbindungen existieren in Wirklichkeit nicht. Die einzigen Wege, die mit dem Bike befahren werden können, sind also die Forststraßen, diese dafür aber um so besser. Durchgehend in sehr gutem Zustand, sind sie nur abschnittsweise mit Steinen oder losem Geröll bedeckt. Auch zeigt kaum einmal eine Piste eine stärkere Steigung, so daß sich diese Region vor allem für ruhige, genußvolle Touren eignet. Einsteiger kommen hier voll auf ihre Rechnung, ebenso Biker, die die abgeschiedene Ruhe und Schönheit dieser Landschaft zu schätzen wissen. Und Ruhe gibt es hier mehr als genug, kaum einmal ein Mensch verirrt sich in diese Region. Die einzigen Anzeichen von menschlichem Leben sind das mitten im Wald stehende Forsthaus, das Casa Forestal Icod oberhalb von La Guancha und der Torre de Incendio. Dieser „Feuerturm" am Lomo Vergara bietet einen der schönsten Aussichtspunkte dieser Region.

Je weiter man gegen Westen gelangt, um so spärlicher wird der Waldwuchs und um so mehr kommt der vulkanische Ursprung dieser Landschaft zu Tage. Tatsächlich ist diese Region die vulkanologisch aktivste Zone Teneriffas. Hier ereignete sich auch der jüngste Ausbruch in der Geschichte der Insel. 1909 ergossen sich Lavaströme von der Montaña de Chinguero Richtung Santiago del Teide und kamen nur knapp vor den ersten Häusern zum Stillstand. 1706 begrub ein Ausbruch der Montaña Negra die Nordseite unter sich mitsamt den Orten El Tanque, Machico und der Hafenstadt Garachico. Überall findet man die Spuren des Vulkanismus, auf riesigen Lavafeldern gedeiht kaum ein Pflänzchen und zerissenes Lavagestein übersät die Hänge.

Da die dadurch erschaffene Landschaft derart unglaublich und abwechslungsreich ist, lohnt ein Besuch dieser Gegend trotz (oder gerade wegen) der Einfachheit der Touren. Denn eine genüßliche Biketour ist allemal besser, als die Vulkanlandschaft so kennenzulernen, wie es mancher Pauschaltourist macht. Diese lassen sich von findigen Veranstaltern im offenen Jeep durch die Gegend kutschieren und setzen ihren Fuß gerade mal an den besonders beeindruckenden Stellen auf den Boden. – Gelobt sei das Gefährt, das uns diese wunderbaren Naturerscheinungen aus eigener Kraft erfahren läßt!

W1 Los Llanos

Leichte Tour

Landschaftlich beeindruckende Fahrt vom Waldgürtel ins unwirkliche Lavagebiet. Durchwegs beste Wege, kaum Schwierigkeiten, Supertour für Genießer.

19,5 km
405 Hm
1:31 Std

Das gesamte Gebiet der Westabdachung des Teide ist der vulkanologisch aktivste Teil Teneriffas, doch kaum sonst wo kann man die Auswirkungen der zeitlich verschiedenen Ausbrüche derart gut erkennen wie auf dieser Tour. Unmittelbar vor einem der ältesten und längst zur Ruhe gekommenen Landstriche Teneriffas, dem Teno-Gebirge, liegt das aktivste Vulkangebiet der Insel. Der letzte Ausbruch fand vor nicht einmal 100 Jahren - 1909 - statt, bei dem die Montaña de Chinguero zehn Tage lang Lava spuckte und beinahe Santiago del Teide begraben hätte. Knapp vor den ersten Häusern kam der Lavastrom zum Stillstand und der Ort entging gerade noch einer Katastrophe. Weniger Glück hatten El Tanque, Machico und der Hafen Garachico, die 1706 allesamt unter der glutflüssigen Lava der Montaña Negra begraben wurden. Selbst heute noch bieten die erstarrten Lavaströme ein bedrohliches Bild. Nur wenige Pflanzen konnten sich in der steinigen Einöde ansiedeln, lediglich die aufgeforsteten Kiefern konnten Fuß fassen. Es ist unglaublich, zu sehen, wie die großen Bäume auf erdlosem Lavagestein wachsen, sich mit ihren Wurzeln im blanken Fels anklammern und der unwirtlichen Steinwüste wieder Leben geben.

Dieses einzigartige Schauspiel der Naturkräfte beobachtet man am besten in der unmittelbaren Umgebung von Los Llanos. Nur wenige Häuser bilden dieses einsame Bergdorf, das seinen unglaublichen Standort mitten in den Lavafeldern hat. Riesige Gesteinsbrocken, erstarrte, aufgesprungene und kaum verwitterte Lava bilden die Umgebung des Ortes. Doch schon nach wenigen Kilometern beginnt das Waldgebiet, das mit seinen riesigen, weitausladenen Kiefern den Kontrast zum Lavagestein bildet.

Beides lernt man auf dieser Tour kennen, ebenso wie den nahtlosen Übergang zweier so verschiedener Welten. Die Runde beginnt mitten im Waldgebiet und führt genußvoll zwischen Kiefern zum Canal Vergara hinauf. In dem ca. 40 cm breiten Steinkanal, einem der letzten intakten Wasserkanäle, rinnt bestes Trinkwasser. Diesen passiert man und folgt den Forststraßen ohne Schwierigkeiten und ohne größere Anforderungen durch den Wald, bis man erneut auf den Kanal trifft und diesem ein Stück lang folgt. Kunstvoll windet er sich am Hang entlang, stets mit einem derart geringen Gefälle, daß das Wasser gerade noch in Bewegung gehalten wird. Eine ruhige und genußvolle Fahrt verbindet sich hier mit schönen Ausblicken auf die unterschiedlichen Landschaften. Gegen Osten erhebt sich der Pico del Teide mit dem vorgelagerten Pico Viejo, nach Norden überblickt man den Waldgürtel und gegen Westen erhebt sich das Teno-Gebirge mit seiner höchsten Erhebung, dem Cruz de Gala. Und das alles eingefaßt von den blauen Wellen des Atlantiks, während man selbst von Lavaschlacke umgeben ist. Auf jedem Meter ergeben sich neue Ausblicke, man erblickt versteckte Schönheiten und bestaunt die Vielfalt der Natur.

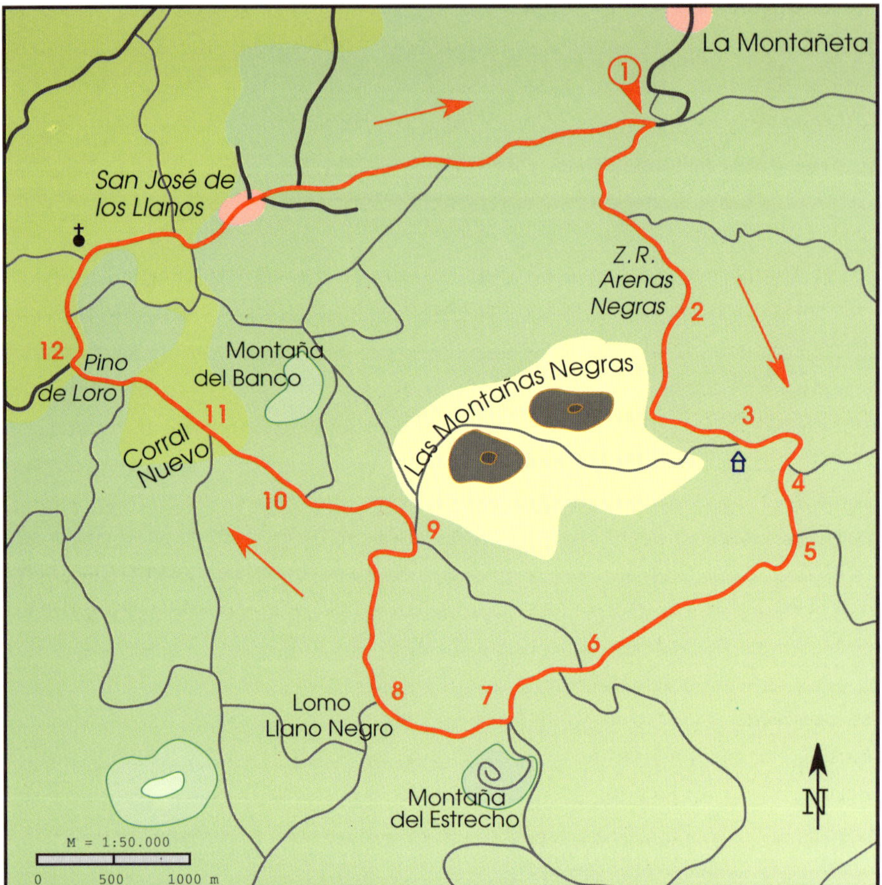
La Montañeta
1
San José de
los Llanos
Z.R.
Arenas
Negras
2
Las Montañas Negras
3
4
5
6
7
8
9
10
11
12
Pino
de Loro
Corral
Nuevo
Montaña
del Banco
Lomo
Llano Negro
Montaña
del Estrecho
N
M = 1:50.000
0
500
1000 m

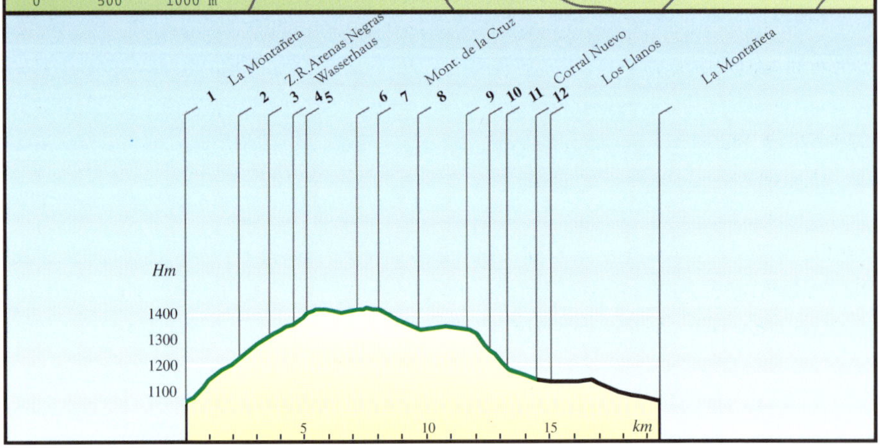
1 La Montañeta
2 Z.R.Arenas Negras
3
4 Wasserhaus
5
6
7 Mont. de la Cruz
8
9
10
11 Corral Nuevo
12 Los Llanos
La Montañeta
Hm
1400
1300
1200
1100
5
10
15
km

Ein wenig sollte der Biker allerdings auch auf den Weg achten, denn vom Kanal zweigt eine Schotterstraße links weg und führt durch ein verwirrendes Wegegeflecht bergab, bevor man kurz vor Los Llanos auf die Asphaltstraße trifft und dieser durch den Ort und zurück zum Ausgangspunkt folgt. Auf diesem Abschnitt passiert man die eingangs erwähnten Gesteinsbrocken, die beim Abkühlen aus der zerspringenden Lava entstanden sind. Obwohl sich hier noch nicht ein Hauch von Humus bilden konnte, wächst vereinzelt Baumheide und Ginster auf den Steinen und selbst Ackerbauterassen wurden angelegt, nicht zuletzt dank der Wasserzufuhr über den Canal Vergara.

Durch diese merkwürdige Landschaft beendet man die Runde und bekommt dank der Ruhe und Einfachheit der Tour sicherlich Lust auf mehr, nicht zuletzt wegen des unwirklichen und unbekannten Geländes, das nur darauf wartet, entdeckt und erkundet zu werden.

Charakteristik

Fahrbahnen

Asphalt	5,0 km
Piste	14,5 km
Karrenwege	0,0 km
Pfade	0,0 km

Durchwegs sehr gute Forst- und Schotterstraßen, im ersten Teil feiner Belag, im mittleren Teil Wald- und Nadelboden, gegen Ende grobschottrig. Alles bestens zu befahren, keinerlei fahrtechnische Anforderungen.

Schwierigkeiten

leicht	9,2 km
mittel	8,6 km
schwer	1,6 km
extrem	0,0 km

Schiebe-/Tragestrecken: keine

Fahrstrecke

0,0	La Montañeta	1050	0:00
3,6	Wasserhaus	1320	0:22
8,0	Montaña de la Cruz	1410	0:44
13,4	Corral Nuevo	1180	1:11
15,0	Los Llanos	1135	1:22
19,5	La Montañeta	1050	1:31

Rast/Verpflegung

Bar in Los Llanos.

Karten

Mapa Militar de España:

76-80 „Santiago del Teide“ (Serie 5V 1:25.000)

Routenführung

Ausgangspunkt: San Francisco de la Montañeta (La Montañeta)

Anfahrt von Puerto de la Cruz: Von Puerto de la Cruz nach Icod de los Vinos (19 km). Von der Schnellstraße die erste Ausfahrt Ri. „Icod de los Vinos" nehmen. 800 m nach dem Ortsschild an der ersten Gabelung links bergauf, Ri. „Santa Barbara, El Amparo" in die „Calle Calvario". Nach 300 m an der Querstraße links und gleich wieder rechts bergauf, Ri. „El Amparo, La Vega". Nach 400 m an der Querstraße rechts, Ri. „El Amparo, La Vega" und immer auf dieser Straße bleiben. 4,6 km nach Icod links bergauf, Ri. „La Montañeta, San José de Los Llanos" abzweigen, nach 200 m rechts in gleicher Richtung. Nach 4 km erreicht man „San Francisco de la Montañeta" (8,8 km nach Icod de los Vinos).

Fahrt zum Startplatz: San Francisco de la Montañeta geradeaus auf der Hauptstraße durchfahren, 500 m nach dem Ortsende zweigt linker Hand eine breite Schotterstraße (die zweite) Ri. „Zona Recreativa Arenas Negras, Pista Arenas Negras, Galeria Cruz del Niño,...." ab.

Hier beginnt die Tour, Parkmöglichkeit am Beginn der Schotterstraße oder etwas vorher rechts der Straße.

Alternative Startpunkte: Los Llanos, eventuell Erjos (Anfahrt zu Pkt.12)

Pkt.1 **km 0,0** Der links abzweigenden Schotterstraße Ri. „Zona Recreativa Arenas Negras, Pista Arenas Negras, Galeria Cruz del Niño,...." folgen.

Pkt.2 **km 2,2** An der „Zona Recreativa Arenas Negras" („Zona Acampada") der Schotterstraße durch das Picknickgebiet folgen und durch die Rechtskurve weiter.

Pkt.3 **km 3,6** An der Weggabelung vor dem kleinen Wasserhaus den rechten Abzweig liegenlassen und geradeaus am Haus vorbei halten (links). Nach 200 m den links abwärts führenden Weg liegenlassen und dem rechten Weg über den Kanal bergauf folgen.

Pkt.4 **km 4,6** Geradeaus auf dem Hauptweg bleiben (nicht links, Ri. „Sin Salida").

Pkt.5 **km 5,1** An der Gabelung nach rechts, Ri. „Montaña de la Cruz" fahren.

Pkt.6 **km 7,1** Den rechts abzweigenden Weg unberücksichtigt lassen und nach links geradeaus weiter. Nach 200 m auf dem rechten Ast geradeaus halten.

Pkt.7 **km 8,0** An der großen Weggabelung mit der zweifachen Beschilderung „Carretera General" auf dem rechten Weg bergab fahren.

Pkt.8 **km 9,7** Man erreicht einen Sandplatz, auf dem vier Wege zusammenlaufen. Hier nicht den Platz überqueren, sondern gleich nach scharf rechts bergab fahren.

Pkt.9 **km 11,7** Am Wegeviereck auf den abwärts führenden Weg nach links abzweigen. Nach 500 m den linken Abzweig liegenlassen und geradeaus auf dem Hauptweg bleiben.

Pkt.10 **km 12,6** An der Gabelung links bergab und nach 100 m geradeaus bergab (nicht links). Man erreicht einen Platz, an dem viele Wege zusammenlaufen. Hier geradeaus mittendurch fahren, nirgends abzweigen.

Pkt.11 **km 13,4** Am „Corral Nuevo" auf den linken Weg und alle abzweigenden Wege unberücksichtigt lassen.

Pkt.12 **km 14,5** An der Asphaltstraße rechts. Nach 5,0 km zurück am Ausgangspunkt.

Variante

Abkürzung über die Montaña Negra: Am Pkt.3 rechts, nach 4,0 km erreicht man Pkt.9.

Kombinationen

Mit W2, T1 oder T2 (Verbindung auf der Straße Los Llanos - Erjos).

Tips und Hinweise

Dies ist eine äußerst variable Runde und es gibt viele Möglichkeiten für diverse Stichtouren oder Kombinationen. Besonders lohnend ist die Fahrt zu den Schwarzen Bergen oder ein Abstecher ins Teno-Gebirge. Wer nicht eine komplette zweite Tour anhängen will, dem sei z.B. die Fahrt auf das Cruz de Gala empfohlen. Hierzu am Pkt.12 links, an der Straßenkreuzung Richtung Santiago del Teide und auf der Kuppe rechts zu dem Ausssichtspunkt abzweigen. Auf gleichem Weg zurück.

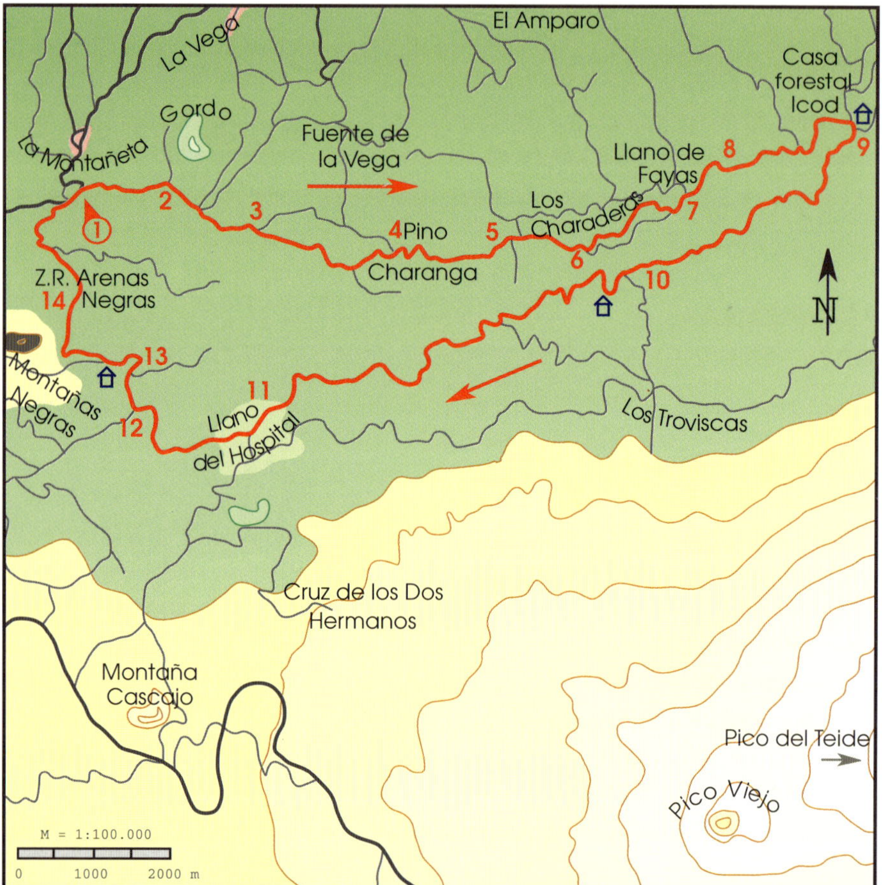
El Amparo
La Vega
Casa forestal Icod
Gordo
La Montañeta
Fuente de la Vega
Llano de Fayas
Los Charaderos
1
2
3
4 Pino Charanga
5
6
7
8
9
10
11
12
13
14
Z.R. Arenas Negras
N
Montañas Negras
Llano del Hospital
Los Troviscas
Cruz de los Dos Hermanos
Montaña Cascajo
Pico del Teide
Pico Viejo
M = 1:100.000
0 1000 2000 m

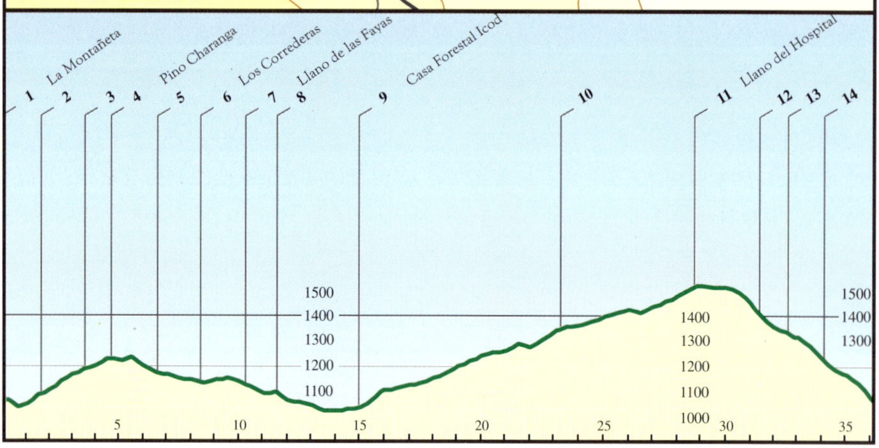
La Montañeta
Pino Charanga
Los Correderas
Llano de las Fayas
Casa Forestal Icod
Llano del Hospital
1 2 3 4 5 6 7 8 9 10 11 12 13 14
1500
1400
1300
1200
1100
1000
5 10 15 20 25 30 35

W2 Llano del Hospital

Mäßig schwere Tour

Schöne, ruhige Fahrt durch das ausgedehnte Waldgebiet auf besten Wald- und Forstwegen. Keinerlei fahrtechnische Anforderungen, echte Genußtour ohne Spektakuläres.

36,3 km
751 Hm
2:40 Std

Die verschiedenen Örtlichkeiten tragen auf Teneriffa oft die eigentümlichsten Namen. So auch hier, beim Ziel dieser Runde, dem Llano del Hospital, was soviel bedeutet wie „Krankenhausebene". Der Name scheint nicht unbedingt passend zu sein und ist hoffentlich kein schlechtes Omen, zumal diese kleine Ebene doch eher eine Lichtung im Waldgebiet ist, die Ruhe und Einsamkeit vermittelt. Der Name stammt wohl von der Form der zusammenlaufenden Wege, die ein großes „H" bilden, was auf den Landkarten gut zu sehen ist.

Oberhalb des verschlafenen Ortes La Montañeta mit seiner kleinen Kapelle San Francisco startet diese Runde mitten im herrlichen Waldgebiet. In wunderschöner Fahrt führt eine gute Forststraße nur wenig steigend und fallend durch den Kiefernwald. Besonders in den Morgenstunden ist dies ein schöner Abschnitt, wenn die ersten Sonnenstrahlen durch die Baumwipfel dringen und sich die kühle Luft langsam aufzuwärmen beginnt. Nach diesem gemütlichen Abschnitt erreicht man das Casa Forestal Icod, das Forsthaus von Icod, oberhalb von La Guancha. Hier stehen dem Biker im Prinzip einige Varianten offen. So kann zum Beispiel ein Abstecher zum Picknickgebiet von El Lagar eingelegt werden, oder man steuert sein Gefährt in luftige Höhen bis zum Lomo Vergara oder sogar weiter über die Riscos Fortaleza bis in die Cañadas hinauf, zum Fuß des Teide. Wer solche Marathondistanzen lieber den Cracks überläßt, folgt besser der beschriebenen Route. Auch diese bietet auf dem folgenden Abschnitt einige Anforderungen. Die Schotterpiste beginnt hinter dem Forsthaus anzusteigen und windet sich durch den Wald bergauf. Stellenweise liegt grober Schotter auf der Fahrbahn, überall holpern die Stollenreifen über massenhaft herumliegende Kiefernzapfen, doch zum Glück wird die Straße nicht wirklich steil, so daß auch dieser Abschnitt gut zu meistern ist.

Nach diesen mäßigen und gerade noch verkraftbaren Anstrengungen ist schließlich die Sandebene am Llano del Hospital erreicht. Dieser Platz ist eine der wichtigsten Drehscheiben des westlichen Wald-Vulkangebietes. Praktisch alle Touren passieren diesen Punkt und von hier kann man etliche Varianten fahren und die verschiedenen Touren untereinander kombinieren. Besonders lohnend ist ein Abstecher zur den Montañas Negras, den Schwarzen Bergen. Auf diesem kurzen Abstecher (beschrieben unter Varianten) kann man den völlig unterschiedlichen Charakter des Vulkangebietes beobachten, während man aus dem Waldgebiet herausfährt und in das Gebiet der schwarzen Lavaasche gelangt, die kaum eine Vegetation zuläßt. Selbst der Belag der Fahrbahn besteht aus dieser Asche, auf der man wie auf einem weichen Teppich dahingleitet. Auch die Fahrt nach Los Llanos, oder gar die gesamte Tour rund um die Montaña Negra kann von hier aus gefahren werden.

Wem solche Eskapaden nicht zusagen, bleibt vom Llano del Hospital auf der beschriebenen Route, die in schöner Fahrt zurück nach La Montañeta führt. Auf der schnellen Forstwegabfahrt schließt man diese zwar lange, aber insgesamt doch leichte Tour ab. Sie führt stets durch den Kiefernwald, so daß man weder mit tollen Panoramablicken, noch mit fahrtechnischen Anforderungen oder sonstigen Besonderheiten rechnen kann. Trotzdem hat diese Runde ihren Reiz, der vor allem durch die Stille und Abgeschiedenheit dieser Region entsteht. Genußradler kommen hier, wie bei allen Touren durch das Waldgebiet, voll auf ihre Rechnung.

Charakteristik

Fahrbahnen

Asphalt	0,2 km
Piste	36,1 km
Karrenwege	0,0 km
Pfade	0,0 km

Durchgehend sehr gute Schotterpisten und Forststraßen mit festem Untergrund und wenig steil. Lediglich der Abschnitt zwischen dem neuen Wasserhaus und dem Llano Hospital hat stellenweise groben Schotter und einige steilere Passagen.

Schwierigkeiten

leicht	11,0 km
mittel	18,9 km
schwer	6,4 km
extrem	0,0 km

Schiebe-/Tragestrecken: keine

Rast/Verpflegung

Nur in La Montañeta, keine Möglichkeit unterwegs.

Karten

Mapa Militar de España:

76-79 „Icod de los Vinos" + 76-80 „Santiago del Teide" + 77-78;77-79 „La Orotava" + kurzes Wegstück auf 77-80 „Teide" (Serie 5V 1:25.000)

Fahrstrecke

0,0	La Montañeta	1050	0:00
8,4	Los Charaderas	1135	0:36
15,0	Casa Forestal Icod	1035	1:04
28,8	Llano del Hospital	1520	2:14
34,1	Z.R. Arenas Negras	1210	2:34
36,1	La Montañeta	1050	2:40

Routenführung

Ausgangspunkt: San Francisco de la Montañeta (La Montañeta)

Anfahrt von Puerto de la Cruz: Von Puerto de la Cruz nach Icod de los Vinos (19 km). Von der Schnellstraße die erste Ausfahrt Ri. „Icod de los Vinos" nehmen. 800 m nach dem Ortsschild an der ersten Gabelung links bergauf, Ri. „Santa Barbara, El Amparo" in die „Calle Calvario". Nach 300 m an der Querstraße links und gleich wieder rechts bergauf, Ri. „El Amparo, La Vega". Nach 400 m an der Querstraße rechts, Ri. „El Amparo, La Vega" und immer auf dieser Straße bleiben. 4,6 km nach Icod links bergauf, Ri. „La Montañeta, San Jose de Los Llanos" abzweigen, nach 200 m rechts in gleicher Richtung. Nach 4 km erreicht man „San Francisco de la Montañeta" (8,8 km nach Icod de los Vinos).

Fahrt zum Startplatz: San Francisco de la Montañeta geradeaus auf der Hauptstraße durchfahren, 500 m nach dem Ortsende zweigt linker Hand eine breite Schotterstraße (die zweite) Ri. „Zona Recreativa Arenas Negras, Pista Arenas Negras, Galeria Cruz del Niño,...." ab.

Hier beginnt die Tour, Parkmöglichkeit am Beginn der Schotterstraße oder etwas vorher rechts der Straße.

Alternativer Startpunkt: La Guancha (Auffahrt zum Casa Forestal Icod, Einstieg bei Pkt.9)

Pkt.1	**km 0,0**	Auf der Anfahrtsstraße zurück in Richtung La Montañeta. Nach 170 m zweigt am „Fuente Santas" eine Schotterstraße nach rechts ab. Dieser Ri. „Pista Fuente Santa, Monte Publico, Caserio de las Abertas,..." folgen.
Pkt.2	**km 1,8**	An der Gabelung geradeaus entlang des Wasserrohres. Nach 600 m an der Gabelung am „Risco del Acebino" rechts bergauf, Ri. „Portillo".
Pkt.3	**km 3,6**	Den links abzweigenden Weg liegenlassen und geradeaus bleiben.
Pkt.4	**km 4,8**	Am „Pino Charanga" auf dem Hauptweg geradeaus bleiben. Nach 400 m an der Gabelung auf dem linken Weg bleiben.
Pkt.5	**km 6,7**	An beiden Gabelungen stets auf dem Hauptweg geradeaus bleiben (nicht rechts bergauf, nicht links bergab).
Pkt.6	**km 8,4**	Am „Los Charaderas" den linken Weg liegen lassen und auf dem Hauptweg geradeaus bleiben.
Pkt.7	**km 10,3**	Am „Llano de las Fayas" geradeaus weiter (nicht links bergab, nicht rechts bergauf).
Pkt.8	**km 11,7**	An der Gabelung geradeaus, Ri. „Casa Forestal Icod".
Pkt.9	**km 15,0**	Man erreicht das Forsthaus Casa Forestal Icod und hält sich hinter dem Haus rechts, Ri. „El Portillo". Nach 80 m den Weg Ri. „Portillo" liegenlassen und rechts, Ri. „Llano del Hospital" fahren.

Pkt.10 **km 23,2** An der Gabelung rechts, Ri. „Llano del Hospital" fahren. Nach 600 m passiert man ein neues Wasserhaus, bleibt an der Gabelung links am Kanal entlang, direkt am Haus vorbei, überquert nach 100 m den Kanal und folgt der Straße steil bergauf.

Pkt.11 **km 28,8** Man erreicht am „Llano del Hospital" eine Querstraße und folgt dieser rechts bergab, Ri. „La Montañeta".

Pkt.12 **km 31,4** Den linken Abzweig liegenlassen und geradeaus bergab, Ri. „La Montañeta" fahren. Nach 500 m den Abzweig nach rechts liegenlassen und geradeaus bleiben.

Pkt.13 **km 32,7** Nach Überqueren des Kanals auf dem linken Weg geradeaus bergab bleiben. Nach 200 m an der Gabelung beim Wasserhaus geradeaus bergab fahren.

Pkt.14 **km 34,1** Dem Hauptweg durch das Picknickgebiet folgen. Nach 2,2 km zurück am Ausgangspunkt.

Varianten

Ausweitungen sind möglich über Las Troviscas und Los Barrenos (am Pkt.10 links bergauf) oder zur Montaña Negra (am Pkt.12 links, W1 Pkt.5-8, W3 ab Pkt.12).

Kombinationen

Mit W1 oder W3 (Verbindung am Llano del Hospital).

Tips und Hinweise

Wie alle Touren dieser Region, führt auch diese Runde durch einsamste Winkel und es ist äußerst unwahrscheinlich, hier auf Menschen zu treffen. Die einzige Station, die im Notfall Hilfe bieten kann, ist am Forsthaus Casa Forestal Icod, das am Wendepunkt der Tour gegen Osten liegt.

W3 Montaña Negra

Schwere Tour

Schöne Auffahrt durch das Waldgebiet bis in die Lavazone, lange Hangquerung entlang des Canal Vergara und eine traumhafte Fahrt auf weichen Sandpisten zu den „Schwarzen Bergen" ergeben eine abwechslungsreiche und landschaftlich erstklassige Tour.

36,7 km
865 Hm
3:13 Std

Am 5. Mai 1706 brach über den Ort Garachico die Katastrophe herein. Zwei glühende Vulkanströme überfluteten den Nordhang und begruben die Ortschaft unter sich. Obwohl vollständig wieder aufgebaut, konnte sich der ehemals wichtigste Hafen Teneriffas nie von diesem Schicksalsschlag erholen. Puerto de la Cruz und Santa Cruz traten an seine Stelle und Garachico verfiel in eine Art Dornröschenschlaf, aus dem es immer noch nicht erwacht ist.

Der Vulkan, der an diesem Tage ausbrach, war die Montaña Negra - „Der Schwarze Berg", dessen Lavaströme von El Tanque bis zum Meer hinab die Nordseite unter sich begruben. Obwohl dieser Vulkankegel schon zur Ruhe gekommen ist - im Gegensatz zu einigen anderen in dieser Region liegenden Vulkane - bietet er dem Besucher immer noch ein mächtiges Bild. Ein großer, hoch aufragender Kegel, bestehend aus tiefschwarzer Lavaschlacke. Er bildet einen unglaublichen Kontrast zu den hellgrünen Kiefern des Waldgürtels und steht tatsächlich als Schwarzer Berg vor dem Betrachter - ein einzigartiges Bild.

Bevor der Biker diese Produkte der Naturgewalten begutachten kann, steht eine Menge Schweiß auf dem Programm, denn den schwarzen Vulkan erreicht man erst am Ende einer weiten Runde. Von La Montañeta, dem kleinen Bergdorf, schlängelt sich eine Forststraße durch das herrliche Waldgebiet. Problemlos passiert man den Canal Vergara, einen der wichtigsten Bewässerungskanäle der Region und erreicht bald die Waldebene am Llano del Hospital. Ab hier beginnt die Sache ein wenig schwieriger zu werden, denn der bisher gute Schotterbelag wird immer gröber, Geröll liegt auf der Fahrbahn herum und jede Menge Kiefernzapfen. Doch die Piste wird niemals wirklich steil, so daß auch dieser Abschnitt recht gut zu meistern ist, bis man das Waldgebiet verläßt und in die Lavazone eintaucht. Beinahe schlagartig ändert sich der Belag der Fahrbahn und unvorbereitet versinken die Stollenreifen im tiefem Lavasand. Die „Straße" wurde mitten durch ein Lavafeld getrieben, so daß es dem Biker eine gehörige Anstrengung abverlangt, hier fahrend durchzukommen, bevor man am Scheitelpunkt der Tour das Asphaltband erreicht.

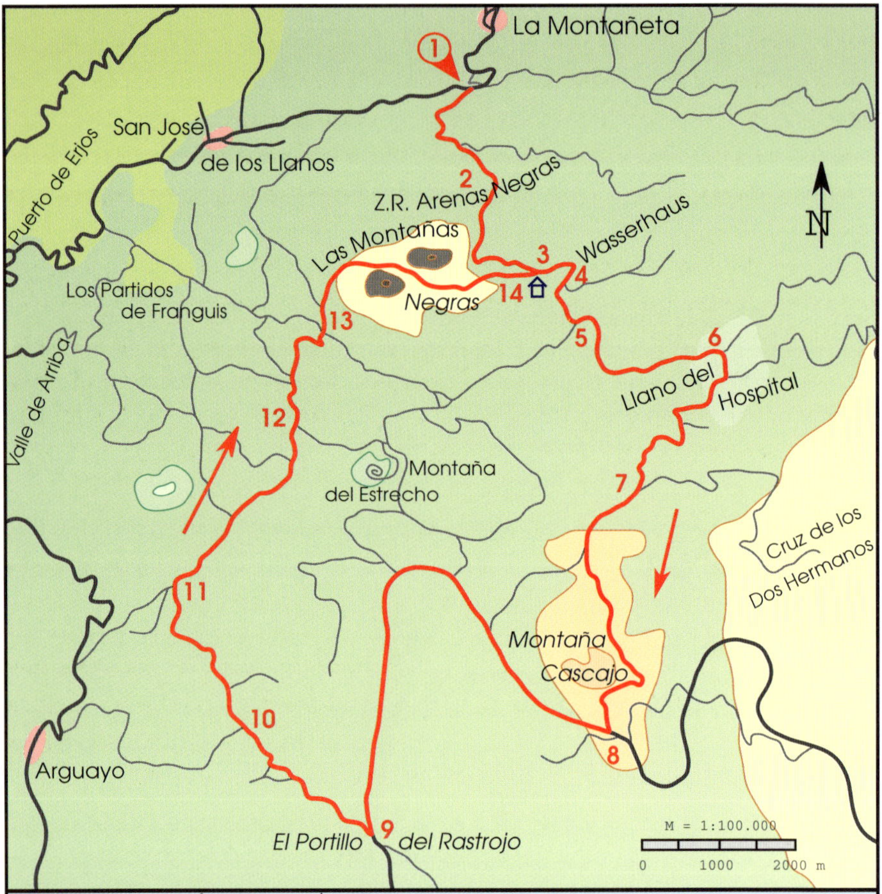

La Montañeta
San José
de los Llanos
Puerto de Erjos
Z.R. Arenas Negras
Las Montañas
Negras
Wasserhaus
Los Partidos
de Franguis
Valle de Arriba
Llano del
Hospital
Montaña
del Estrecho
Cruz de los
Dos Hermanos
Montaña
Cascajo
Arguayo
El Portillo
del Rastrojo
N
M = 1:100.000
0
1000
2000 m
1
2
3
4
5
6
7
8
9
10
11
12
13
14

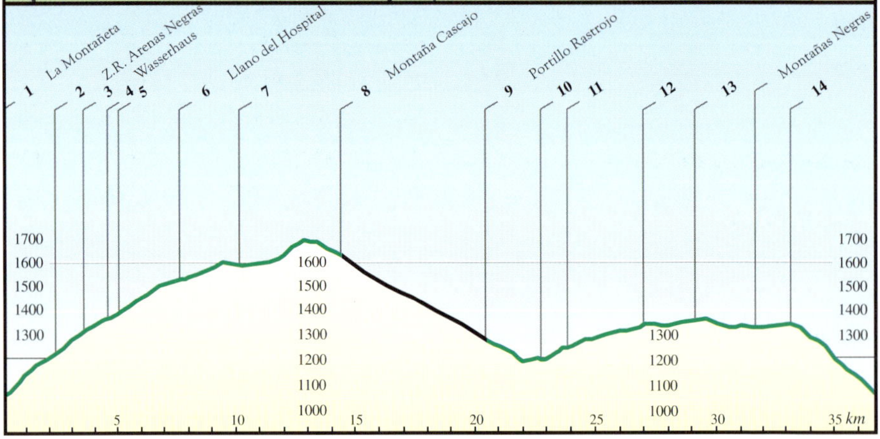

1 La Montañeta
2 Z.R. Arenas Negras
3 Wasserhaus
4
5
6 Llano del Hospital
7
8 Montaña Cascajo
9 Portillo Rastrojo
10
11
12
13 Montañas Negras
14
1700
1600
1500
1400
1300
1200
1100
1000
5
10
15
20
25
30
35 km

Man wendet sich westwärts und schießt über die Straße bergab. Im Geschwindigkeitsrausch muß man achtgeben, die nächste Abzweigung nicht zu verpassen. Eine Schotterpiste quert den Hang, schließt sich bald an den Canal Vergara an und windet sich ohne großes Auf und Ab durch die Lavaformationen. Anfangs auf recht grobem Schotter wird der Belag langsam immer besser, bis man schließlich wieder in Lavasand eintaucht und die Fahrt auf die Montaña Negra zugeht. Die schwarze Lavaschlacke hüllt alles in ein düsteres Gewand und der Schwarze Berg selbst ragt drohend neben der Fahrbahn auf - ein unglaubliches Naturschauspiel.

Doch leider wollen nicht nur abgasfreie Naturliebhaber diese Schönheit betrachten, auch viele Pauschaltouristen möchten mehr von Teneriffa kennenlernen, als den Weg vom Hotel zum Strand. Sie werden daher von verschiedenen Veranstaltern in offenen Jeeps durch die Landschaft kutschiert, wobei die Montaña Negra fixer Bestandteil jeder dieser „Offroad-Touren" ist. Also kann es vorkommen, in dieser einsamen Gegend plötzlich von einer Wagenkolonne überholt zu werden. Da allerdings Zeit Geld ist, sind diese so schnell wieder vorbei, daß sie nicht wirklich stören und den großartigen Eindruck dieser gewaltigen Landschaft nicht trüben können.

Charakteristik

Fahrbahnen

Asphalt	6,1 km
Piste	30,6 km
Karrenwege	0,0 km
Pfade	0,0 km

Durchwegs sehr gute Forst- und Schotterstraßen, alles bestens zu befahren. Nur teilweise tiefsandig oder grobschottrig, teils auf Waldboden. Keine schweren Steigungen.

Schwierigkeiten

leicht	11,9 km
mittel	17,1 km
schwer	7,7 km
extrem	0,0 km

Schiebe-/Tragestrecken: keine

Rast/Verpflegung

Nur in La Montañeta

Karten

Mapa Militar de España: 76-80 „Santiago del Teide"

(Serie 5V 1:25.000)

Fahrstrecke

0,0	La Montañeta	1050	0:00
3,6	Wasserhaus	1320	0:22
7,7	Llano del Hospital	1520	0:48
20,5	Portillo Rastrojo	1280	2:01
31,7	Las Montañas Negras	1325	2:54
36,8	La Montañeta	1050	3:13

Routenführung

Ausgangspunkt: San Francisco de la Montañeta (La Montañeta)

Anfahrt von Puerto de la Cruz: Von Puerto de la Cruz nach Icod de los Vinos (19 km). Von der Schnellstraße die erste Ausfahrt Ri. „Icod de los Vinos" nehmen. 800 m nach dem Ortsschild an der ersten Gabelung links bergauf, Ri. „Santa Barbara, El Amparo" in die „Calle Calvario". Nach 300 m an der Querstraße links und gleich wieder rechts bergauf, Ri. „El Amparo, La Vega". Nach 400 m an der Querstraße rechts, Ri. „El Amparo, La Vega" und immer auf dieser Straße bleiben. 4,6 km nach Icod links bergauf, Ri. „La Montañeta, San José de Los Llanos" abzweigen, nach 200 m rechts in gleicher Richtung. Nach 4 km erreicht man „San Francisco de la Montañeta" (8,8 km nach Icod de los Vinos).

Fahrt zum Startplatz: San Francisco de la Montañeta geradeaus auf der Hauptstraße durchfahren, 500 m nach dem Ortsende zweigt linker Hand eine breite Schotterstraße (die zweite) Ri. „Zona Recreativa Arenas Negras, Pista Arenas Negras, Galeria Cruz del Niño,...." ab.

Hier beginnt die Tour, Parkmöglichkeit am Beginn der Schotterstraße oder etwas vorher rechts der Straße.

Alternative Startpunkte: Auf der C 823 beim Kilometerstein „12" oder „18" (von Vilaflor oder Guia de Isora kommend, Einstieg bei Pkt.8 bzw. Pkt.9)

Pkt.1 **km 0,0** Der links abzweigenden Schotterstraße Ri. „Zona Recreativa Arenas Negras, Pista Arenas Negras, Galeria Cruz del Niño,...." folgen.

Pkt.2 **km 2,2** An der „Zona Recreativa Arenas Negras" („Zona Acampada") der Schotterstraße durch das Picknickgebiet folgen und durch die Rechtskurve weiter.

Pkt.3 **km 3,6** An der Weggabelung vor dem kleinen Wasserhaus den rechten Abzweig liegenlassen und geradeaus am Haus vorbei halten (links). Nach 200 m den links abwärts führenden Weg liegenlassen und dem rechten Weg über den Kanal bergauf folgen.

Pkt.4 **km 4,6** Geradeaus auf dem Hauptweg bleiben (nicht links, Ri. „Sin Salida").

Pkt.5 **km 5,1** An der Gabelung links, Ri. „Llano del Hospital" und diesem Weg ohne abzuzweigen folgen.

Pkt.6 **km 7,7** Am „Llano del Hospital" geradeaus bleiben (nicht links). Nach 300 m die links abzweigende Forststraße Ri. „Pista del Agujera" liegenlassen und rechts der unbeschilderten Straße bergauf folgen. Nach weiteren 700 m geradeaus auf dem Hauptweg bleiben.

Pkt.7 **km 10,1** Vor einer Rechtskurve den linken Abzweig unberücksichtigt lassen und rechts, Ri. „Guia de Isora" halten.

Pkt.8 **km 14,4** Man erreicht eine Asphaltstraße und folgt dieser rechts bergab.

Pkt.9 **km 20,5** Unmittelbar vor dem Kilometerstein „18" nach rechts auf die Schotterstraße Ri. „Pista Cueva de los Bajaros, A Santiago, El Tanque" abzweigen.

Pkt.10 **km 22,9** Dem Hauptweg geradeaus folgen (nicht links abzweigen).

Pkt.11 **km 23,9** Man überquert den Canal Vergara und läßt den kurz danach linker Hand zum Kanal ziehenden Weg unberücksichtigt und bleibt auf dem Hauptweg geradeaus. Nach 200 m auf den linken, unteren Weg halten und diesem stets folgen. (km 26,0 geradeaus; km 26,5 das Haus passieren).

Pkt.12 **km 27,0** Der Weg überquert den Kanal und führt auf einen kleinen Sandplatz. Diesen in gerader Richtung überqueren und an der Gabelung auf den linken unbeschilderten Ast zum Kanal hin halten (nicht rechts, Ri. „Carretera Dorsal").

Pkt.13 **km 29,1** Am Wegeviereck den rechts bergauf und den links bergab führenden Weg unberücksichtigt lassen und dem Weg nach halblinks geradeaus folgen.

Pkt.14 **km 33,1** Man erreicht wieder das Wasserhaus des Anfahrtsweges und folgt dem Weg links bergab zurück zum Ausgangspunkt.

Varianten

Kurzrunde zur Montaña Negra: W1 Pkt.1-9, W3 ab Pkt.13.

Kombinationen

Mit W1 oder W2.

Tips und Hinweise

Da die Montaña Negra ein beliebtes Vorzeigeobjekt diverser Touristenclubs und Reiseveranstalter ist, muß man damit rechnen, auf dieser Tour mindestens einmal von einer Gruppe Jeeps überholt zu werden, die im Gegensatz zum friedlichen Biker eine Menge Staub aufwirbeln! Gottseidank sind die lärmenden Maschinen genauso rasch wieder verschwunden, wie sie aufgetaucht sind.

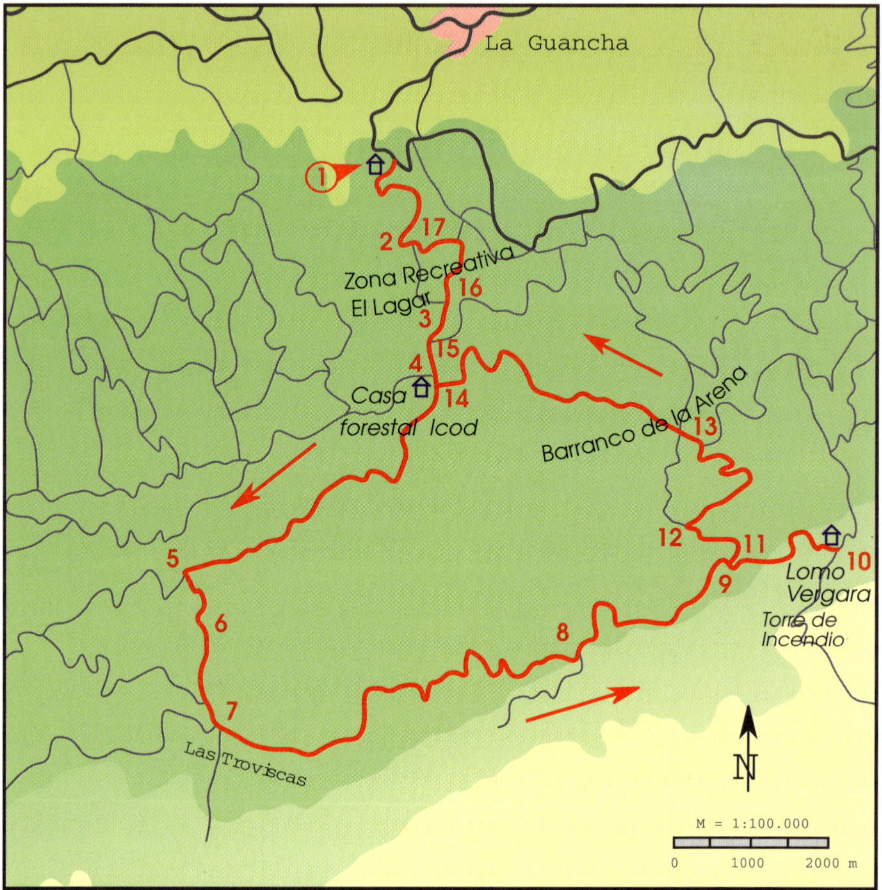
La Guancha
1
2
17
Zona Recreativa
El Lagar
16
3
15
4
Casa
forestal Icod
14
Barranco de la Arena
13
12
11
10
9
Lomo
Vergara
Torre de
Incendio
5
6
8
7
Las Troviscas
N
M = 1:100.000
0
1000
2000 m

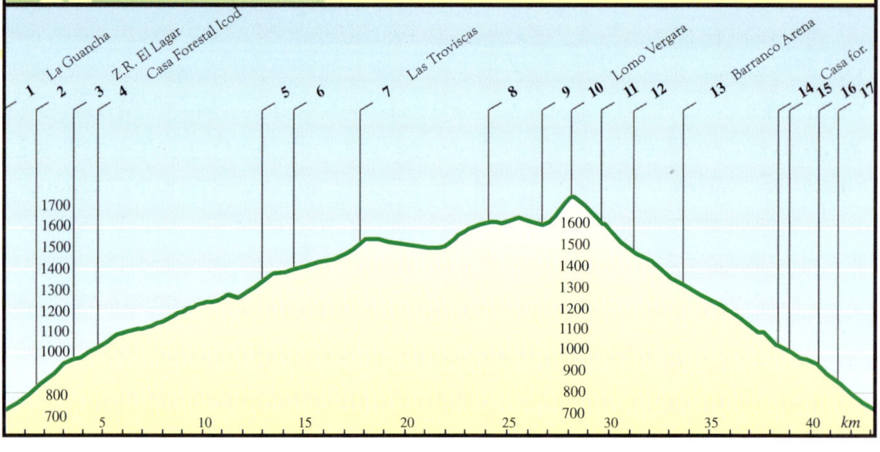
La Guancha
Z.R. El Lagar
Casa Forestal Icod
Las Troviscas
Lomo Vergara
Barranco Arena
Casa for.
1
2
3
4
5
6
7
8
9
10
11
12
13
14
15
16
17
1700
1600
1500
1400
1300
1200
1100
1000
900
800
700
5
10
15
20
25
30
35
40
km

W4 Lomo Vergara

Schwere Tour

Lange Auffahrt durch das wunderbare Waldgebiet auf besten Forstpisten zu einem Feuerturm mit herrlichen Ausblicken über das Tal. Schöne, ruhige Tour durch einsame Regionen.

43,2 km
1133Hm
3:38 Std

Auch an der Nordabdachung des Teide ist die Landschaftsbildung durch den Vulkanismus sichtbar. Der Hang ist vom Rande des Kraters - soweit dieser noch vorhanden ist – bis hinab zum Meer von deutlichen Längsrillen und Furchen durchzogen. Wasserläufe haben hier im Laufe der Zeit Barrancos eingeschnitten, während einige Regionen regelrecht in sich zusammengesunken sind und heute die Täler bilden. Das größte unter diesen ist das Valle de la Orotava, eine riesige Einsenkung im Berghang. Zwischen solchen Einsenkungen und den Barrancos ragen jeweils mehr oder weniger breite Ausbuchtungen auf. Der spanische Begriff dafür ist „Lomo", was soviel bedeutet wie Rücken.

Der Lomo de Vergara, auf den diese Tour führt, hat zweifache Bedeutung. Erstens bildet er gemeinsam mit dem benachbarten Lomo de las Chupaderos die östliche Abdachung des letzten, gegen die Nordseite erhaltenen Kraterrandes – der Riscos Fortaleza. Von dieser markanten Felsgruppe fallen diese beide Bergrücken ab, getrennt durch den Barranco de la Atalaya und bilden so die westliche Umrandung des Orotava-Tals.

Die zweite wichtige Bedeutung dieses Rückens ist der unterirdische Wasserreichtum dieser Formation. Einige Galerias wurden hier angelegt, die das Wasser zu Tage fördern und die allesamt den längsten Kanal der Insel speisen, den Canal Vergara. Hier, auf etwa 1500 m, nimmt der Steinkanal seinen Ursprung und windet sich kunstvoll am Hang entlang gegen Westen, mit solch geringem Gefälle, daß das Wasser gerade noch fließt. Auf allen Touren in dieser Region trifft man auf diesen, in kunstvoller Handarbeit erbauten Bewässerungskanal. Ein besonders eindrucksvolles Bild bietet sich vom Teno-Gebirge aus, etwa vom Cruz de Gala. Von dort erkennt man den Kanal in seinem weiten Verlauf Richtung Guia de Isora, teils mitten durch schwarze Lavafelder. Leider werden diese Kanäle heute kaum mehr benutzt, sondern beinahe überall durch Druckleitungen ersetzt und sind daher dem Verfall preisgegeben. Der Canal Vergara ist einer der letzten funktionstüchtigen Kanäle Teneriffas.

Ein Abstecher zu den Galerias kann unterhalb des Brandmeldeturmes gemacht werden, den man nach langer Auffahrt erreicht. Die Fahrt selbst gestaltet sich im großen und ganzen recht problemlos, einige steilere Abschnitte gibt es nur zwischen dem Forsthaus und dem Querweg, den man am „Las Troviscas" erreicht. Stellenweise gelangt man gehörig ins Schwitzen, da die Schotterpiste über teils loses Geröll am Berg hochzieht, direkt auf die Nordwand des Teide zu, die sich von hier in ihrer ganzen Größe und Schönheit präsentiert. Ist erst mal der Querweg erreicht, hat man's auch schon beinahe geschafft, denn diese Piste ist die höchstgelegene der Region. Eine lange Querung führt nun hoch oben am Hang entlang, immer leicht bergauf und bergab. Eine traumhafte Fahrt durch eine einsame Region, in die sich selten ein Mensch verirrt. Am Scheitelpunkt der Tour erreicht man am Lomo de Vergara einen „Torre Incendio", einen Brandmeldeturm. Schwindelfreien bieten sich schöne Ausblicke über den weiten Waldgürtel, das benachbarte grüne Orotava-Tal, den weit unten glitzernden Atlantik und im Hintergrund auf die Spitze des Teide - und wäre das Gerüst nicht so wackelig, könnte die Aussicht beinahe genossen werden. So ist man froh, beim Abstieg wieder festen Boden unter den Füßen zu haben, bevor man sein Gefährt besteigt und auf die Abfahrt zusteuert. Über beste Schotterpisten geht's zurück zum Forsthaus von Icod und weiter über das Picknickgebiet von La Guancha. Angesichts der Streckenlänge und der bewältigten Höhenmeter steht doch einige Anstrengung hinter dieser Tour und das, obwohl keinerlei harte Steigungen oder Trialsektionen bewältigt werden müssen. Aber das ist man vom Wald-Vulkangebiet ja schon gewöhnt.

Charakteristik

Fahrbahnen

Asphalt	0,0 km
Forstwege	43,2 km
Karrenwege	0,0 km
Pfade	0,0 km

Schwierigkeiten

leicht	4,8 km
mittel	24,8 km
schwer	13,6 km
extrem	0,0 km

Schiebe-/Tragestrecken: keine

Rast/Verpflegung

Nur in La Guancha

Karten

Mapa Militar de España:

76-80 „Santiago del Teide" + 77-78;77-79

„La Orotava" + 77-80 „Teide" (Serie 5V 1:25.000)

Durchwegs sehr gute Schotterstraßen und Forstwege, alle gut befahrbar. Lediglich stellenweise zwischen dem Forsthaus und dem Lomo Vergara steil und durch die groben Steine schwierig zu fahren. Durchgehend sehr gute und leichte Abfahrtswege. Die gesamte Tour verläuft auf Forststraßen.

Fahrstrecke:

0,0	La Guancha	722	0:00
4,8	Casa Forestal Icod	1030	0:33
17,8	Las Troviscas	1530	1:56
28,3	Lomo Vergara	1753	2:47
38,4	Casa Forestal Icod	1030	3:20
43,2	La Guancha	722	3:38

Routenführung

Ausgangspunkt: La Guancha

Anfahrt von Puerto de la Cruz: Von Puerto de la Cruz auf die Schnellstraße Ri. „Icod de los Vinos". 9,6 km nach der westlichsten Ausfahrt Puertos („por la Dehesa"), bzw. 12,7 km nach der mittleren Ausfahrt zweigt man bei „Las Aguas" nach links, Ri. „P.I.R.S. La Guancha" ab (2 km nach San Juan de la Rambla). Auf dieser Straße fährt man steil bergauf und erreicht nach 3,0 km bei einem Stoppschild eine Querstraße.

Fahrt zum Startplatz: Auf dieser Querstraße rechts, Ri. „Icod de los Vinos" fahren. Nach 40 m am kleinen Platz scharf links, Ri. „Centro Cultural Union Spaternidad, Plaza de la Iglesia, Denombre de Jesu" und gleich wieder rechts bergauf. Nach 300 m an der Gabelung rechts (nicht Ri. „Ermita del Jarrobo") und nach weiteren 500 m links, Ri. „Casa Forestal, Barranco de la Arena, Zona Recreativa El Lagar" fahren. Nach 1,8 km zweigt bei einem Unterstand eine Schotterstraße Ri. „Zona Recreativa El Lagar, Barranco de la Arena" ab.

Hier beginnt die Tour, Parkmöglichkeit am Beginn der Schotterstraße.

Alternative Startpunkte: keine

Pkt.1 **km 0,0** Der Schotterstraße nach rechts bergauf, Ri. „Zona Recreativa El Lagar, Barranco de la Arena" folgen.

Pkt.2 **km 1,6** Dem Hauptweg durch die Linkskurve Ri. „El Lagar" folgen. Nach 300 m links, Ri. „Zona Recreativa El Lagar" und stets dem Hauptweg weiter folgen.

Pkt.3 **km 3,6** Geradeaus bergauf bleiben und den Picknickplatz passieren. Nach 600 m den linken Abzweig liegenlassen und geradeaus, Ri. „El Lagar" fahren.

Pkt.4 **km 4,8** Man erreicht das Forsthaus und hält sich an diesem linker Hand vorbei, Ri. „El Portillo". Nach 80 m an der Gabelung den linken Abzweig Ri. „Portillo" liegenlassen und rechts, Ri. „Llano del Hospital" fahren.

Pkt.5 **km 13,0** An der Abzweigung den geradeaus führenden Weg Ri. „Llano del Hospital" verlassen und nach scharf links bergauf abzweigen.

Pkt.6 **km 14,5** An der scheinbaren Gabelung auf dem Hauptweg rechts bleiben.

Pkt.7 **km 17,8** Am Querweg links, Ri. „Torre Incendio".

Pkt.8 **km 24,1** Von rechts oben mündet ein Weg ein, geradeaus bleiben.

Pkt.9 **km 26,9** An der Querstraße rechts bergauf.

Pkt.10 **km 28,3** Man erreicht den Turm am Lomo Vergara, kehrt hier um und fährt zurück zur letzten Abzweigung.

Pkt.11 **km 29,7** An der Abzweigung dem Hauptweg durch die Rechtskurve bergab folgen.

Pkt.12 **km 31,3** An der Gabelung rechts und weiter stets auf dem Hauptweg bergab bleiben.

Pkt.13 **km 33,7** Durch die scharfe Linkskurve bergab, Ri. „La Guancha". Nach 500 m am „Barranco de la Arena" geradeaus bergab, Ri. „Guancha, Zona Recreativa El Lagar". Nach weiteren 200 m den „Campamento Barranco Arena" in gerader Richtung passieren.

Pkt.14 **km 38,4** An der Wegkreuzung den linken Weg liegenlassen und geradeaus auf dem unbeschilderten Weg bergab halten. Man passiert das Forsthaus und fährt geradeaus bergab, Ri. „La Guancha".

Pkt.15 **km 39,0** Den rechten Weg liegenlassen und geradeaus bergab, Ri. „La Guancha" fahren. Nach 600 m wieder geradeaus, Ri. „La Guancha".

Pkt.16 **km 40,5** Gerade auf dem Hauptweg bergab bleiben.

Pkt.17 **km 41,3** An der Weggabelung geradeaus bergab und dem Hauptweg zurück zum Ausgangspunkt folgen.

Varianten

Kürzungsmöglichkeiten: Mit dem Auto zum Picknickgebiet am Pkt.3 auffahren oder bis zum Forsthaus am Pkt.4. Außerdem kann am Pkt.9 die Fahrt zum Lomo Vergara ausgelassen werden.

Erweiterungsmöglichkeiten: Zwischen Pkt.7 und 9 Fahrt zum Llano del Hospital.

Kombinationen

Mit W3 (Verbindung über den Llano del Hospital) oder C6 (W4 bis Pkt.10, C6 Pkt.6-13, C6 Pkt.4-6, W4 ab Pkt.10).

Tips und Hinweise

Auch diese Tour führt in einsamste Regionen und wie für alle Fahrten durch diese Region gilt hier im besonderen ausreichend Verpflegung und Flüssigkeit mitzuführen! Und in einer Gruppe bikt's sich nicht nur lustiger, sondern im Notfall auch sicherer.

Schwarze Lavapisten im Wald-Vulkangebiet. Im Hintergrund der Teide und der Pico Viejo

Einzigartige Bedingungen auf Teneriffa: Singletrails zwischen grünen Kiefern auf schwarzem Lavasand

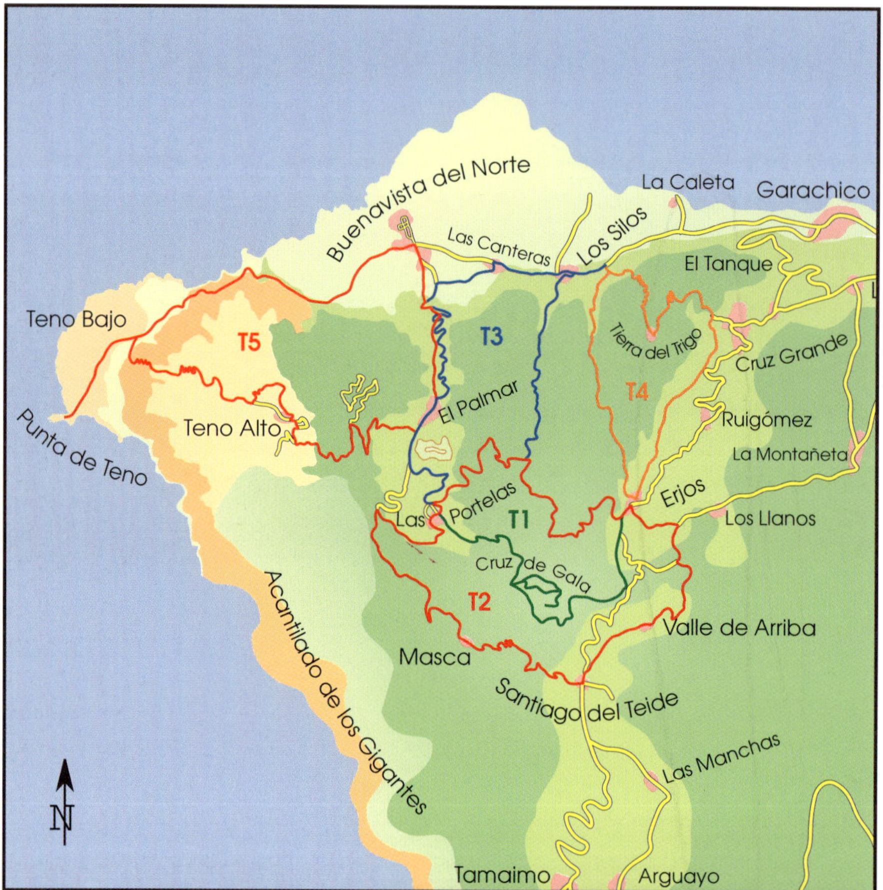
Buenavista del Norte
La Caleta
Garachico
Las Canteras
Los Silos
El Tanque
Teno Bajo
T5
T3
Tierra del Trigo
Cruz Grande
T4
El Palmar
Ruigómez
Teno Alto
La Montañeta
Punta de Teno
Erjos
Las Portelas
T1
Los Llanos
Cruz de Gala
T2
Valle de Arriba
Masca
Santiago del Teide
Acantilado de los Gigantes
Las Manchas
N
Tamaimo
Arguayo

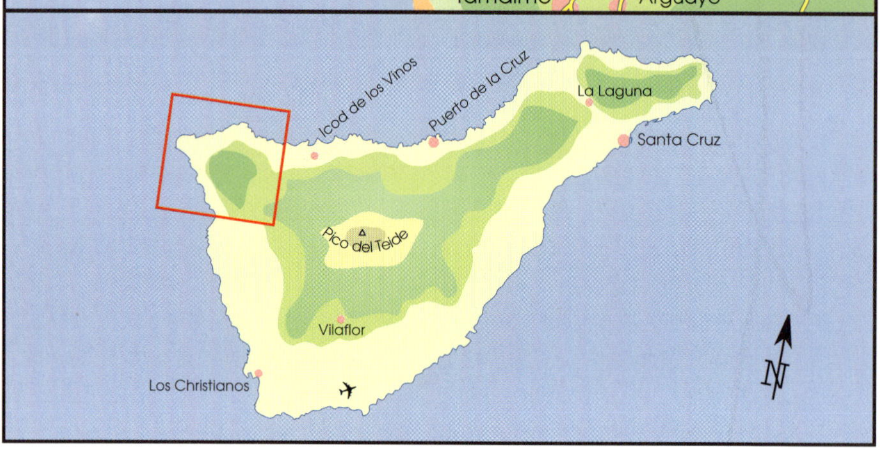
Icod de los Vinos
Puerto de la Cruz
La Laguna
Santa Cruz
Pico del Teide
Vilaflor
Los Christianos
N

DAS TENO-GEBIRGE

EL MACIZO DE TENO

Das Teno-Gebirge gehört gemeinsam mit dem Anaga zum ältesten Teil Teneriffas. Die vulkanischen Erdbildungen wirkten vor etwa 10 Millionen Jahren und die Vulkane sind schon längst zur Ruhe gekommen. So hatten die Erosionsvorgänge entsprechend lange Zeit, diese Landschaft zu formen und ihr das heutige Aussehen zu verleihen. Die weicheren Schichten wurden abgetragen und so kamen die härteren Basaltschlote zum Vorschein, die das Erscheinungsbild des Tenomassivs prägen: tiefe, unbezwingbare Schluchten, die Barrancos, hoch aufragende Bergrücken und uralte Gebirgsstöcke. Zur Küste hin fällt das gesamte Gebirge schroff ab und besonders an der Westküste des dreieckigen Massivs stürzen die Wände mehrere hundert Meter senkrecht zum Meer ab und bilden die Steilküste von Acantilado de Los Gigantes. Die Hafenstadt Los Gigantes, am südlichsten Ausläufer des Tenogebirges, stellt wegen der Aussicht auf die Steilwände ein beliebtes Ausflugsziel von Touristen dar. Im Gegensatz dazu ist die Nordseite des Teno touristisch beinahe unerschlossen und die wenigen Orte und Dörfer zeigen sich ruhig, verschlafen und vor allem typisch teneriffianisch! Und das, obwohl sich diese Seite wesentlich sanfter zeigt, da sich zwischen der Küste und den Gebirgsabfällen eine mehr oder weniger große, flache Ebene gebildet hat. In ihrer gesamten Ausdehnung von der ehemals wichtigsten Hafenstadt Teneriffas, Garachico, über die Orte Los Silos und Buenavista del Norte bis zur Felszunge Punta del Fraile sind riesige Bananenplantagen angelegt, deren Früchte im milden Klima prächtig gedeihen.

Der Gebirgsstock selbst wird durch das Einbruchtal von El Palmar in zwei Hälften geteilt, die unterschiedlichen Charakter haben. Während der westliche Teil um die Hochfläche von Teno Alto von überwiegend baumlosen, relativ sanft geschwungenen Anhöhen geprägt ist, die lediglich zur Küste hin steil abfallen, ist der östliche Teil von artenreichen Nebelwäldern bewachsen und fällt sowohl gegen die Nordseite als auch gegen Süden mit tiefeingeschnittenen Barrancos ab. Die dazwischenliegende Erhebung, das Cruz de Gala, ist der höchste Punkt des Teno mit 1345 m. Gegen Süden ist die Landschaft derart wild, daß keinerlei Wege das Gebirge durchziehen. Das einzige, per Bike erreichbar Ziel, ist das kleine Bergdorf Masca, das zu den schönsten Dörfern Teneriffas gehört. Der äußerst lohnende Weg dorthin führt allerdings über die Straße, andere Wege existieren nicht. Im Gegenzug dazu ist Nordseite des Teno-Gebirges wenigstens von zwei Barrancos durchzogen, die immerhin befahrbar sind, wenn auch nur auf schweren und gefährlichen Trialpfaden.

Mountainbiker erwartet hier eine wilde, zerklüftete Landschaft, auf der ein Teil der Strecken auf Asphalt zurückgelegt werden muß, während der andere Teil mit schwersten Trialaufgaben und Tragestrecken aufwartet. Leichte Touren gibt es in dieser Region keine, selbst die Runde um Masca, die vorwiegend über die

Straße führt, ist durch die Steilheit der Hänge beileibe keine einfache Übung. Am ehesten sei die Runde um das Cruz de Gala empfohlen, die eine abwechslungsreiche Mountainbiketour darstellt und traumhafte Landschaften bietet.

Ein weiteres Hindernis, das uns Bikern sehr zu schaffen macht, ist der Sturm, der häufig über diese Landschaft fegt. Besonders die baumlosen Anhöhen im Westen setzen dem Nordostpassat keinerlei Widerstand entgegen, so daß dieser recht stürmisch über die Bergkämme wehen kann. Etwas geschützter ist der Ostteil, doch auch hier ist man vor den Unbillen der Natur nicht gefeit. In den mittleren und höheren Lagen bildet sich häufig Nebel, oft ragt nur die Spitze des Cruz de Gala aus den Wolken heraus. An solchen Tagen sollte man die Trialrouten durch den Barranco de la Bucaron und den Barranco Cuevas Negras meiden. Besonders die Steinplattenwege in den unteren Teilen beider Schluchten werden bei Näße derart rutschig, daß sich selbst der Abstieg zu Fuß als äußerst schwierig entpuppt. Bei solchen Wetterlagen sollte man an die Masca-Tour denken, denn der Erjos-Paß, der die Nord- und Südseite trennt, ist eine Wetterscheide, an der sich die Wolken der Nordseite auflösen, während der Süden mit strahlenden Sonnenschein glänzen kann.

Beeindruckende Landschaften und schwerste Pfade erwarten den Biker hier, ein wunderschönes Gebiet für kurze, anspruchsvolle Trialrunden. Weder Langstreckenbiker, die gerne 100 km am Tag strampeln, kann dieser Gebirgszug befriedigen, noch werden Einsteiger ihre rechte Freude haben, da die Touren durchwegs schwer sind und immer mit Trialstrecken gerechnet werden muß. Freunde kurzer, schwerer Routen kommen voll auf ihre Rechnung und werden mit schönen Landschaften, tollen Ausblicken und beeindruckenden Barrancos belohnt. Und als Draufgabe findet man am östlichen Eingang in diese Region zwei Badestrände, wobei die Playa de Puertillo von Los Silos aus gemütlich per Rad erreichbar ist. Beach and Bike - eine perfekte Kombination auf Teneriffa!

T1 Cruz de Gala

Mäßig schwere bis schwere Tour

Traumhaft schöne Runde, die alles bietet, was eine echte Bike-Tour ausmacht: tolle Forstwege, knackige Auffahrten, schwere Trialstrecken und schnelle Abfahrten. Verbunden mit dem schönsten Aussichtspunkt des Teno-Gebirges zu einer perfekten Tour!

26,1 km
855 Hm
2:19 Std

Mit 1345 m ist das Cruz de Gala die höchste Erhebung des Teno-Gebirges und entsprechend einzigartig ist der Ausblick über den alten Gebirgsstock des Teno und auf das östlich gelegene Vulkangebiet bis zum Teide.

Schon bei der Anfahrt hat man ab Garachico tolle Einblicke in die Barrancos dieses Gebirges. Der Ausgangspunkt – Las Portelas – ist ein verschlafenes Bergdorf, das – eingebettet in Ackerbauterassen – nur aus wenigen Häusern besteht. Im kleinen Ortskern vor der Kirche startet die Tour und gleich von Beginn an geht's ordentlich zur Sache: unmittelbar hinter dem Ort beginnt der Weg anzusteigen und auf der steilen Piste liegen jede Menge kleinerer und größerer Gesteinsbrocken. Dazwischen ist die Fahrbahn teils ausgewaschen oder führt über kleinere Stufen bergauf. Für Könner ein absoluter Spaß, ist dieser Abschnitt doch durchgehend fahrbar. Lediglich Einsteiger werden an manchen Stellen etwas ins Schwitzen kommen, doch selbst wenn einige Meter geschoben werden müssen, entschädigen die schönen Ausblicke allemal. Immer besser wird die Piste, bis man nach einer guten halben Stunde die erste Anhöhe erreicht, die Cumbre Bolicos. Über der Kuppe wird der Blick freigegeben auf die scharf eingeschnittenen und trotzdem grünen Schluchten, die senkrecht zum Meer abfallen. Einige Schritte weiter vor ergibt sich ein traumhafter Rundblick über die wilde Berglandschaft des Teno-Gebirges bis hinunter zu den Fluten des Atlantiks.

Über schöne Forstwege gelangt man zu einem großen Wegweiser mit der Aufschrift Cruz de Gala, hinter dem die Weiterfahrt durch ein Tor versperrt wird. Da aber der Gipfel offensichtlich noch nicht erreicht ist, übersteigt der beherzte Biker die Böschung, gelangt auf eine asphaltierte Straße und folgt dieser weiter bergauf, bis er bei der großen Fernsehantenne und einem Brandmeldeturm den Gipfel erreicht, der einen der schönsten Ausblicke der ganzen Insel bietet. Über das zerklüftete, schluchtenreiche Teno-Gebirge reicht der Blick bis zur Nachbarinsel La Gomera, gegen Osten erhebt sich majestätisch der Teide und der vorgelagerte Pico Viejo, über die Südseite blickt man bis Los Gigantes und auf der Nordseite erspäht man gerade noch die Senke des Orotava-Tals. Und alles rundherum eingefaßt vom Atlantik! Und wer ganz genau schaut, erkennt sogar im benachbarten Wald-Vulkangebiet die einzelnen Lavaströme, die sich vor gar nicht allzulanger Zeit über die Hänge ergossen haben. Erst dieser Gipfel verdient die Bezeichnung Cruz de Gala.

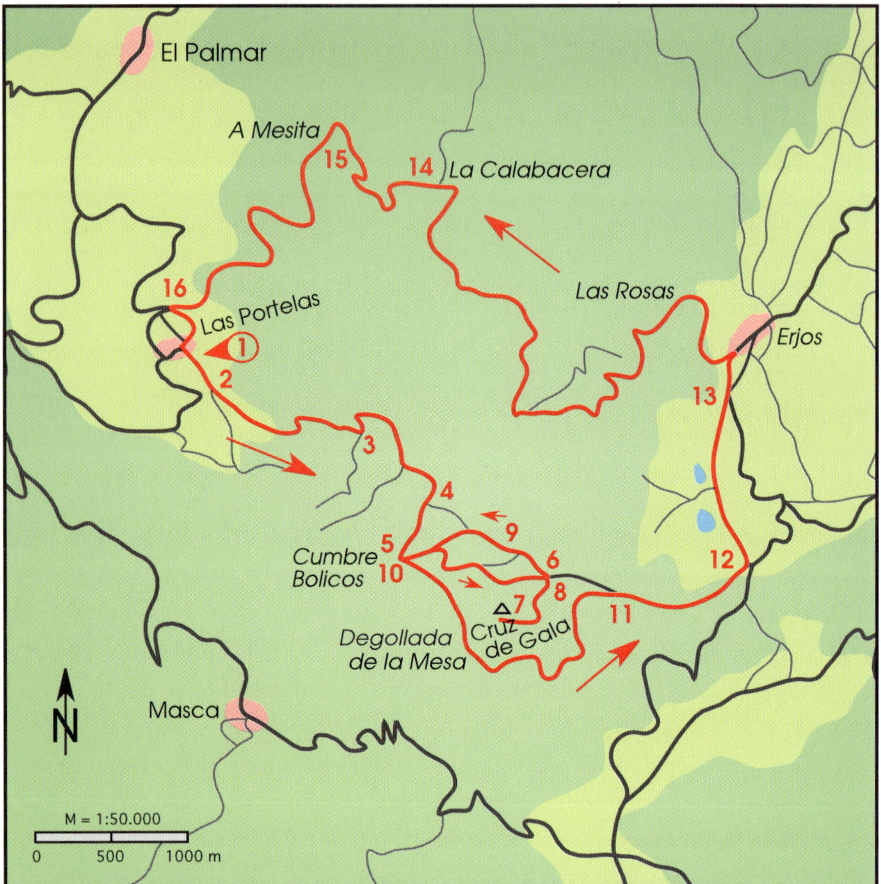
El Palmar
A Mesita
15
14
La Calabacera
16
Las Portelas
1
2
Las Rosas
Erjos
13
3
4
9
5
Cumbre
Bolicos
10
6
8
12
7
Cruz
de Gala
11
Degollada
de la Mesa
Masca
N
M = 1:50.000
0
500
1000 m

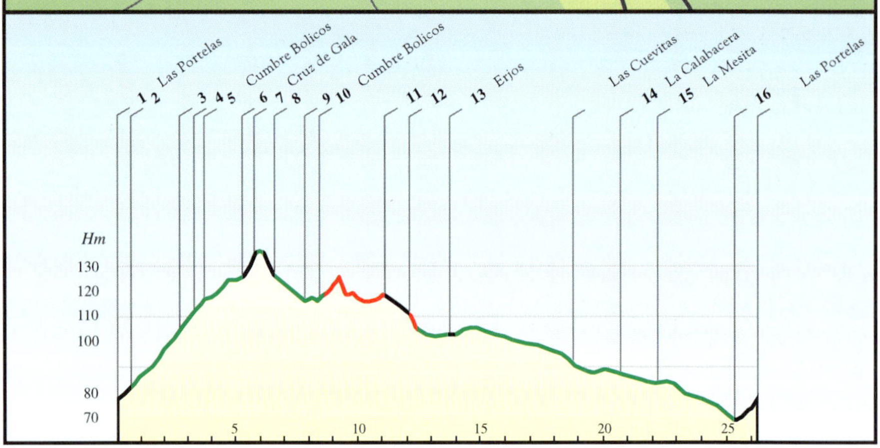
1 2 Las Portelas
3 4 5 Cumbre Bolicos
6 7 Cruz de Gala
8
9 10 Cumbre Bolicos
11 12
13 Erjos
Las Cuevitas
14 La Calabacera
15 La Mesita
16 Las Portelas
Hm
130
120
110
100
80
70
5
10
15
20
25

Von hier aus stehen zwei Varianten offen. Wer gemütlich und ohne weitere Anstrengung zurückfahren will, folgt einfach der Asphaltstraße bergab und erreicht problemlos Erjos. Der unausgelastete Freak rollt allerdings zur Cumbre Bolicos zurück, von wo aus ein abenteuerlicher Pfad über die Degollada de la Mesa führt. Auf schmalster, felsiger Fahrbahn überfährt man am steil abfallenden Hang den kleinen Sattel und steigt von dort über ein Steinfeld zu einem Karrenweg ab, der wieder zur Straße führt. Für Trialfahrer eine Pflichtveranstaltung, wenn auch nicht ganz ungefährlich.

Von der letzten Zwischenstation, dem kleinen Ort Erjos, beginnt nun die Traumabfahrt zurück nach Portelas. Mitten durch den herrlichen, artenreichen Nebelwald führt die Forstpiste stets abwärts. Begleitet vom Zwitschern der Kanarienvögel segelt der Biker zu Tale und trudelt beschwingt in Las Portelas ein, wo man am liebsten sofort wieder starten möchte, um die nächste Tour zu fahren....!

Charakteristik

Fahrbahnen

Asphalt	3,5 km
Piste	16,4 km
Karrenwege	4,8 km
Pfade	1,4 km

Schwierigkeiten

leicht	13,1 km
mittel	6,2 km
schwer	5,7 km
extrem	1,1 km

Schiebe-/Tragestrecken

1) 2 min/100 m bergauf

2) 5 min/400 m bergab

Rast/Verpflegung

Bar/Restaurant in Portelas und Erjos.

Karten

Mapa Militar de España: 76-79 „Icod de los Vinos" + 76-80 „Santiago del Teide" +75-80 „Las Portelas" (Serie 5V 1:25.000)

Steile und steinige Schotterpiste zu Beginn, ab der Cumbre Bolicos besser werdend, stellenweise verwachsen. Über die Degollada de Mesa sehr schmaler Fußpfad durch die Felsen, teils ausgesetzt und rutschig. Schwieriger Abstieg durch ein Steinfeld und anschließend kurze, steile Abfahrt nach Erjos. Ab dort ausgezeichnete Forststraße zurück.

Fahrstrecke

0,0	Las Portelas	774	0:00
3,7	Cumbre Bolicos	1162	0:35
5,2	Cruz de Gala	1264	0:47
5,9	Fernsehturm	1354	0:52
14,0	Erjos	1002	1:33
18,8	Las Cuevitas	892	1:49
26,1	Las Portelas	774	2:19

Routenführung

Ausgangspunkt: Las Portelas

Anfahrt von Puerto de la Cruz: Von Puerto de la Cruz über die Schnellstraße nach Westen, Ri. „Icod de los Vinos". Nach 23 km alle Abzweigungen nach Icod de los Vinos liegenlassen und auf der Hauptstraße bleiben. Nach weiteren 15 km erreicht man „Buenavista del Norte".

Fahrt zum Startplatz: In Buenavista links bergauf, Ri. „Barrio de la Palmar, Barrio de la Cuesta, Barrio de Teno Alto,..., Masca". Nach 9 km erreicht man Las Portelas und zweigt nach links in den Ort ab, Ri. „Centro Cultural de las Portelas, Iglesia de NTRA. SRA. Del Carmen". Nach 300 m vor der Kirche parken.

Alternativer Startpunkt: Erjos (kürzere Anfahrt von Puerto de la Cruz)

Pkt.1	**km 0,0**	An der Kirche vorbei, in Anfahrtsrichtung weiter bergauf. Nach 100 m an der Gabelung auf den rechten flacheren Weg (gelbe „Sendero-Touristica"-Schilder auf den Laternenmasten).
Pkt.2	**km 0,5**	Unmittelbar hinter dem großen, betonierten Wasserbehälter auf den links bergauf führenden Weg (nicht gerade durch die Kette).
Pkt.3	**km 2,7**	An der Gabelung auf dem linken Hauptweg bleiben.
Pkt.4	**km 3,2**	Am „El Cercado" geradeaus, Ri. „Cumbre Bolicos".
Pkt.5	**km 3,7**	100 m nach dem großen Haus erreicht man die „Cumbre Bolicos". Hier dem Hauptweg durch die Linkskurve bergauf folgen. Nach 400 m auf den rechts steil bergauf führenden Weg abzweigen.
Pkt.6	**km 5,2**	Am „Cruz de Gala" erreicht man eine Weggabelung. Der Weg nach rechts ist durch ein Tor abgesperrt. Das Rad neben dem großen Wegweiser rechter Hand über die Böschung tragen, dahinter an der asphaltierten Straße rechts bergauf.
Pkt.7	**km 5,7**	Auf der Schotterstraße den Fernsehturm linker Hand passieren, nach 200 m am Brandmeldeturm umkehren und auf der Straße zurück zum Cruz de Gala.
Pkt.8	**km 6,5**	In der zweiten Rechtskehre nach links über die Böschung zurück zum „Cruz de Gala". Hier die linke Forststraße des Anfahrtsweges liegenlassen und auf der halbrechts weggehenden Schotterstraße bergab fahren.
Pkt.9	**km 7,9**	Am Wegeviereck geradeaus halten (nicht links, nicht rechts). Nach 200 m den Abzweig nach links liegen lassen und geradeaus bleiben.
Pkt.10	**km 8,4**	Man erreicht erneut die „Cumbre Bolicos" und folgt dem Fußweg scharf links an den Resten eines verfallenen Hauses vorbei, Ri. „El Saltadero". Der Pfad führt durch ein kleines Wäldchen und bald über Steinplatten bergauf. Nach 300 m gabelt sich der Weg und man bleibt geradeaus

unbeschildert rechts am Wegweiser vorbei. Diesem Weg bergauf folgen, über die Kuppe und auf der anderen Seite bergab. Bei km 9,5 dem beginnenden Karrenweg folgen.

Pkt.11 **km 11,1** An der asphaltierten Straße rechts bergab.

Pkt.12 **km 12,1** Bevor die Straße steiler bergab führt, erreicht man eine kleine Steinsäule am „El Peladero" (= 250 m vor der Hauptstraße).Hier zweigt man auf den schmalen Weg ab, der linker Hand der Asphaltstraße anfangs steil bergab führt. Nach 300 m wird der Weg besser und breiter. Auf diesem läßt man alle Abzweigungen nach links und rechts liegen und folgt stets dem Hauptweg geradeaus.

Pkt.13 **km 13,7** Man erreicht die Asphaltstraße und fährt auf dieser links bergab (nicht gerade in den Ort hinein). Nach 300 m zweigt man genau gegenüber dem kleinen rot-weißen Ortsschild „Erjos" und dem Forsthaus auf die Schotterstraße nach links ab. Nach weiteren 300 m auf dem linken Weg bleiben. Auf dieser Schotterstraße stets bleiben, an allen Abzweigungen vorbei. (km 14,8 am „Las Rosas" Ri."Las Cuevitas"; km 18,8 am „Las Cuevitas" Ri."La Calabacera")

Pkt.14 **km 20,7** Am „La Calabacera" gerade, Ri. „La Mesita".

Pkt.15 **km 22,2** Am „A Mesita" durch die Linkskurve bergauf, Ri. „Lancito".

Pkt.16 **km 25,3** Man erreicht die Asphaltstraße und folgt ihr links bergauf, ohne abzuzweigen. Nach 500 m links, Ri. „Centro Cultural de las Portelas, Iglesia de NTRA. SRA. Del Carmen" abzweigen, nach 300 m zurück am Ausgangspunkt.

Variante

Auslassen des Trialpfades über die Degolada: am Pkt.8 gerade bergab, bei km 8,0 am Pkt.12.

Kombinationen

Mit T3 oder T4: Verbindung jeweils über Las Portelas und Erjos (Die Kombination T1-T3 ist für Profis wohl eine der schönsten Touren Teneriffas!)

Mit W1: Verbindung von T1, Pkt.12 nach Los Llanos, retour über Erjos.

Tips und Hinweise

Auf der Straße zwischen dem Cruz de Gala und dem Fernseh- bzw. dem Feuerturm stand noch vor kurzem ein Fahrverbotsschild. Dieses wurde entfernt (die Frage ist nur, von wem). Die Ausblicke von oben sind allerdings einzigartig – ein Abstecher lohnt auf jeden Fall. (Notfalls schieben!)

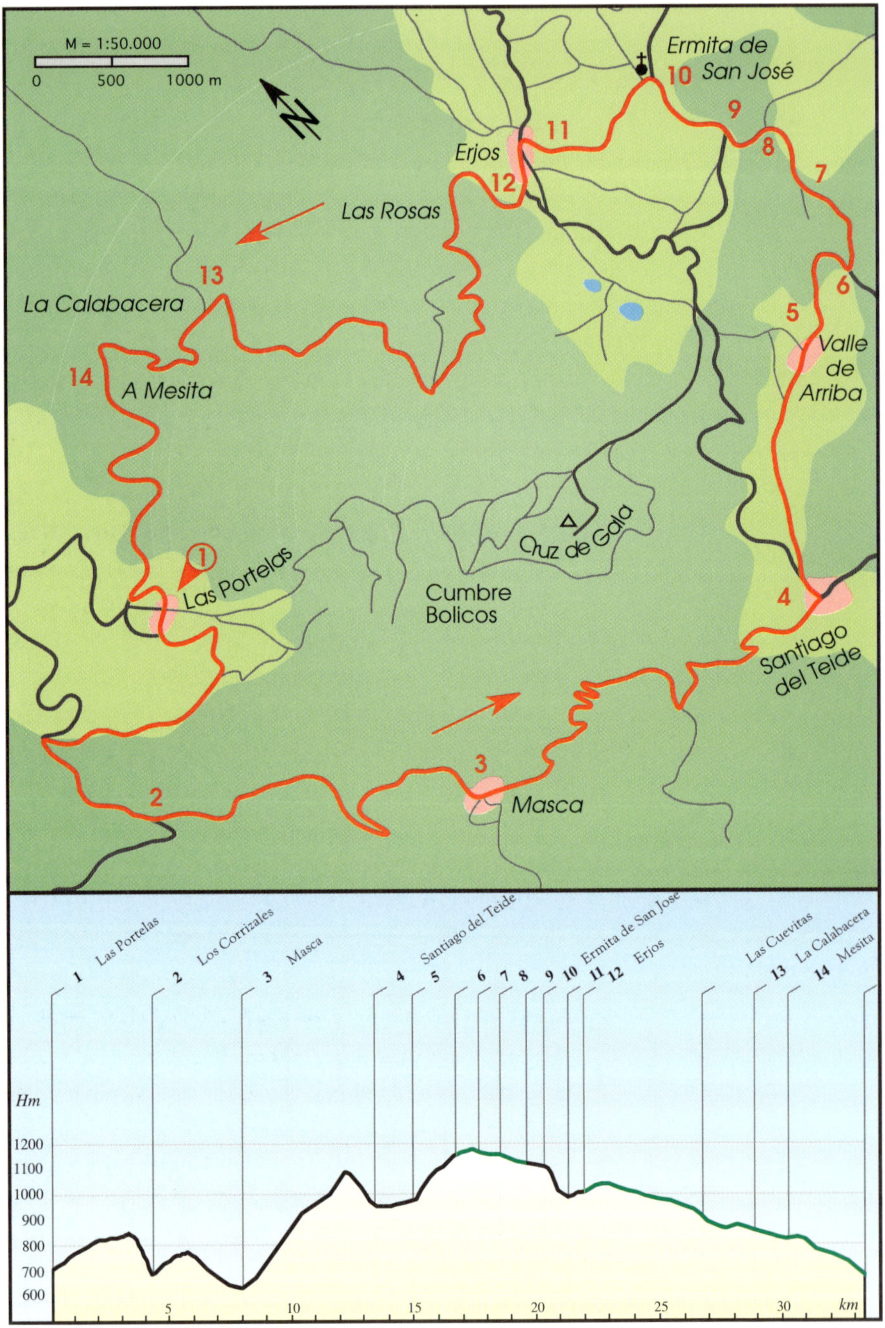
M = 1:50.000
0 500 1000 m
N
Ermita de San José
10
9
8
7
6
5
11
Erjos
12
Las Rosas
13
La Calabacera
14
A Mesita
Valle de Arriba
Cruz de Gala
1
Las Portelas
Cumbre Bolicos
4
Santiago del Teide
3
Masca
2
1 Las Portelas
2 Los Corrizales
3 Masca
4 Santiago del Teide
5
6
7
8
9
10 Ermita de San Jose
11
12 Erjos
Las Cuevitas
13 La Calabacera
14 Mesita
Hm
1200
1100
1000
900
800
700
600
5
10
15
20
25
30
km

T2 Masca

Mäßig schwere bis schwere Tour

Lange Asphalttour zum schönsten Dorf Teneriffas. Abenteuerliche Fahrt durch enge Serpentinen über Bergrücken und durch Schluchten. Schöne Waldabfahrt als Abschluß, Supertour für Asphaltbiker!

33,3 km
1004 Hm
2:24 Std

Das abgelegene Bergdorf Masca zählt mit Sicherheit zu den schönsten Dörfern Teneriffas, wenn es nicht tatsächlich das schönste ist. Mitten in den Berghängen gelegen, von tiefen Barrancos umsäumt, stellen die wenigen Häuser einen einzigartigen Kontrapunkt zu der wilden Landschaft dar. Bis Mitte der siebziger Jahre war der Ort nur über schmale, verschlungene Fußwege erreichbar und drohte in dieser unzugänglichen Region auszusterben, bis sich ein ehrgeiziger Bürgermeister für den Straßenbau einsetzte. Mit unglaublicher Eigeninitiative und kräftiger Unterstützung von Ausgewanderten begannen die wenigen Einwohner mit der Asphaltierung der Trasse, die den Ort heute mit Santiago del Teide verbindet. Das sterbende Dorf erwachte wieder zum Leben, Touristen kamen, um den Ort zu besuchen, Restaurants wurden eröffnet und ein gewisser Wohlstand kehrte ein.

Diese Straße, die nun durchgehend von Las Portelas über Masca bis Santiago führt, stellt auch die einzige Möglichkeit dar, nach Masca zu gelangen. Wanderwege gibt es keine, geschweige denn Karrenwege oder Forststraßen. Auch der härteste Offroader ist somit gezwungen, seine Stollenreifen über glatten Asphalt gleiten zu lassen. Somit ist diese Runde eigentlich keine echte Mountainbiketour, lediglich der zweite Abschnitt zwischen Santiago del Teide und Portelas führt über Forst- und Schotterpisten. Biker, die eine Aversion gegen Asphalttouren haben, sind hier fehl am Platz, alle anderen werden mit traumhaften Landschaften gelockt und der Verkehr - zum überwiegenden Anteil Ausflugsfahrten - hält sich in Grenzen.

Die Straße zwischen Santiago del Teide und Masca ist in sehr gutem Zustand. Sie wurde verbreitert und mit Steinpollern gesichert, während sie sich durch die steilen Hänge der Barrancos windet. Wesentlich abenteuerlicher ist die Fahrt von Las Portelas über den ersten Kamm, die Cumbre del Carrizal und wieder hinab nach Masca. Auf diesem ersten Abschnitt ist die Straße extrem schmal, so daß man selbst als Biker vor Gegenverkehr auf der Hut sein muß. Vor allem bei der Abfahrt führt die Straße direkt durch den Fels und die durchwegs unübersichtlichen Kurven und Kehren sind echt gefährlich. Um so beeindruckender ist die Fahrt durch die felsigen Schluchten. Und mitten in dieser unwegsamen Region liegt der Ort Masca. Aufgrund des Geländes gibt es keinen geschlossenen Ort, sondern die Häuser liegen in kleinen Gruppen verstreut auf mehreren Bergrücken. Wie kleine Oasen erscheinen die Häusergruppen, dazwischen wurde der Hang sorgfältig terrassiert und bewässert, viermal jährlich werden hier Kartoffeln geerntet. Dazwischen stehen einzelne Obst- und Zitrusbäume und die besonders auffälligen Dattelpalmen, aus denen die teneriffianischen Spezialitäten Palmwein und Palmhonig hergestellt werden.

Als Tourist fühlt man sich beinahe als Störenfried in dieser friedlichen Umgebung, nur die Tatsache, mit dem Bike gekommen zu sein, kann positiv angerechnet werden. Und tatsächlich muß sich dieser Besuch kräftig erarbeitet werden, denn von Masca aus beginnt die Straße wieder anzusteigen und schlängelt sich recht steil über Serpentinen bergauf. Keuchend strampelt man auf die Kuppe zu, und als diese endlich erreicht ist, muß man entsetzt feststellen, daß die Straße noch weiter bergauf führt und der Scheitelpunkt erst hoch oben am Berg liegt. Nach rasanter Abfahrt gelangt man nach Santiago del Teide, von wo aus der letzte Anstieg bevorsteht. Eine steiles Asphaltband zieht von der kleinen Ortschaft Valle de Arriba in eine einsame Berglandschaft hoch, um bald als verwinkelte und teils schlechte Schotterpiste nach Erjos zu führen. Hier beginnt eine gute Schotterpiste, die in wunderschöner Fahrt zurück nach Las Portelas führt. Nach fast zwölf Kilometern Traumpiste durch den kühlen Nebelwald erreicht man schließlich den Ausgangspunkt und kann in der Bar „El Cruze" diese landschaftlich erstklassige Runde abschließen.

Charakteristik

Fahrbahnen

Asphalt	19,2 km
Piste	13,2 km
Karrenwege	0,9 km
Pfade	0,0 km

Schwierigkeiten

leicht	16,1 km
mittel	7,3 km
schwer	9,9 km
extrem	0,0 km

Schiebe-/Tragestrecken: keine

Rast/Verpflegung

Las Portelas, Masca, Santiago del Teide, Erjos

Karten

Mapa Militar de España: 76-79 „Icod de los Vinos" + 76-80 „Santiago del Teide" +75-80 „Las Portelas" (Serie 5V 1:25.000)

Asphaltstraße am Beginn sehr eng, stellenweise steil, durchgehend guter Belag, etwas Verkehr. Anstrengende Auffahrten, schnelle Abfahrten. Steile Asphaltstraße hinter Valle de Arriba, dann schlechte Schotterwege bis zur Ermita, aber wenig steil. Forststraße zwischen Erjos und Las Portelas mit bestem Untergrund, gegen Ende etwas ausgewaschen, bestens fahrbar.

Fahrstrecke

0,0	Las Portelas	700	0:00
4,5	Los Corrizales	685	0:23
8,0	Masca	630	0:38
13,5	Santiago del Teide	943	1:12
20,4	Ermita de San Jose	1126	1:41
22,0	Erjos	1002	1:44
33,3	Las Portelas	700	2:24

Routenführung

Ausgangspunkt: Las Portelas

Anfahrt von Puerto de la Cruz: Von Puerto de la Cruz über die Schnellstraße nach Westen, Ri. „Icod de los Vinos". Nach 23 km alle Abzweigungen nach Icod de los Vinos liegenlassen und auf der Hauptstraße bleiben. Nach weiteren 15 km erreicht man „Buenavista del Norte".

Fahrt zum Startplatz: In Buenavista links bergauf, Ri. „Barrio de la Palmar, Barrio de la Cuesta, Barrio de Teno Alto,..., Masca" abzweigen. Nach 8,6 km zweigt nach einer Bushaltestelle und 100 m nach dem Schild Ri. „Masca, Santiago del Teide" eine Schotterstraße nach links ab, Ri. „Monte del Agua".

Hier beginnt die Tour, Parkmöglichkeit am Beginn der Schotterstraße.

Alternative Startpunkte: Erjos (kürzere Anfahrt von Puerto de la Cruz), Santiago del Teide

Pkt.1 **km 0,0** Die Asphaltstraße in Anfahrtsrichtung weiter bergauf befahren, nach 300 m Las Portelas passieren und alle Abzweigungen liegenlassen. Der Straße bergauf folgen, über die Kuppe und wieder bergab.

Pkt.2 **km 4,5** Den Abzweig nach rechts, Ri. „Los Carezedas" liegen lassen und der Hauptstraße bergauf folgen. Nach 1,5 km die Kuppe überfahren und hinab nach Masca.

Pkt.3 **km 8,0** Man erreicht Masca und bleibt auf der Straße geradeaus durch (ein Abstecher lohnt unbedingt!). Nach 4,2 km über die Kuppe und wieder bergab.

Pkt.4 **km 13,5** In Santiago del Teide an der Querstraße links bergauf. Nach 400 m rechts Ri. „Valle de Arriba" abzweigen.

Pkt.5 **km 15,0** An der Gabelung rechtwinkelig nach rechts abzweigen (die gerade Straße endet nach 180 m). Nach 300 m an der Gabelung links in die „Calle San Fernando" fahren und auf dieser steil bergauf, nicht abzweigen (bei km 15,7 passiert man eine Galeria).

Pkt.6 **km 16,8** In einer Rechtskurve geradeaus auf die schmälere Schotterstraße abzweigen (zwischen zwei niederen Steinmauern) und auf dieser gerade bergauf fahren. Nach 200 m an der Gabelung auf den linken Ast abzweigen (fast rechtwinkelig). Nach weiteren 300 m den linken Abzweig liegenlassen und dem Hauptweg durch die Rechtskurve bergauf folgen. Nach 30 m an der Gabelung auf dem linken unteren Weg bleiben (nicht rechts bergauf).

Pkt.7 **km 17,7** Nach kurzer Abfahrt an der großen Gabelung geradeaus bleiben (nicht scharf links). Nach 400 m den rechten Abzweig liegenlassen.

Pkt.8 **km 18,6** Man erreicht am „Corral Nuevo" eine 4er-Gabelung und fährt auf der unbeschilderten Schotterpiste links bergab.

Pkt.9 **km 19,6** An der Asphaltstraße, am „Pino de Coro" rechts.

Pkt.10 **km 20,4** Von der Hauptstraße nach links, Ri. „Ermita de San José, Erjos" abzweigen, nach 100 m links an der Kirche vorbeifahren und der asphaltierten Straße Ri. „Erjos" bergab folgen.

Pkt.11 **km 21,3** An der Gabelung zwischen den Häusern rechts, nach 400 m links am Platz vorbeifahren und nach wenigen Metern an der Hauptstraße links bergauf.

Pkt.12 **km 22,0** Genau gegenüber des Hauses „Casa forestal" auf die Schotterstraße nach rechts abzweigen. Nach 300 m auf dem linken Weg bleiben. Auf dieser Schotterstraße stets bleiben, an allen Abzweigungen vorbei. (km 22,8 am „Las Rosas" Ri. „Las Cuevitas"; km 26,8 am „Las Cuevitas" Ri. „La Calabacera")

Pkt.13 **km 28,7** Am „La Calabacera" geradeaus, Ri. „La Mesita".

Pkt.14 **km 30,2** Am „A Mesita" durch die Linkskurve bergauf, Ri. „Lancito", nach 3,1 km zurück am Ausgangspunkt.

Variante

Abstecher zum Cruz de Gala: Bei km 13,9 geradeaus, nach 2 km an der Kuppe links bergauf, nach 1,8 km rechts über die Böschung (bei einem Tor und Wegweiser) (gerade bergauf noch 600 m zum Gipfel). Hinter dem Tor auf die linke Forststraße, nach 1,1km links. Bei km 23,4 auf die Straße geradeaus, nach 800 m an der Hauptstraße rechts. (24,5 km/1166 Hm/2:02 Std)

Kombinationen

Mit T3, T4 oder T5 (Verbindung über Las Portelas)

Mit W1: T2, Pkt.9 = W1, Pkt.12

Tips und Hinweise

Etwas unterhalb von Las Portelas wird zur Zeit eine neue, breitere Verbindungsstraße über die Cumbre de Baracan zur bestehenden Straße gebaut. Dadurch wird das erste Stück der Tour von Las Portelas auf die Cumbre de Carrizal vermutlich kaum mehr befahren sein.

Eine der schönsten Wanderungen Teneriffas führt von Masca durch den Barranco de Masca zur Playa de Masca. Tief unten wandert man durch eine enge, teils überhängende Schlucht um unzählige Winkel und Ecken herum, über ungesicherte Holzstege und Steinbrocken, bis man mit gutem Timing an der Playa de Masca die Fähre nach Los Gigantes besteigen kann.

T3 Barranco Bucaron

Schwere Tour

Atemberaubende Trialfahrt mitten durch den Barranco de la Bucaron. Sowohl landschaftlich als auch fahrtechnisch sensationell – die perfekte Trialtour!

31,0 km
808 Hm
2:07 Std

Die wild zerklüftete Berglandschaft im nördlichen Teno-Gebirge findet ihren fahrtechnischen Höhepunkt mit Sicherheit im Barranco de la Bucaron. Kaum sonst wo vereint sich eine grandiose Landschaft in derart perfekter Weise mit einem tollen Trialpfad. Mitten durch die Schluchten des Barrancos, über Bergrücken, an Nebentälern vorbei und im Balanceakt an der Steilwand entlang schlängelt sich ein Fußweg, der einen unvergeßlichen Eindruck hinterläßt.

So grandios die Trialfahrt ist, so gemütlich und unspektakulär beginnt die Tour in dem kleinen Ort Los Silos. Eine schmale Nebenstraße, eingekesselt zwischen den Hausmauern, leitet nach Buenavista del Norte, von wo aus eine relativ lange, aber gemütliche Auffahrt über El Palmar nach Las Portelas beginnt. Wer schon den ersten Teil der Tour etwas knackiger gestalten will, wählt den Auffahrtsweg der Tour T5 (s. Varianten) und fährt auf kleinen Verbindungswegen, Abkürzungen und Nebenstraßen mit teils gewaltigen Steigungen nach El Palmar auf. Von dort geht's gemütlich nach Las Portelas weiter, wo eine Schotterstraße abzweigt, die mit herrlichen Ausblicken auf das nördliche Teno-Gebirge aufwarten kann. Schon bald taucht man in den kühlen, artenreichen Nebelwald ein und erreicht nach kurzer Fahrt an der Icona-Steinsäule „La Calabacera" die entscheidende Abzweigung. Von einer Holzschranke sollte sich niemand abschrecken lassen und auf den Karrenweg abzweigen, der in schöner Fahrt den kleinen Pico de los Villanos umrundet und zum „Las Morades" führt.

War die Tour bis hierher noch eine gemütliche Sonntagsfahrt, beginnt das Trialherz beim Anblick des abzweigenden Weges höher zu schlagen. Ein steiler Fußweg führt in den Barranco hinein und das Abenteuer beginnt. Anfangs als schmaler Waldweg leitet der Pfad durch den dichten Wald, an einigen Abzweigungen vorbei, vereinzelt hängen Icona-Wanderschilder an den Bäumen, bis der Baumbestand immer spärlicher wird und den Blick freigibt auf einen atemberaubenden Barranco. Eine tiefe Schlucht windet sich durch das Felsmassiv, schroff und steil fallen die Wände ab und doch ist alles grün bewachsen. Zweifelnd blickt der Biker in den Barranco hinab, sucht in den Wänden vergeblich nach dem Wegverlauf. Nicht einsehbar windet sich der schmale Pfad irgendwo an den Wänden entlang, abwärts, dem Verlauf des Barrancos folgend. Im blinden Vertrauen balanciert der Trialpilot entlang des schmalen Weges, passiert abgerutschte Stellen, überwindet Stufen und Felsen, sehr skeptisch, ob der Weg nicht doch irgendwo abrupt endet. Doch das Glück verläßt den Biker

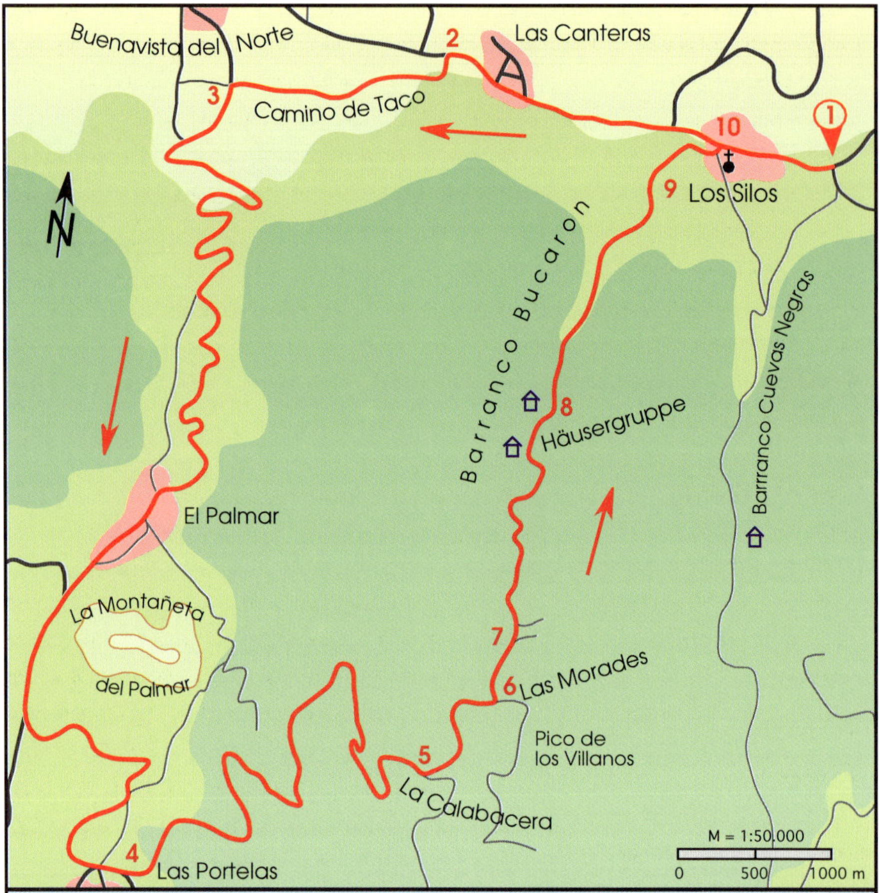

Buenavista del Norte
Las Canteras
Camino de Taco
Los Silos
N
Barranco Bucaron
Häusergruppe
Barrranco Cuevas Negras
El Palmar
La Montañeta del Palmar
Las Morades
Pico de los Villanos
La Calabacera
Las Portelas
M = 1:50.000
0 500 1000 m
1 2 3 4 5 6 7 8 9 10

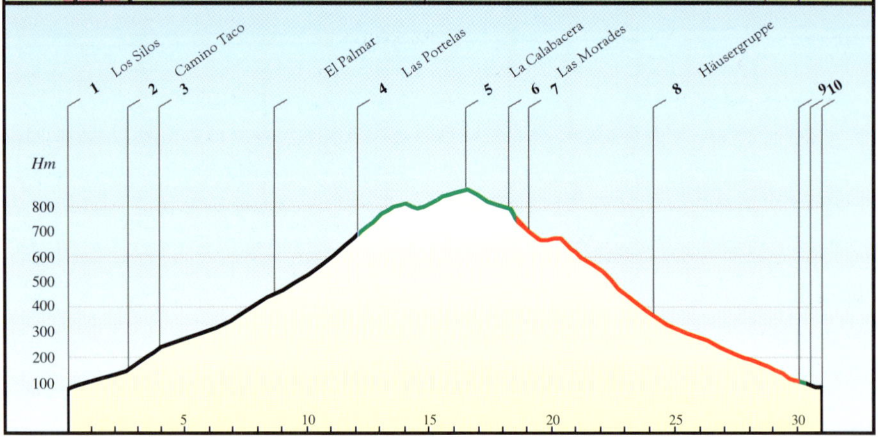

1 Los Silos
2
3 Camino Taco
El Palmar
4 Las Portelas
5 La Calabacera
6
7 Las Morades
8 Häusergruppe
9 10
Hm
800
700
600
500
400
300
200
100
5
10
15
20
25
30

nicht, der Weg führt tatsächlich weiter durch diese rauhe Landschaft. Und für Könner sollte er noch dazu durchgehend befahrbar sein! Doch Vorsicht -- nicht selten geht's direkt am Abgrund entlang und das Risiko muß gut kalkuliert werden! Nachdem sich der Barranco etwas aufweitet, passiert man zwei dem Verfall preisgegebene Häusergruppen und folgt von hier an einem Steinplattenweg abwärts, der auch schwierig und steil ist, aber für geübte Trialfahrer ebenfalls durchgehend befahrbar sein sollte. Zu guter Letzt überquert man auf einer alten Steinbrücke den Bachlauf, bevor den aufatmenden Biker eine Schotterpiste empfängt, die durch reiches Anbaugebiet mitten in den Ortskern von Los Silos führt.

Diese Runde gehört sicherlich zu den ganz besonderen Touren Teneriffas und stellt für erfahrene und geübte Piloten eine landschaftlich und fahrtechnisch einmalige Herausforderung dar. Wer allerdings - zu Recht - vor den doch vorhandenen gefährlichen Stellen zurückschreckt, sollte diese - wie auch alle weiteren Touren dieser Region - besser meiden und die Schönheit des Teno-Gebirges auf den beiden ersten Routen auf weitaus weniger gefährlichen Strecken genießen....

Charakteristik

Fahrbahnen

Asphalt	12,8 km
Piste	4,5 km
Karrenwege	1,9 km
Pfade	11,8 km

Schwierigkeiten

leicht	6,3 km
mittel	10,4 km
schwer	8,5 km
extrem	5,8 km

Schiebe-/Tragestrecken

Je nach Fahrkönnen einige Meter bergab.

Rast/Verpflegung

Bars/Restaurants in El Palmar und Las Portelas.

Karten

Mapa Militar de España:

75-79 „Buenavista del Norte" + 75-80 „Las Portelas"

+ 76-79 „Icod de los Vinos" (Serie 5V 1:25.000)

Lange, nur mäßig steile und problemlose Asphaltauffahrt, sehr gute Forststraße zum La Calabacera und guter Karrenweg zum Las Morades. Ab dort sehr schmaler Fußweg durch den Barranco. Großteils fester Untergrund, nur teilweise felsig, stellenweise sehr steil. Durchgehend schmal und einige Male exponiert, gutes Gleichgewicht erforderlich, nur für Trialfahrer! Gegen Ende über kleine, holprige Steinplatten.

Fahrstrecke

0,0	Los Silos	92	0:00
8,7	El Palmar	508	0:34
12,1	Las Portelas	700	0:57
16,6	La Calabacera	865	1:22
18,3	Las Morades	790	1:29
24,1	Häusergruppe	410	1:48
31,0	Los Silos	92	2:07

Routenführung

Ausgangspunkt: Los Silos

Anfahrt von Puerto de la Cruz: Von Puerto de la Cruz über die Schnellstraße nach Westen, Ri. „Icod de los Vinos". Nach 23 km alle Abzweigungen nach Icod de los Vinos liegenlassen und auf der Hauptstraße bleiben (Ri. „Buenavista").

Fahrt zum Startplatz: Nach 6,4 km passiert man Garachico. 11,1 km nach Icod erreicht man das kleine, rot-weiße Ortsschild „Los Silos" (1,4 km nach einem grünen Schild „Municipio de Los Silos"). Gegenüber dem Ortsschild befindet sich rechter Hand der Straße ein Sandplatz, der teilweise von einem niedrigen Zaun eingegrenzt ist.

Hier beginnt die Tour, Parkmöglichkeit auf eben diesem Sandplatz.

Alternative Startpunkte: Los Silos am Platz vor der Kirche, Buenavista del Norte, Las Portelas

Pkt.1 **km 0,0** Der Hauptstraße in Anfahrtsrichtung in den Ort Los Silos hinein folgen und geradeaus durchfahren.

Pkt.2 **km 2,7** 150 m nach dem Schild „Barrio de las Canteras" zweigt nach links hinter der Hausecke (vor einer Bushaltestelle) der unscheinbare „Camino de Taco" ab. Dieser schmalen Straße folgen, nach 150 m an der Querstraße rechts und nun stets der asphaltierten Straße folgen (nach 800 m rechts).

Pkt.3 **km 4,0** Man mündet an der Hauptstraße und folgt dieser links bergauf. Alle Abzweigungen liegenlassen und stets auf der Hauptstraße bleiben.

Pkt.4 **km 12,1** Nach einer Bushaltestelle und 100 m nach dem Schild Ri. „Masca, Santiago del Teide" zweigt in einer Rechtskurve eine Schotterstraße geradeaus ab, Ri. „Monte del Agua". Dieser anfangs breiten Schotterstraße folgen und alle Abzweigungen unberücksichtigt lassen.

Pkt.5 **km 16,6** Man erreicht die Steinsäule „La Calabacera" und zweigt hier nach links durch die Schranke auf die schmälere Straße Ri. „Las Morades" ab.

Pkt.6 **km 18,3** Am „Las Morades" den Hauptweg verlassen und auf den Fußweg nach links steil bergab, Ri. „Los Lavaderos" abzweigen.

Pkt.7 **km 19,1** An der Gabelung auf den linken Ast halten und am „Sendero Touristica"-Schild vorbei. Nach 300 m den scharf rechts abzweigenden Weg liegen lassen und dem Hauptweg geradeaus folgen (am „Sendero Touristica"-Schild vorbei).

Pkt.8 **km 24,1** An der zweiten Häusergruppe dem Weg direkt an den Häusern vorbei folgen.

Pkt.9 **km 30,1** Man erreicht einen Schotterweg und folgt diesem geradeaus weiter. Nach 200 m an der Asphaltstraße links bergab, Ri. „Susana".

Pkt.10 **km 30,5** Am Hauptplatz bei der Kirche auf die Hauptstraße zuhalten und dieser nach rechts zurück zum Ausgangspunkt folgen.

Varianten

Alternative Auffahrten: Entweder über die Route T5 oder von Los Silos über Tierra del Trigo nach Erjos (T4) und auf einer Schotterpiste zum La Calabacera.

Kombinationen

Mit T1 oder T2 (Verbindung jeweils über Las Portelas), eventuell mit T5

Tips und Hinweise

Dies ist eine jener Touren, die man nicht alleine unternehmen sollte. Der Barranco Bucaron ist eine einsame Schlucht und so atemberaubend die Fahrt auch ist, so gefährlich kann sie werden. Denn man wartet mit Sicherheit mehrere Tage oder noch länger auf einen Passanten, der im Notfall Hilfe holen könnte, so daß ein Sturz lebensgefährlich werden kann!

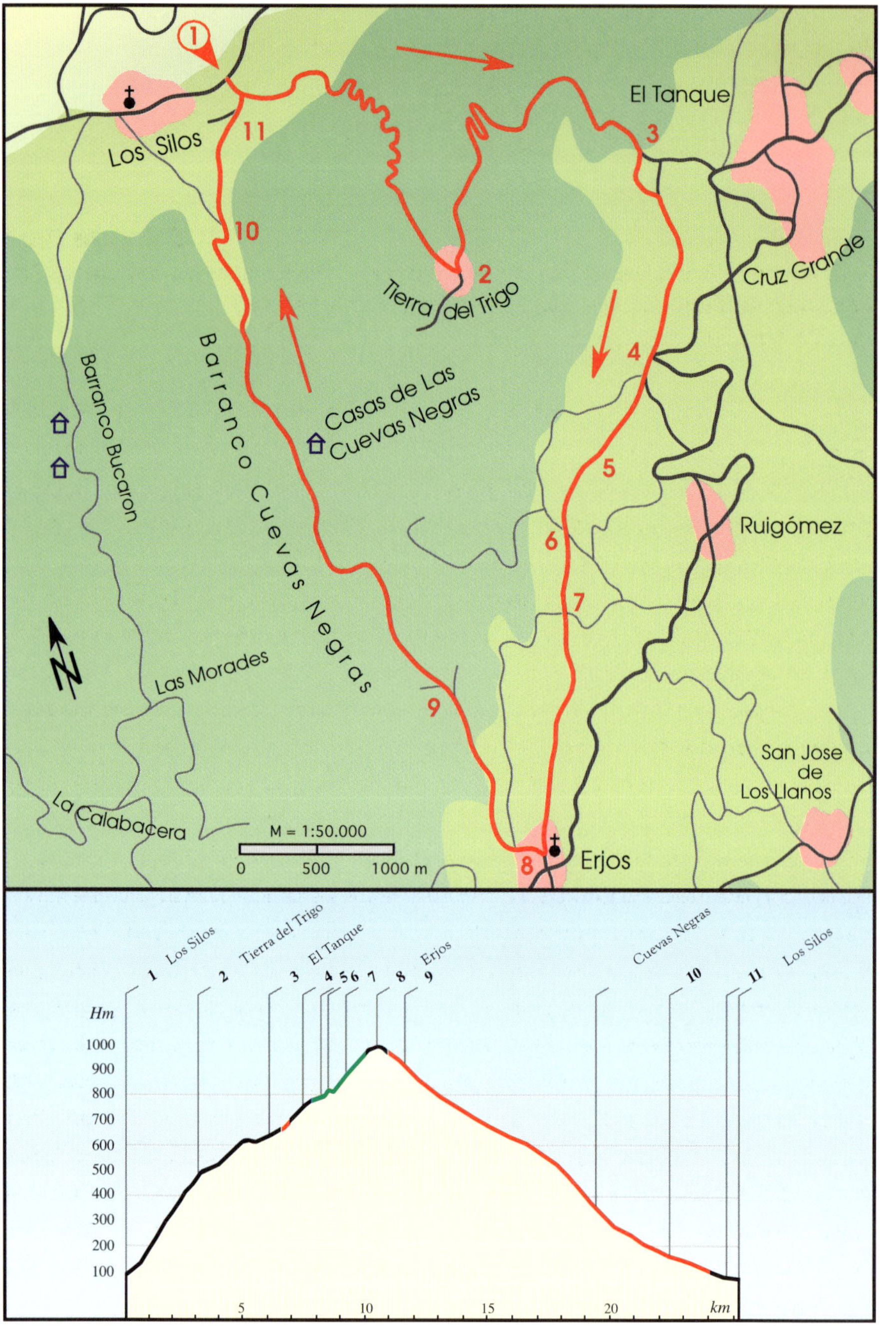

1
Los Silos
11
10
2
Tierra del Trigo
El Tanque
3
Cruz Grande
4
5
Ruigómez
6
7
Casas de Las Cuevas Negras
Barranco Cuevas Negras
Barranco Bucaron
Las Morades
La Calabacera
9
8
Erjos
San Jose de Los Llanos
M = 1:50.000
0
500
1000 m
Hm
1000
900
800
700
600
500
400
300
200
100
1 Los Silos
2 Tierra del Trigo
3 El Tanque
4
5
6
7 Erjos
8
9
Cuevas Negras
10
11 Los Silos
5
10
15
20
km

T4 Barranco Cuevas Negras

Schwere Tour

Relativ kurze, aber knackige Trialrunde zu den verfallenen Häusern von Cuevas Negras. Tolle Auffahrt auf sehr steiler Asphaltpiste und eine teils extrem steile Abfahrt durch einen breiten Barranco.

25,1 km
924 Hm
2:04 Std

Der Barranco de las Cuevas Negras ist der zweite befahrbare Barranco im zentralen Teno-Gebirge. Während sich der Barranco de la Bucaron von einer herben und wilden Seite zeigt, verschlungen mit Seitentälern und eingekesselt von steilen Wänden, ist der Barranco Cuevas Negras eine vergleichsweise harmlose Schlucht mit einem breiten Talboden und flachen Wänden. Vor allem aber ist sie wesentlich üppiger bewachsen, der Botaniker findet hier eine Reihe seltener Pflanzen. Was aber diese Tour schwieriger als die spektakuläre Fahrt durch den Barranco Bucaron macht, ist die Tatsache, daß der Barranco Cuevas Negras beinahe geradlinig vom Bergrücken abfällt. Dadurch ergibt sich auf den wenigen Kilometern ein wesentlich steileres Gefälle.

Ausgangspunkt dieser Tour ist ebenfalls der kleine Ort Los Silos zwischen Garachico und Buenavista. Auf der Strecke zwischen diesen beiden Orten liegen die tollsten Schluchten des Teno-Gebirges und die Bergkämme ragen mächtig auf. Und mit der Fahrt direkt auf einen dieser Bergrücken, auf den Volkan de Abajo, beginnt die Tour.

Blickt man von Los Silos hinauf, kann man sich schwer vorstellen, diesen Berg befahren zu können, und doch zieht eine schmale Straße direkt am freien Hang hoch. In spektakulärer Fahrt schraubt man sich auf diesem schmalen Asphaltband über unzählige Kehren mit atemberaubender Steigung bergauf. Die Blicke auf Los Silos, die Montaña de Taco und die Küste werden immer besser, während man sich, förmlich am Hang klebend, mit kleinster Übersetzung den Berg hinaufkämpft. Bevor in dem kleinen Bergdorf Tierra del Trigo die rettende Querstraße erreicht wird, zieht die Piste noch einmal kräftig an. Doch hier oben, zwischen den ersten Häusern, will sich wohl niemand vor den neugierigen Blicken der Dorfbewohner blamieren und drückt auch noch die letzten Meter durch. Endlich läßt die Steigung nach und vergleichsweise gemütlich fährt man nach El Tanque (auch Cruz Grande genannt) hinüber. Noch bevor der Ort erreicht wird, zweigt man auf eine Nebenstraße ab und fährt auf einem Geflecht von Schotterstraßen und Asphaltwegen durch grüne Gärten, vereinzelte Häuser und Ackerbauterassen. Im Hintergrund schimmert der blaue Ozean und im Osten erhebt sich das beherrschende Vulkanmassiv des Pico de Teide. Ohne größere Anstrengungen trudelt man schließlich in Erjos ein, wo auch schon der Scheitelpunkt der Tour erreicht ist.

Nach einer kurzen Rast im verschlafenen Erjos startet man die Abfahrt und gleich hinter den Häusern befindet sich der Eingang in den Barranco. Ein Waldweg fällt steil ins Tal ab und führt durch die grüne Senke. Fast geradlinig geht's bergab und während sich der Barranco immer mehr aufweitet, wird der Weg immer steiler und steiniger. An der verlassenen Häusergruppe Casas de Las Cuevas Negras wandelt sich der Pfad schließlich zu einem Steinplattenweg und führt nun derart steil bergab, daß selbst der beinahe unvermeidbare Fußmarsch schon schwierig genug ist. Bei Regen, Nebel oder Nässe hat der Biker auf diesem Pfad nichts verloren, denn dann verwandelt sich die Fahrt in eine Rutschpartie auf dem Hosenboden!

Langsam wird der Pfad wieder etwas flacher, so daß auch Normalfahrer endlich ans Aufsitzen denken können. Mitten durch blühende Felder, vorbei an Bewässerungsanlagen und Kanälen gelangt man schließlich auf einen Karrenweg, der direkt zum Ausgangspunkt zurückführt. So beendet man diese kurze Runde, an der ausschließlich Trialpiloten ihre Freude haben werden. Allen anderen wird das Schlittern über steilste Steinplattenwege eher fragwürdig erscheinen!

Charakteristik

Fahrbahnen

Asphalt	8,7 km
Piste	2,2 km
Karrenwege	1,4 km
Pfade	12,8 km

Sehr steile Asphaltstraße bis Tierra del Trigo, von El Tanque bis Erjos nur teilweise steile Schotterwege, fester Untergrund, bequem zu fahren. Durch den Barranco relativ breiter Fußweg, teils Waldboden, teils steinig, ab Cuevas Negras extrem steil und etwas holprig über feste Steinplatten.

Schwierigkeiten

leicht	1,1 km
mittel	5,5 km
schwer	14,1 km
extrem	4,4 km

Schiebe-/Tragestrecken

8 min/500 m bergab

Rast/Verpflegung

Bar/Restaurant in Erjos.

Karten

Mapa Militar de España: 76-79 „Icod de los Vinos"
+ 76-80 „Santiago del Teide (Serie 5V 1:25.000)

Fahrstrecke

0,0	Los Silos	92	0:00
3,2	Tierra del Trigo	496	0:28
6,1	El Tanque	645	0:45
10,5	Erjos	995	1:25
19,4	Cuevas Negras	485	1:48
25,1	Los Silos	92	2:04

Routenführung

Ausgangspunkt: Los Silos

Anfahrt von Puerto de la Cruz: Von Puerto de la Cruz über die Schnellstraße nach Westen, Ri. „Icod de los Vinos". Nach 23 km alle Abzweigungen nach Icod de los Vinos liegenlassen und auf der Hauptstraße bleiben (Ri. „Buenavista").

Fahrt zum Startplatz: Nach 6,4 km passiert man Garachico. 11,1 km nach Icod erreicht man das kleine, rotweiße Ortsschild „Los Silos" (1,4 km nach einem grünen Schild „Municipio de Los Silos"). Gegenüber dem Ortsschild befindet sich rechter Hand der Straße ein Sandplatz, der teilweise von einem niedrigen Zaun eingegrenzt ist.

Hier beginnt die Tour, Parkmöglichkeit rechts auf dem Sandplatz.

Alternative Startpunkte: El Tanque (Cruz Grande), Erjos

Pkt.1 **km 0,0** Gegenüber dem Sandplatz zweigt von der Hauptstraße, vor dem Bushäuschen, eine schmale, asphaltierte Straße ab. Dieser folgt man durch die Bananenplantagen, nach 150 m links und bald steil bergauf. (Nach 2,5 km auf der Hauptstraße durch die Häuser bleiben.)

Pkt.2 **km 3,2** In „Tierra del Trigo" an der Querstraße links.

Pkt.3 **km 6,1** An einer kleinen Kuppe, gegenüber einem niedrigen Haus, von der Hauptstraße auf die schmälere Straße im spitzen Winkel nach rechts abzweigen. Nach 500 m den rechts abzweigenden Karrenweg liegenlassen und dem Fußweg geradeaus weiter folgen, steil bergauf, zwischen den Gebäuden durch. Nach 100 m an der Asphaltstraße rechts bergauf und alle weiteren Abzweigungen unberücksichtigt lassen.

Pkt.4 **km 7,5** Bei einer Bushaltestelle erreicht man die Linkskurve der Hauptstraße, bleibt hier aber geradeaus auf der schmäleren Straße am Haus vorbei. Nach 200 m die links weiterführende Asphaltstraße verlassen und geradeaus auf die Schotterstraße halten.

Pkt.5 **km 8,2** An der Gabelung auf dem rechten Weg geradeaus halten und nach 150 m den rechts abzweigenden Weg liegenlassen.

Pkt.6 **km 8,5** An der Gabelung auf dem anfangs abschüssigen Weg nach rechts (geradeaus) bleiben. Nach 200 m den Querweg unberücksichtigt lassen und geradeaus bergauf fahren.

Pkt.7 **km 9,2** Den linken Weg liegenlassen, gerade bergauf halten. Nach 50 m wieder geradeaus bleiben. Nach 900 m erreicht man die Häuser von Erjos und folgt der Straße geradeaus durch.

Pkt.8 **km 10,5** Vor der Kirche rechtwinklig nach rechts abzweigen, nach wenigen Metern die nochmals rechts abzweigende Straße liegenlassen und erst nach 80 m an der Steinsäule „Pte de Erjos" rechts bergab, Ri. „Barbuzano" fahren. Nach 130 m endet die Straße und man folgt dem Fußweg zwischen dem Haus und der Steinmauer anfangs steil bergab. Nach 80 m an der Gabelung links bergab.

Pkt.9 **km 11,8** Den rechten Abzweig liegenlassen, geradeaus bergab fahren und nach 100 m den linken Weg unberücksichtigt lassen. (Nach 7,6 km an den Häusern von Cuevas Negras vorbei und steil bergab.)

Pkt.10 **km 23,4** Dem Karrenweg geradeaus bergab folgen.

Pkt.11 **km 24,8** Man erreicht eine Querstraße und fährt auf dieser nach rechts. Nach 180 m links abzweigen und zurück zum Ausgangspunkt fahren.

Variante

Alternative Auffahrt: Über Buenavista und El Palmar nach Las Portelas und auf Forstpiste nach Erjos (s. T3 bzw. T5).

Kombinationen

Mit T1 oder T2 (Verbindung jeweils über Erjos und Las Portelas).

Tips und Hinweise

Bei Nässe sollte die Fahrt durch den Barranco unbedingt gemieden werden, da der Pfad im zweiten Teil sehr steil über Steinplatten bergab führt, die nach Regenfällen rutschig und absolut unfahrbar werden.

T5 Teno Alto

Sehr schwere Tour

Knackige Auffahrt auf die windige Hochfläche von Teno Alto zu einer kleinen „Mondlandschaft“. Absolut extremer Abstieg durch die Felswand nach Teno Bajo und versöhnende Fahrt an der Steilküste zurück.

31,7 km
1281 Hm
2:55 Std

Eine ausgesprochen abwechslungsreiche Runde steht dem Bikepiloten auf dieser Tour durch den westlichsten Zipfel Teneriffas bevor. Die Landschaft ändert mehrmals ihren Charakter, vom artenreichen Nebelwald über die karge Hochfläche bis zur felsigen Steilküste der Nordseite bieten sich die verschiedensten Ansichten des Teno-Massivs. Doch nicht nur die Landschaft selbst ändert ihr Gesicht, auch die Wege und Straßen bieten von leichten Asphaltstrecken bis zur extremen Tragepassage einige Abwechslung.

Von Buenavista del Norte geht's gleich richtig los. Bereits hinter den letzten Häusern beginnt die Auffahrt zur ersten Station, El Palmar. Zwei Varianten stehen zur Verfügung. Erstens einmal besteht die Möglichkeit, einfach auf der Straße aufzufahren und die Höhenmeter durch eine Menge Kurven und Kehren recht gemütlich zu absolvieren. Für echte Offroader jedoch, denen kein Pfad zu steil ist, führt die Fahrt auf den Verbindungswegen, Abkürzungen und Nebenstraßen beinahe in der Fallinie am Hang hinauf. Immer wieder wird die Straße gekreuzt, auf steilsten Fuß- und Karrenwege geht's bergauf, bis auf etwa halber Höhe eine Nebenstraße erreicht wird, die zwar asphaltiert ist, aber derart steil bergan führt, daß man stellenweise im Zick-Zack-Kurs auffährt.

Ist erst einmal El Palmar erreicht, kann aufgeatmet werden, denn die weitere Route verläuft verhältnismäßig gemütlich. Auf einer so gut wie unbefahrenen Straße schraubt man sich in weiten Kurven langsam am Hang hoch, während sich einmalige Blicke über das Teno-Gebirge und das grüne Tal von El Palmar ergeben. In der Mitte dieses Tales erheben sich zwei junge Vulkankegel, die Montañeta del Palmar. Aus diesen Hügeln wurde Schlacke als Baumaterial abgebaut, wobei es durch den scheibenförmigen Abbau so aussieht, als wären Tortenstücke aus einem überdimensionalen Kuchen herausgeschnitten worden.

An der Kuppe der Cumbre de Baracán flacht sich die Straße ab und quert den Hang bis nach Teno Alto. Dieses einsame Dorf mitten auf der Hochfläche scheint völlig unbewohnt zu sein, und genauso karg präsentiert sich auch die Landschaft. Weite, hügelige Anhöhen, baumlos und nur mit Heidekraut und Ginsterbüschen bewachsen, breiten sich vor den Augen aus. Die wenigen Ackerterassen sind kaum noch bewirtschaftet. Die Winde peitschen über die Hochfläche, nicht selten fegen tiefhängende Wolkenfetzen über die Landschaft – ein beinahe trostloses Bild. Und doch gibt es hier eine fast unbekannte Attraktion. Ebenso wie in den südlichen Cañadas hat sich im Laufe der Jahrhunderte auch in diesem Gebiet eine „Mondlandschaft“ gebildet. We-

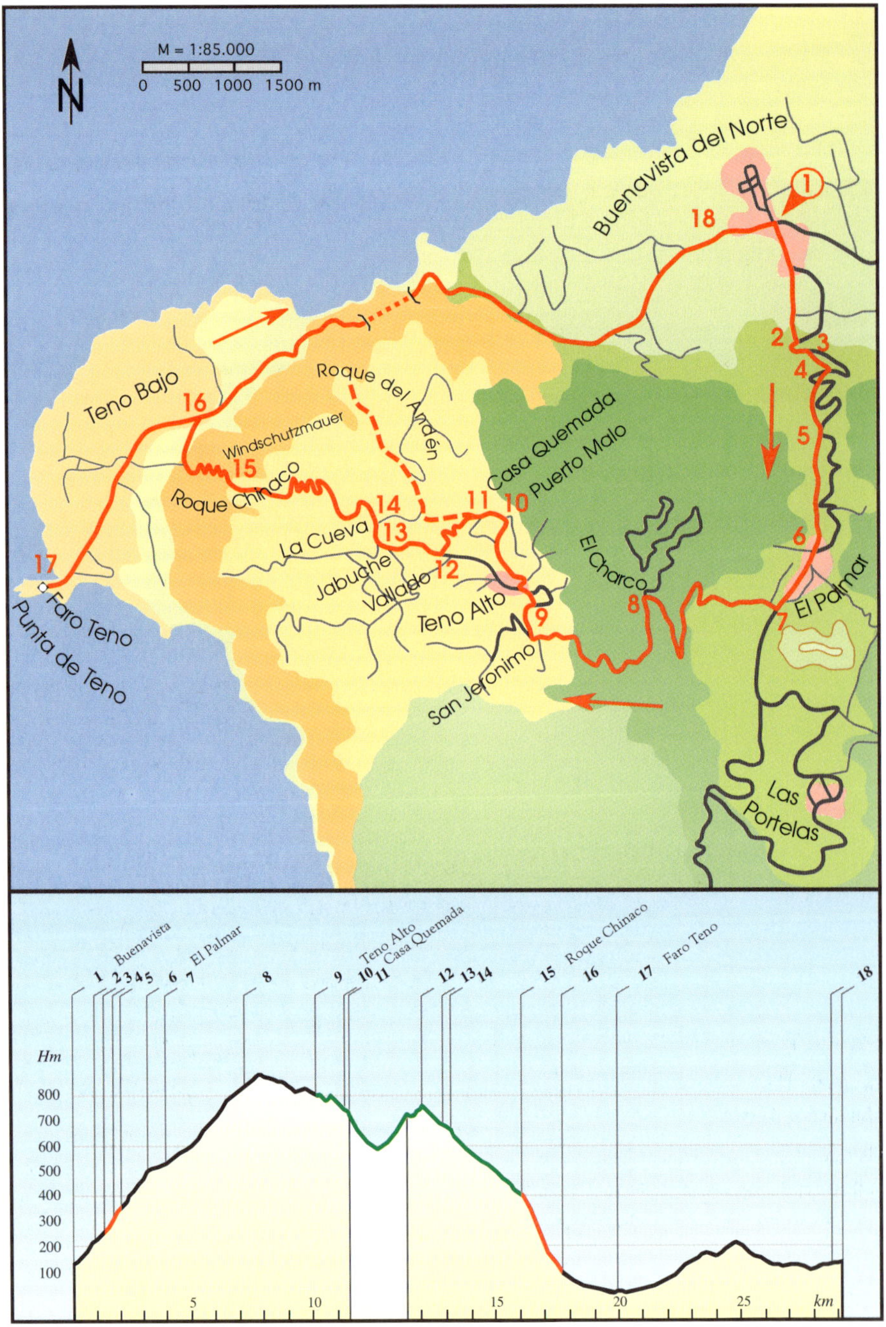
M = 1:85.000
0 500 1000 1500 m
N
Buenavista del Norte
Teno Bajo
Windschutzmauer
Roque Chinaco
Roque del Andén
Casa Quemada
Puerto Malo
La Cueva
Jabuche
Vallado
Teno Alto
San Jeronimo
El Charco
El Palmar
Las Portelas
Faro Teno
Punta de Teno
1 2 3 4 5 6 7 8 9 10 11 12 13 14 15 16 17 18
Buenavista
El Palmar
Teno Alto
Casa Quemada
Roque Chinaco
Faro Teno
Hm
800
700
600
500
400
300
200
100
5
10
15
20
25
km

sentlich kleiner als ihre bekannte Schwester im Barranco de las Arenas, ist diese im Gegensatz dazu frei zugänglich. Aus dem Schichtvulkan hat die Erosion abstrakte Gebilde mit spiegelglatter Oberfläche geschaffen, die sich als spitze Türme in den Himmel erheben.

Diese Attraktion sollte genossen werden, denn von nun an folgt der absolut schwerste Teil der Tour. Vom östlichsten Zipfel der Hochfläche, der Roque de Chinaco, fällt der Fels fast senkrecht nach Teno Bajo, der Ebene vor der Küste, ab. Vor erschreckten Bikeraugen zeichnet sich ein geröllübersäter Pfad ab, der in engen Serpentinen durch die Felswand abwärts zieht. Beim Anblick dieses Ungetüms werden wohl auch Hartgesottene an der Sinnhaftigkeit eines Abstieges zu zweifeln beginnen und die Rückfahrt auf gleicher Route in Erwägung ziehen. Und tatsächlich gestaltet sich der Abstieg äußerst schwierig, denn der Pfad ist stellenweise so schmal, daß man schon ohne Bike seine liebe Mühe hätte. Noch dazu liegen riesige Gesteinsbrocken herum, dorniges Gebüsch ragt über den Weg und nicht selten ist der Weg am Hang abgerutscht. Höchste Trittsicherheit und Schwindelfreiheit ist gefragt. Nach einer guten Viertelstunde passiert man mit zitternden Knien einen kleinen Betonwasserbehälter, an dem der Weg endlich etwas besser wird. Für Cracks sind vielleicht sogar einige Fahrmeter drin, bevor man endlich die Straße in Teno Bajo erreicht, die nach kurzer, rasanter Abfahrt zum Faro de Teno führt, dem Leuchtturm an der Westspitze Teneriffas. Vor der schäumenden Brandung reicht der Blick bis auf die Felswände von Los Gigantes.

Nach diesem kurzen Abstecher macht man sich auf den Rückweg, der in toller Fahrt direkt an den Barrancos der Steilküste vorbeiführt und zumindest ein wenig für die etwas zweifelhaft erscheinenden Torturen des Abstieges entschädigt. Das letzte Hindernis ist ein 500 m langer, stockfinsterer Tunnel, für den eine Stirnlampe sehr hilfreich wäre. Insgesamt sollten die Anstrengung und Gefahren der Tour nur von gebirgserfahrenen Bikern angegangen werden, allen anderen sei die unter Varianten beschriebene Stichtour nach Teno Alto empfohlen!

Allgegenwärtig auf Teneriffa: Kakteen mit ihren saftigen, eßbaren Früchten

Charakteristik

Fahrbahnen

Asphalt	21,2 km
Forstwege	7,3 km
Karrenwege	1,3 km
Pfade	1,9 km

Schwierigkeiten

leicht	10,2 km
mittel	12,5 km
schwer	7,3 km
extrem	1,7 km

Schiebe-/Tragestrecken

1) 1 min/70 m bergauf

2) 16 min/1200 m bergab

Rast/Verpflegung

Restaurant in El Palmar,
Bar in Teno Alto geschlossen.

Karten

Mapa Militar de España:
75-79 „Buenavista del Norte"
(Serie 5V 1:25.000)

Auffahrt bis El Palmar über Schotterstraßen, Karrenwege, Pfade und Nebenstraßen, Untergrund ständig wechselnd, durchgehend sehr steil und schwierig. Bis Teno Alto sehr gute Asphaltstraße, ab dort gute bis mäßig gute Schotterstraßen und holprige Karrenwege. Fußweg durch die Felsen nach Teno Bajo sehr steil, steinig und durchsetzt von losem Geröll. Extrem schwierig und gefährlich, durchgehend zu tragen! Beste Asphaltstraße nach Buenavista.

Fahrstrecke

0,0	Buenavista	130	0:00
3,2	El Palmar	507	0:28
10,5	Teno Alto	779	1:12
16,1	Roque Chinaco	390	1:38
19,9	Faro Teno	32	2:01
29,3	Buenavista	130	2:42

(inkl. Abstecher ab der Casa Quemada +2,4 km/ 131 Hm/13 min)

Routenführung

Ausgangspunkt: Buenavista del Norte

Anfahrt von Puerto de la Cruz: Von Puerto de la Cruz über die Schnellstraße nach Westen, Ri. „Icod de los Vinos". Nach 23 km alle Abzweigungen nach Icod de los Vinos liegenlassen und auf der Hauptstraße bleiben (gegebenenfalls Ri. „Buenavista"). Nach weiteren 15 km erreicht man „Buenavista del Norte".

Fahrt zum Startplatz: 200 m nach der Ortseinfahrt an der Gabelung geradeaus, Ri. „Centro de Villa" an der Tankstelle vorbei. Nach weiteren 200 m erreicht man eine kleine Kapelle, linker Hand zweigt die Straße ab, Ri. „Santiago del Teide, El Palmar".

Hier beginnt die Tour, Parkmöglichkeit an der Hauptstraße.

Alternative Startpunkte: El Palmar, ev. Las Portelas

Pkt.1 **km 0,0** Der Straße nach links, Ri. „Santiago del Teide, El Palmar" folgen und nach 60 m an der Abzweigung rechts, Ri. „El Palmar". Nach 300 m von der Hauptstraße auf die geradeaus weiterführende Straße zwischen den Häusern abzweigen und dieser stets geradeaus folgen.

Pkt.2 **km 0,9** An der Hauptstraße rechts bergauf.

Pkt.3 **km 1,3** Gegenüber einem rotbedachten Haus auf die Schotterstraße rechts steil bergauf abzweigen und nach 100 m die Steinmauer mit den „Sendero Touristica"-Schild passieren.

Pkt.4 **km 1,7** Man erreicht die Straße, folgt dieser rechts bergauf und zweigt nach 70 m links auf den Fuß-/Karrenweg ab (am weißen Haus vorbei). Nach 200 m die Asphaltstraße nach schräg links überqueren und auf den Steinplattenweg entlang der Hochspannungsleitung („Sendero Touristica"-Schilder) bergauf halten.

Pkt.5 **km 2,0** Erneut an der Straße rechts bergauf und nach 50 m auf die schmälere, geradeaus abzweigende Asphaltstraße fahren (am Schild „40" vorbei).

Pkt.6 **km 3,2** An der Hauptstraße wiederum rechts bergauf fahren.

Pkt.7 **km 3,9** Nach rechts, Ri. „Teno Alto" abzweigen. Nach 180 m alle abzweigenden Wege liegenlassen und der Straße bergauf folgen (nach 3,1 km über die Kuppe).

Pkt.8 **km 7,2** Am „El Charco" auf der Asphaltstraße, Ri. „San Jeronimo" bleiben.

Pkt.9 **km 10,2** Am „San Jeronimo" auf die Schotterstraße nach links über die Kuppe, Ri. „Teno" und nach 150 m an der Straße links. Nach weiteren 120 m erreicht man in Teno Alto einen großen Wegweiser und folgt von hier der Schotterstraße rechts bergauf, Ri. „Puerto Malo". Stets auf dem Hauptweg bleiben.

Pkt.10 **km 11,3** Am „Puerto Malo" dem Hauptweg durch die Linkskurve, Ri. „Casa Quemada" geradeaus bergab folgen (am Wasserrohr entlang).

Pkt.11 **km 11,5** Am „Casa Quemada" links, Ri. „Vallado".
Wer möchte, kann vorher folgenden Abstecher fahren: am „Casa Quemada" geradeaus, Ri. „Vistitas", nach 1,2 km rechts beim „Privado"-Schild am Haus vorbei und geradeaus zur Kuppe vorgehen (Blick nach Teno Bajo). Hier umkehren und auf gleichem Weg zurück zum „Casa Quemada" (2,4 km/131 Hm/13 min) und dann rechts, Ri. „Vallado" (der in den Karten verzeichnete Querweg ist nicht durchgehend fahrbar).

Pkt.12 **km 12,1** Am „Vallado" rechts bergab, Ri. „Jabuche".

Pkt.13 **km 12,8** Am „Jabuche" dem Hauptweg durch die Rechtskurve, Ri. „La Cueva" folgen. Nach 200 m am „La Cueva" gerade bergab, Ri. „Las Casas" und nach 70 m an der Gabelung geradeaus.

Pkt.14 **km 13,2** An der Gabelung auf den linken Weg halten und stets bergab bleiben (nach 2 km Karrenweg).

Pkt.15 **km 16,1** Der Karrenweg endet an der Windschutzmauer. Hier auf den Fußweg links der Mauer halten, durch die Felsen und diesem bergab folgen (tragen).

Pkt.16 **km 17,7** Man erreicht die Asphaltstraße und folgt dieser nach links zum Leuchtturm (wer dieses Stück auslassen will, hält sich hier gleich rechts).

Pkt.17 **km 19,9** Am Ende der Straße beim Faro Teno umkehren und stets der Straße folgen.

Pkt.18 **km 28,8** Man erreicht die Häuser von Buenavista und bleibt stets geradeaus zum Ausgangspunkt zurück.

Varianten

Alternative Auffahrt: Ab Pkt.2 immer der Hauptstraße folgen, nach 4,8 km erreicht man Pkt. 7.

Stichtour nach Teno Alto (zur Vermeidung des schweren Abstiegs nach Teno Bajo): In Teno Alto eine Runde durch die Mondlandschaft drehen und auf gleichem Weg zurückfahren oder mit der Abfahrt durch den Barranco Bucaron oder den Barranco Cuevas Negras kombinieren (T3 bzw. T4).

Kombinationen

Mit T1 oder T2: Verbindung jeweils über El Palmar - Las Portelas.

Mit T3 oder T4: s. Varianten.

Tips und Hinweise

In den beiden Tunnels zwischen dem Leuchtturm und Buenavista ist eine Stirnlampe von großem Vorteil. Besonders der erste Tunnel ist sehr lang und stockfinster!

Da das Teno-Massiv auf dem westlichsten Gebirgsstock um Teno Alto ohne jeglichen Baumbewuchs ist, verstärken sich die Nordostpassate sehr häufig zu Stürmen, die dem Biker das Leben recht schwermachen. Nicht nur, daß die Durchschnittsgeschwindigkeit unglaublich gedrückt wird, kann es auch bei strahlendem Sonnenschein auf der Hochfläche um Teno Alto gehörig abkühlen. Entsprechende Ausrüstung und warme Kleidung sind unbedingt ratsam. Auch die Rückfahrt vom Leuchtturm nach Buenavista kann sich durch den Gegenwind zur echten Qual entwickeln; besonders die Tunnels werdern dann zu regelrechten Windkanälen!

Unterwegs im Teno-Gebirge. Selbst hier ist der Teide allgegenwärtig.

Punta de Hidalgo
Hidalgo
Las Carboneras
Taborno
Taganana
Almagica
Punta de Anaga
Bajamar
Tejina
Tequeste
A1
A2
A3
A4
A5
A6
A7
A8
A9
La Laguna
Aeroporto de los Rodeos
San Andrés
La Cuesta
SANTA CRUZ
Esperanza
Taco
El Tablero
Santa Maria del Mar
N

Icod de los Vinos
Puerto de la Cruz
La Laguna
Santa Cruz
Pico del Teide
Vilaflor
Los Christianos
N

DAS ANAGA-GEBIRGE

LAS MONTAÑAS DE ANAGA

Die urwüchsige Landschaft des Anaga-Gebirges gehört sicherlich zu den schönsten Gebieten Teneriffas. Die riesige Halbinsel erstreckt sich Richtung Nordosten und bildet die markante Spitze Teneriffas. Geologisch gesehen ist dieses Massiv, gemeinsam mit dem Teno-Gebirge, das älteste der Insel. Auch hier hatten die natürlichen Erosionsvorgänge Millionen Jahre Zeit, die durch den Vulkanismus aufgetürmten Lavaströme und Ascheschichten wieder abzutragen, und die harten Basaltschlote freizulegen. Dadurch ist eine wild zerklüftete Landschaft mit bizarren Gesteinsformationen, schroffen Berghängen und tief eingeschnittenen Schluchten, den Barrancos, entstanden. Die Hänge sind durchgehend mit Erikagebüsch und Strauchheide bewachsen, das bis zu 3 m hoch werden kann. Botaniker finden hier eine Reihe von endemischen Bäumen und Sträuchern, die die letzten Reste weltweit ausgestorbener Pflanzen darstellen. Im Anaga-Gebirge beeindrucken vor allem die Lorbeerwälder mit einer Größe und Vielfalt, wie es sie nurmehr auf den Kanaren gibt. Uralte, riesige Bäume bilden den großen Urwald der Anaga-Halbinsel, den Mercedeswald. Dieser liegt unmittelbar am Eingang in dieses Massiv gegen Westen und bietet eine Reihe schöner Mountainbiketouren. Neben den Lorbeerbäumen finden sich vor allem Zedernhölzer, die einen herrlichen Duft verbreiten. Weiter gegen Osten wird die Landschaft immer unzugänglicher und wilder und der Baumbestand beschränkt sich auf den zentralen Bergrücken.

Dieser zentrale Bergrücken verläuft auf einer Höhe von etwa 1000 m von Ost nach West, ziemlich genau in der Mitte der Halbinsel. Jahrtausendelange Erosion legte ein Reihe von Seitentälern frei, die tiefeingeschnitten gegen die Nord- und Südküste abfallen. Dazwischen ragen scharfe Grate und schroffe Felsen auf. Auf dem zentralen Bergkamm verläuft eine Straße, die sich in unübersichtlichen Kurven und Winkeln dahinschlängelt, mal auf der Nordseite, mal auf der Südseite, und Ausblicke auf beide Küsten zuläßt. Die zweite Hauptstraße verläuft von San Andrés im Süden über den Bergkamm bis nach Taganana im Norden und bildet mit der Kammstraße ein großes Kreuz. Forstwege und Schotterstraßen sind rar, abseits des Asphalts finden sich fast ausschließlich Pfade und Fußwege. Diese laufen großteils über schmale Grate, durch tiefe Schluchten, an Steilküsten und exponierten Felsen vorbei, nicht selten über weite Strecken unfahrbar und gefährlich. Einsteiger sind mit diesem Massiv sicherlich falsch beraten, nur erfahrene und trainierte Biker sollten die Anstrengungen und das Risiko auf sich nehmen. Belohnt werden sie dafür mit einer faszinierenden Bergwelt.

Den Eingang in dieses Wunderland stellen die gegen Westen gelegenen Orte Tejina, Tequeste und La Laguna dar, von denen vor allem La Laguna wegen seiner zentralen Lage und der urtümlichen, mittelalterlichen Charakteristik einen Besuch wert ist. Die zweite Möglichkeit, in dieses Gebirge einzusteigen, ist von Süden her, von den ruhigen Badestränden um San Andrés. Gigantische Wellenbrecher wurden vor dem Strand von Teresita gebaut und Millionen Tonnen weißer Sand aus der Sahara eingeflogen, um den Touristen den vermeintlich typisch südlichen Palmen-Sandstrand bieten zu können. Der „echte" Sand Teneriffas ist vulkanischen Ursprungs und daher schwarz.

Zu den Stränden der Nordseite führt nur die lange, kurvenreiche Fahrt über den Zentralkamm. Und diese Küstenlandschaft zeigt völlig anderen Charakter: steil, schroff und felsig. Eine tosende Brandung bricht sich an steinigen Stränden und spitzen Steininseln. Ein Paradies für Wellenreiter, völlig ungeeignet zum Baden. Schwerste Biketouren führen durch diese Regionen, stellen allerhöchste Anforderungen an Fahrkönnen und Kondition, wobei lange Tragestrecken immer wieder unvermeidbar sind.

Recht rauh ist auch das Wetter hier, der feuchte Nordostpassat trifft unvermittelt auf die Bergketten und bringt eine Menge Feuchtigkeit. Durch die Kondensation entsteht häufig ein feiner Nieselregen oder Nebel. Nicht selten können Wetterumschwünge innerhalb weniger Minuten (!) beobachtet werden, wenn sich an der Nordseite in den mittleren Höhenlagen Wolken bilden. Diese dehnen sich oft unglaublich schnell aus, steigen als Wolkenfetzen über den Kamm und fallen auf der Südseite wieder ab. Innerhalb kürzester Zeit kann strahlender Sonnenschein von undurchdringlichen Nebelschwaden verdrängt werden und der Radler irrt durch eine gespenstige Landschaft. Die Südseite ist wetterbegünstigt und kann mehr Sonnenschein bieten. Entsprechende Ausrüstung ist im Anaga-Massiv ein absolutes Muß, Wetterumschwünge sind hier wirklich nicht vorhersehbar und können neben Feuchtigkeit und schlechter Sicht auch eine gehörige Abkühlung bringen. Eine Regenjacke sollte immer mitgeführt werden. Während oder nach längeren Schlechtwetterperioden hat das Bike hier nichts verloren; die vielen Singletracks auf Wald- und Felswegen werden bei Feuchtigkeit allesamt unfahrbar!

Das Anaga-Gebirge ist also alles andere als ein Sonntagsausflug; Gefahren und Schwierigkeiten dürfen keinesfalls unterschätzt werden! Für Trialfreaks steht ein riesiges Paradies offen, für Genußradler und Biker, die zur Erholung nach Teneriffa gekommen sind, bietet diese Insel beileibe eine Fülle von anderen – sehr schönen – Möglichkeiten, so daß sich niemand auf diesen Expeditionen abplagen muß!

A1 Pico del Inglés

Mäßig schwere Tour

Genußvolle Auffahrt zu zwei der schönsten Aussichtspunkte des Anaga kombiniert mit einer nicht allzuschweren Trialabfahrt durch den duftenden Mercedeswald. Perfekte Einstiegstour ins Anaga-Gebirge!

22,1 km
599 Hm
1:38 Std

Der erste und wohl auch einer der schönsten Einblicke ins Anaga-Gebirge bietet sich auf dieser kurzen, variablen Tour, die über großteils leichte Wegen knapp an die scharfkantigen Felsgrate und Taleinschnitte des ältesten Gebirges Teneriffas heranführt.

Ausgangspunkt der Tour ist die ehemalige Hauptstadt und jetzige Universitätsstadt La Laguna, die durch ihren mittelalterlichen Charakter einen denkbar wohltuenden Kontrapunkt zu den überfüllten Touristenzentren an den Stränden darstellt. Den Namen erhielt sie von einer großen Lagune, die das gesamte Tal ausgefüllt haben soll, aber schon lange ausgetrocknet ist. Eine abgelegene Straße steigt hinter der Stadt an und führt am Eingang des Anaga-Gebirges zum Mercedeswald. Hier beginnt eine schattige, angenehm ruhige Auffahrt durch das nach Lorbeer und Zedern duftende Waldgebiet. Hoch oben zweigt ein Forstweg ab, der nach kurzem Auf und Ab zum ersten Aussichtspunkt, dem Cruz del Carmen führt. Neben der namensgebenden Kapelle findet sich eine kleine runde Plattform, von der der Blick über den Wald auf die grüne Hochebene rund um La Laguna schweift. Am gegenüberliegenden Hang steigt der Esperanzawald in Richtung Cañadas an und im Hintergrund thront der Pico de Teide mit seiner häufig schneebedeckten Spitze. (Als Alternative zur beschaulichen Auffahrt auf Asphalt gibt's eine knackige Trialstrecke, die über Erdwege, Waldpassagen und Steinpflasterwege steil zum Cruz del Carmen hinaufführt.) Vom Anaga-Gebirge selbst sieht man hier noch nicht viel, dieses hält sich noch hinter der nächsten waldigen Anhöhe versteckt. Eine nurmehr kurze Auffahrt führt hinauf zum Ziel dieser Runde, dem Pico del Inglés. Von hier oben, knapp 1000 m über dem Meer, zeigt sich gegen Osten das wahre Gesicht dieses Gebirges. Unzählige Seitentäler fallen mit steilen Barrancos zum Meer hin ab, die Bergrücken selbst bestehen nur aus schmalen Graten und zeigen sich Bikern gegenüber äußerst abweisend. Die scharfkantigen Berge beeindrucken wohl besonders wegen ihres durchgehenden Bewuchses mit Heidekraut, das einen grünen Teppich über die Hänge legt. Im Abendlicht, wenn die Grate lange Schatten werfen und das Grün eine eigene, rotgelbe Färbung annimmt, zeigt sich das Gebirge in seiner vollen Schönheit. Dem Biker liegt hier ein riesiges Trialgebiet zu Füßen, das mit allem aufwarten kann – nur nicht mit sanften Forstwegen. Beim Anblick dieser Felsformationen wird klar, daß mit schwersten Aufgaben gerechnet werden muß, wagt man sich in dieses Gebiet hinein. Nur wer absolut sicher im Sattel sitzt und sein Bike perfekt beherrscht, sollte es mit diesem Massiv aufnehmen. Alle, die hierher gekommen sind, um gemütliches Biken zu genießen, sollten hier, am Pico del Inglés, kehrtmachen und die Runde, wie beschrieben zu Ende fahren.

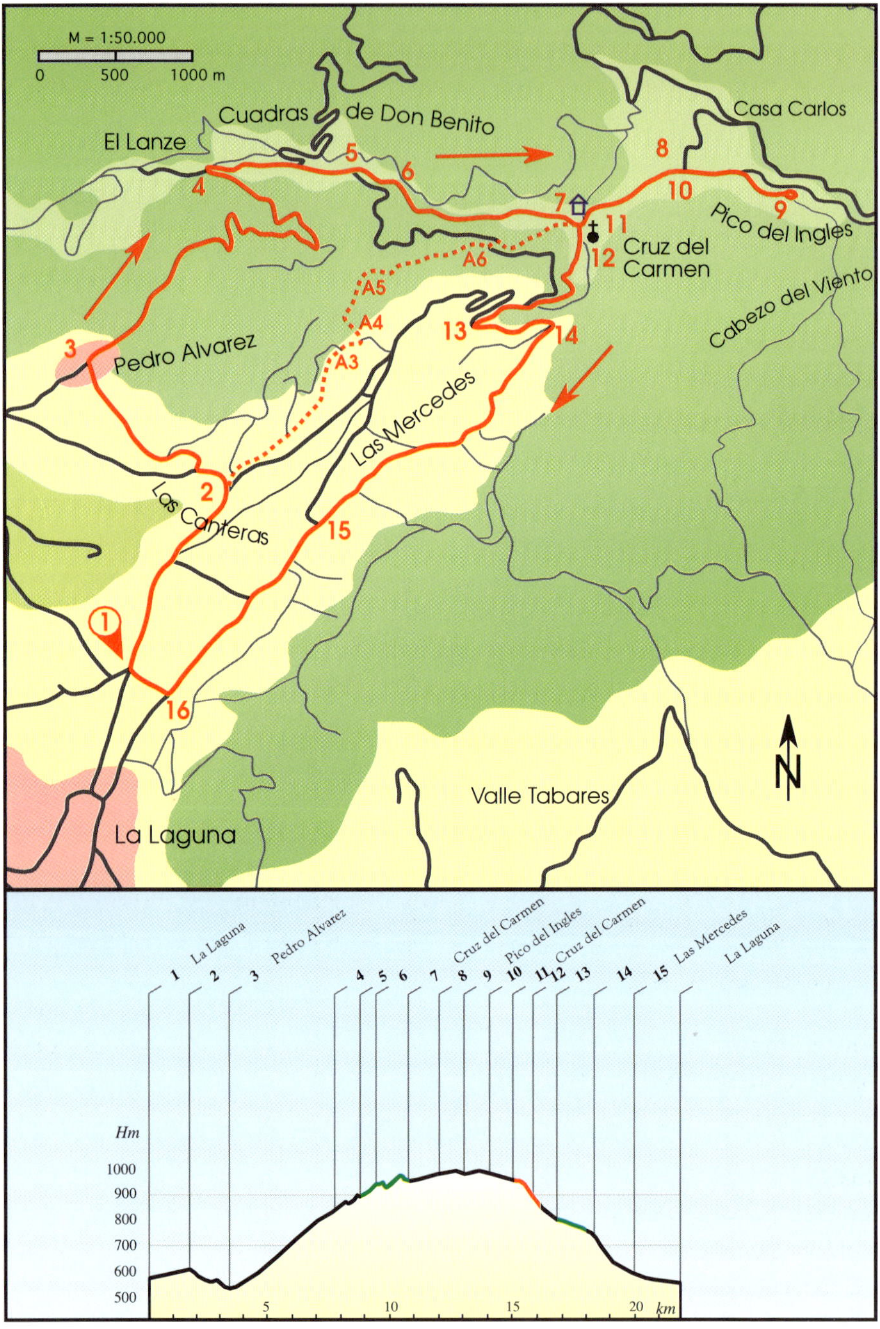

M = 1:50.000
0
500
1000 m
Cuadras de Don Benito
El Lanze
Casa Carlos
Pico del Ingles
Cruz del Carmen
Cabezo del Viento
Pedro Alvarez
Las Mercedes
Las Canteras
Valle Tabares
La Laguna
N
1
2
3
4
5
6
7
8
9
10
11
12
13
14
15
16
A3
A4
A5
A6
La Laguna
Pedro Alvarez
Cruz del Carmen
Pico del Ingles
Cruz del Carmen
Las Mercedes
La Laguna
Hm
1000
900
800
700
600
500
5
10
15
20
km

Für die Abfahrt stehen zwei Varianten zur Auswahl. Die wesentlich einfachere Route führt durchgehend auf Asphalt auf einer beliebten Ausflugsstrecke durch den Mercedeswald zurück nach La Laguna. Einsteiger werden ihre Freude an der problemlosen, doch auch etwas unspektakulären Abfahrt haben. Wesentlich schöner ist die Fahrt auf nicht allzuschweren Trialpfaden durch das Waldgebiet. Zurück am Cruz del Carmen zweigt ein unscheinbarer Pfad neben der Aussichtsplattform ab, der anfangs in enger, kurviger Fahrt abwärts führt. Waldwege schlängeln sich an den Bäumen vorbei, die einzigen Hindernisse sind einige spitze Kurven und vereinzelte Erdstufen. Auch für Nicht-Trialspezialisten sollte dieser Weg durchwegs zu meistern sein, bis der Pfad an der Straße endet. Auf dieser hält man sich kurz bergab, bis an einem kleinen Aussichtspunkt eine Schotterstraße abzweigt, die bald steil ins Tal abfällt, bevor der Biker von einem Asphaltband aufgenommen wird, das zurück zum Ausgangspunkt führt. Auf dieser Abfahrt ist bei Nässe Vorsicht geboten, dann kann der ansonsten feste Erdweg ganz schön rutschig und schlittrig werden. Jedenfalls bietet diese Runde eine schöne Kombination aus genußvoller Auffahrt, Trialspaß und landschaftlich erstklassigen Eindrücken!

Charakteristik

Fahrbahnen

Asphalt	18,4 km
Piste	2,9 km
Karrenwege	0,3 km
Pfade	0,5 km

Schwierigkeiten

leicht	8,9 km
mittel	12,9 km
schwer	0,8 km
extrem	0,0 km

Schiebe-/Tragestrecken: keine

Rast/Verpflegung

Forsthaus am Cruz del Carmen, Bar/Restaurant am Pico del Inglés geschlossen.

Karten

Mapa Militar de España: 79-77 „Punta del Hidalgo"
+ 79-79;79-79 „Santa Cruz de Tenerife"
(Serie 5V 1:25.000)

Problemlose, nur mäßig steile Auffahrt über beste Asphalt- und Forstwege zum Pico del Inglés. Abfahrt auf Asphalt und Schotterstraßen, Trialstrecke auf einem schmalen, festen Waldwege mit einigen engen Kurven und kleineren Erdstufen.

Fahrstrecke

0,0	La Laguna	553	0:00
3,4	Pedro Alvarez	535	0:11
10,7	Cruz del Carmen	948	0:57
13,0	Pico del Inglés	978	1:11
15,2	Cruz del Carmen	948	1:18
22,1	La Laguna	553	1:38

Routenführung

Ausgangspunkt: La Laguna

Anfahrt: Von Puerto de la Cruz über die „Autopista del Norte", Richtung „Santa Cruz". Nach 23 km die erste Ausfahrt nach La Laguna nehmen („La Laguna por San Benito").

Ortsdurchfahrt La Laguna: Im Kreisverkehr links, Ri. „La Laguna" fahren und nach 100 m die Ausfahrt „Calle San Antonio" nehmen (in Fahrtrichtung geradeaus). Nach 200 m an der Querstraße der Einbahn nach rechts folgen und auf dieser immer geradeaus bleiben. Nach 550 m, an der ersten Ampel, nach links in die „Calle San Juan" abzweigen. Immer geradeaus halten. Nach 600 m verläßt man das dichtverbaute Gebiet und gelangt in eine Allee, bleibt weiter geradeaus und erreicht nach nochmals 800 m eine Straßenkreuzung mit einer Ampel.

Hier beginnt die Tour, Parkmöglichkeit am Straßenrand.

Alternative Startpunkte: Pedro Alvarez, Tequeste, Las Mercedes

Pkt.1 **km 0,0** Auf der Hauptstraße in gerader Richtung stadtauswärts fahren, Ri. „Monte de Las Mercedes, Punta del Hidalgo".

Pkt.2 **km 1,7** An der Gabelung auf dem Hauptweg links, Ri. „Punta del Hidalgo, Tequeste" bleiben. Nach 300 m rechts, Ri . „Zona recreativa Pedro Alvarez" abzweigen.

Pkt.3 **km 3,4** An der Querstraße vor der kleinen Kirche rechts bergauf, Ri. „Zona recreativa Tequeste". Auf dieser Straße stets bergauf bleiben und alle Abzweigungen unberücksichtigt lassen.

Pkt.4 **km 7,7** An der Straßengabelung am „El Lanze" rechts, Ri. „Las Mercedes". Nach 600 m geradeaus weiter Ri. „Las Canteras, Pico del Inglés".

Pkt.5 **km 8,8** Auf die Forststraße links in den Wald, Ri. „Cruz del Carmen, Casa forestal" abzweigen.

Pkt.6 **km 9,4** Alle nach rechts weggehenden, durch die Kette abgesperrten Wege liegenlassen und auf dem Hauptweg geradeaus bleiben. Nach kurzem erreicht man einen kleinen Sandplatz, läßt den nach rechts wegführenden Weg unberücksichtigt und bleibt auf dem Hauptweg geradeaus weiter.

Pkt.7 **km 10,7** Rechter Hand des Forsthauses erreicht man - gegenüber dem Aussichtspunkt „Cruz del Carmen" - die Asphaltstraße und folgt dieser links bergauf.

Pkt.8 **km 12,0** An der Gabelung geradeaus weiter, Ri. „Pico del Inglés"

Pkt.9 **km 13,0** Am „Pico del Inglés" der Straße um den Felsen herum folgen und auf dem Anfahrtsweg zurück.

Pkt.10 **km 14,1** An der Gabelung geradeaus bergab bleiben.

Pkt.11 **km 15,2** Zurück am Forsthaus zweigt man links bei der Kapelle zum Aussichtspunkt des „Cruz del Carmen" ab. Nach wenigen Metern, zwischen der Kapelle und den Stufen, auf den Weg links durch die Schranke in den Wald abzweigen. Nach 100 m weitet sich der Weg auf und man folgt dem rechten Weg bergab. Nach weiteren 100 m, bevor der Hauptweg steil abfällt, auf den Erdweg nach rechts in den Wald abzweigen.

Pkt.12 **km 15,7** Dem Hauptpfad nach rechts folgen. Nach 150 m auf dem Pfad durch die Rechtskurve bleiben und nach weiteren 150 m auf der Asphaltstraße links bergab.

Pkt.13 **km 16,7** Vor dem Aussichtspunkt in einer Rechtskurve auf die Schotterstraße nach scharf links abzweigen.

Pkt.14 **km 17,4** Die scharf rechts abzweigende Schotterstraße liegenlassen und dem Hauptweg folgen, der in einem größeren Bogen nach rechts verläuft. Dieser wird nach 300 m zur Asphaltstraße. Auf dieser immer geradeaus bergab bleiben.

Pkt.15 **km 20,0** Man erreicht die Hauptstraße durch Las Mercedes und fährt auf dieser geradeaus weiter (nicht nach rechts).

Pkt.16 **km 21,8** Beim Ortsschild „San Christobal de La Laguna" nach rechts auf die Nebenstraße abzweigen, nach 300 m zurück am Ausgangspunkt.

Alternative Auffahrt zum Cruz del Carmen auf Wald- und Trialwegen:

Pkt.A1 **km 0,0** Auf der Hauptstraße in gerader Richtung stadtauswärts fahren, Ri. „Monte de Las Mercedes, Punta del Hidalgo".

Pkt.A2 **km 1,7** Man erreicht eine Straßengabelung. Links geht's Ri. „Punta del Hidalgo, Tequeste", rechts Ri. „Monte de las Mercedes". An dieser Gabelung fährt man auf den schmalen Asphaltweg, der genau zwischen den beiden Hauptstraßen beginnt, steil bergauf (= „Calle La Cañada de Arriba"). Durch die Kurven bergauf bleiben und nicht abzweigen. Nach 400 m den rechten Abzweig liegenlassen und geradeaus auf die Schotterstraße fahren. Nach weiteren 300 m an der 4er-Kreuzung gerade bergauf, Ri. „Cruz del Carmen".

Pkt.A3 **km 3,2** Am Ende der Asphaltstraße nicht dem Erdweg nach links folgen, sondern gerade auf den Fußpfad am freien Hang hochsteigen (leicht rechts halten). Auf diesem Steinpflasterweg erreicht man nach 180 m einen Querweg und folgt diesem nach links bergauf (ebenfalls Steinplattenweg).

Pkt.A4 **km 3,7** Dem Weg linker Hand durch den Felseinschnitt folgen, dahinter auf dem rechten oberen Weg bleiben. Nach 50 m dem Hauptweg linker Hand der Kuppe folgen (nicht auf die Kuppe aufsteigen) und dieser bald guten Erdstraße weiter folgen.

Pkt.A5 **km 4,1** An der Gabelung rechts bergauf, Ri. „Cruz del Carmen". Nach 200 m die links und rechts abzweigenden Wege liegenlassen und geradeaus weiterfahren. Nach weiteren 500 m vereint sich der Weg mit einem zweiten von rechts hinten, hier geradeaus nach links halten.

Pkt.A6 **km 5,1** Am Querweg rechts, nach wenigen Metern an der Hauptstraße links bergauf fahren. Nach 200 m gerade Ri. „Cruz del Carmen" bleiben.

Pkt.A7 **km 6,0** Man erreicht am Cruz del Carmen bei der Kapelle und dem Forsthaus Pkt.7 der Hauptroute und bleibt auf der Straße gerade bergauf.

Varianten

Vereinfachung: Die Auf- oder Abfahrt auf der TF-114 über Las Mercedes fahren.

Ausweitung nach Afur: A1 bis Pkt.6, A7 km 13,0 bis Pkt.25, rechts zum Cruz del Carmen, A1 ab Pkt.11.

Kombinationen

Mit A2: A2 Pkt.9 geradeaus, über den Plaza S. Francisco in gerader Richtung, dahinter an der Hauptstraße rechts, nach 700 m links Ri. „CTSRA de Tejna", nach 350 m A1, Pkt.1.

Tips und Hinweise

Bei allen Varianten kann die Fahrt vom Cruz del Carmen zum Pico del Inglés ausgespart werden. Allerdings sollte man dies nur tun, wenn dieser Aussichtspunkt bei einer anderen Tour (z.B. „A6 Afur") angefahren wird. Die fantastischen Ausblicke auf die Südseite des Anaga-Gebirge sind den Abstecher allemal wert und es wäre schade, dieses kurze Stück wegzulassen!

Obwohl die Route großteils über Asphaltstraßen führt, muß lediglich auf dem Teilstück rund um das Cruz del Carmen mit stärkerem Verkehr – zum Großteil Touristenfahrten – gerechnet werden. Die beschriebene Auffahrtsstraße ist verkehrstechnisch belanglos und daher fast unbefahren!

Das Anaga-Gebirge bietet tolle MTB-Pisten vor einer herrlichen Landschaftskulisse.

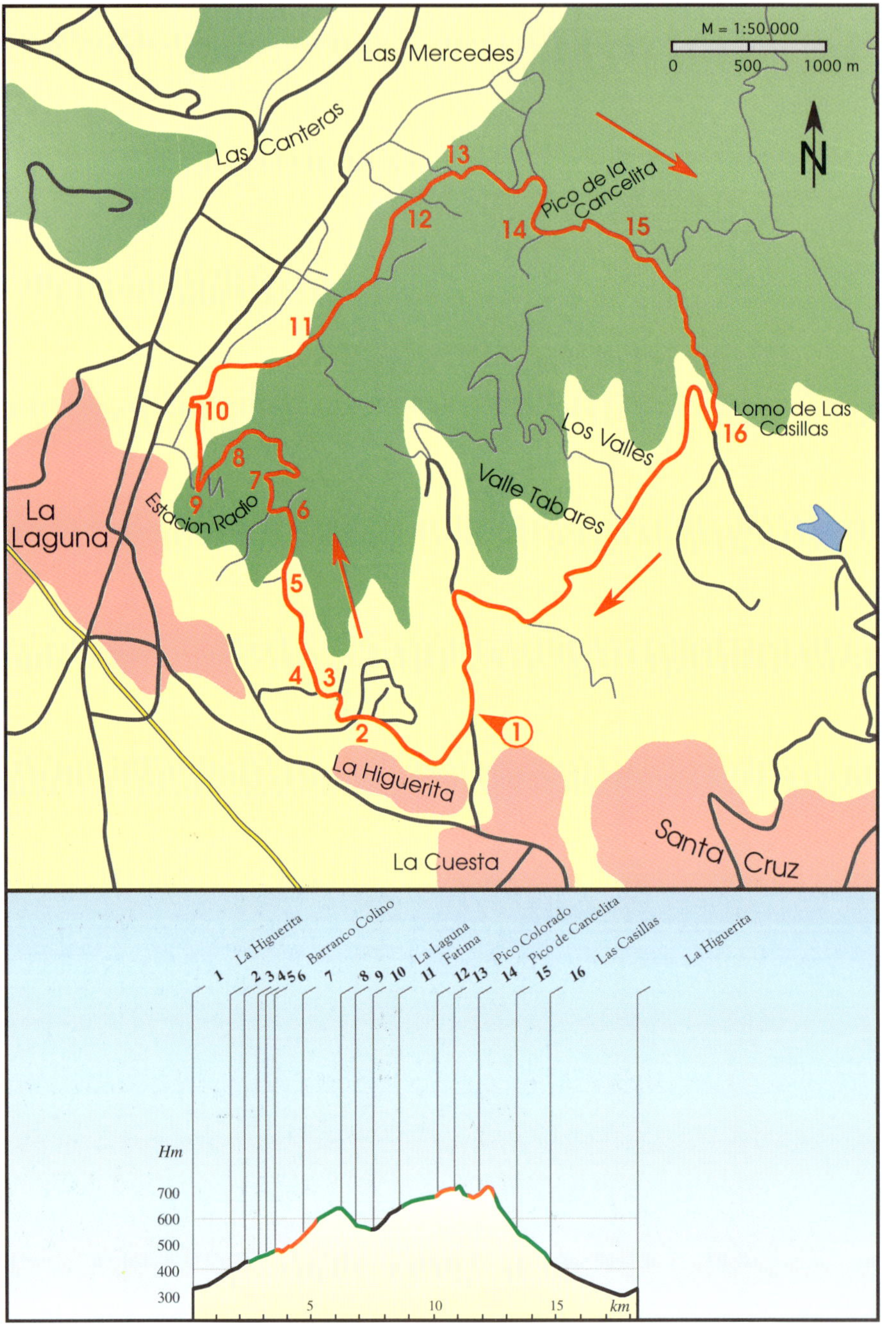
M = 1:50.000
0
500
1000 m
N
Las Mercedes
Las Canteras
Pico de la Cancelita
Lomo de Las Casillas
Los Valles
Valle Tabares
Estacion Radio
La Laguna
La Higuerita
La Cuesta
Santa Cruz
1
2
3
4
5
6
7
8
9
10
11
12
13
14
15
16
La Higuerita
Barranco Colino
La Laguna
Fatima
Pico Colorado
Pico de Cancelita
Las Casillas
La Higuerita
Hm
700
600
500
400
300
5
10
15
km

A2 La Laguna

Mäßig schwere bis schwere Tour

Tolle Trialrunde zwischen Santa Cruz und La Laguna, die vor allem wegen ihrer fahrtechnischen Anforderungen und den traumhaften Ausblicken in das Talbecken von La Laguna besticht. Nur für Trialfans!

18,4 km
546 Hm
1:45 Std

Neben den bekannten und daher auch entsprechend frequentierten Aussichtspunkten im Anaga-Gebirge gibt es eine Reihe von Plätzen, die nicht nur wegen ihrer grandiosen Aussichten, sondern vor allem wegen ihrer Einsamkeit und Unberührtheit imponieren. Dies sind die Stellen, die der Biker sucht, die sich jeder selbst erarbeiten und erobern muß und die ihren besonderen Reiz dadurch erhalten, daß eben nicht jeder dorthin kommt, vielleicht noch im Touristenbus hinaufgekarrt. Oft ist es einfach ein Weg, der immer wieder herrliche Ausblicke zuläßt, oder ein Hügel, der besondere Panoramen bietet. Dort will man hin, denn hier ist man einer unter wenigen, die diese Bilder sehen können. Zu solchen Stellen führt diese Tour und bietet auf abgelegenen Pfaden und Wegen herrliche Ausblicke. Bevor man allerdings das Besondere erreicht, steht eine Menge Anstrengung und Schweiß bevor! Nicht die Länge dieser Tour stellt eine Schwierigkeit dar, lediglich die Fahrbahnen sind es, die den Biker zum Schnaufen bringen!

Die erste Schwierigkeit ist jedoch, den richtigen Einstieg in die Tour zu finden. Um eine Irrfahrt durch die Orte La Cuesta und La Higuerita zu vermeiden, umfährt man diese am besten in großem Bogen durch Santa Cruz. Als alternativer Startpunkt sei La Laguna erwähnt, der einen wesentlich einfacheren Einstieg in die Tour ermöglicht. Allerdings bleibt dann der schwerste Brocken der Route für den Schluß.

Hat man den richtigen Eingang in die Tour einmal gefunden, sollten die ersten Meter auf Asphalt genossen werden, denn gleich hinter den Häusern beginnt, völlig uneinsehbar, der Anstieg. Zwischen einer Fabrik, einer Lagerhalle und einem Autofriedhof fährt man in einen Talschluß hinein, ohne jedwegen erkennbaren Aus- oder Anstieg. Einziger Orientierungspunkt ist ein kleines weißes Haus, das hoch oben am Hang steht. Die Fahrt dorthin ist denkbar schwierig und nur mit gutem Orientierungssinn und einer gehörigen Portion Fingerspitzengefühl findet man überhaupt den hinaufführenden Karrenweg. Abseits der Schotterstraße durchsteigt man auf kaum erkennbaren Pfaden ein kleines Bachbett, quert ein Terassenfeld und zwängt sich durch Gestrüpp und Kakteen zum Beginn einer steilen, geröllübersäten und kaum fahrbaren Steinpiste. Doch jeden Meter, den sich der tapfere Biker hinaufkämpft, wird die Piste besser, lediglich die Kakteen und Sträucher verhindern ein schnelleres Vorwärtskommen. Hat man schließlich nach kurzer, aber harter Auffahrt das erwähnte Haus erreicht, ist die Schlacht so gut wie geschlagen. Ab hier bikt sich's genüßlich auf gutem Karrenweg auf die Kuppe zu, an der endlich der Blick freigegeben wird auf die Hochebene von La Laguna. Einzigartig sind die

Ausblicke auf das saftig-grüne Tal, in der die Häuser wie Spielzeug verteilt sind. Dazwischen ragen Palmen hervor und im Hintergrund thront gigantisch der Teide. Auf besten Wegen oberhalb La Lagunas quert man nun bergab und wieder bergauf die Hangkante, bis der Weg immer schmäler wird und schließlich nurmehr als fußbreiter Wiesenpfad durch den Hang führt. Auf etwas holprigen Karrenwegen überfährt man die erste Kuppe in eine kleine Mulde hinein. Den einzigen, den man hier antrifft, ist der Ziegenhirt, der mächtig staunt über die für ihn fraglos unsinnig schweißtreibende Fortbewegung auf zwei Rädern....

Als Draufgabe zwängt man sich, nach kurzer, steiler Auffahrt aus der Mulde heraus, durch einen engen Felsdurchlaß über die zweite Kuppe und gelangt auf einen schmalen Fußweg, der in schöner, viel zu kurzer Fahrt bergab leitet. Beste Forstwege führen zurück, bis als Abschluß eine rasante Asphaltabfahrt zum Ausgangspunkt führt. Auf solcher Runde holt man sich sicherlich die Lust zu größeren Aufgaben in diesem herrlichen Gebiet, vor allem aber stimmt sie mit ihren schweren, jedoch kurzen und durchwegs lösbaren Trialaufgaben auf die wirklich schweren Touren im Anaga-Gebirge ein, z.B. nach Afur oder zum Bailadero.

Charakteristik

Fahrbahnen

Asphalt	6,1 km
Piste	5,0 km
Karrenwege	5,5 km
Pfade	1,8 km

Schwierigkeiten

leicht	8,9 km
mittel	3,5 km
schwer	5,6 km
extrem	0,4 km

Schiebe-/Tragestrecken

1) 4 min/300 m bergauf
2) 1 min/100 m bergab

Rast/Verpflegung

Bar/Restaurant in La Laguna

Karten

Mapa Militar de España: 79-77 „Punta del Hidalgo"
+ 79-78;79-79 „Santa Cruz de Tenerife"

Am Beginn schmaler Fußpfad, dann loser Geröllpfad und Karrenweg nach La Laguna hinauf. Anfangs sehr steil und wegen des Gerölls fast unfahrbar. Ab La Laguna steile Asphaltstraßen, dann Querung auf festen Schotter-/Erdwegen, ein kurzes Stück schmaler Wiesenpfad am Hang entlang. Kurze Kletterpartie durch einen Felseinschnitt, dann Abfahrt auf anfangs schlechten Karrenwegen und Pfaden, schließlich beste Schotter- und Asphaltstraßen.

Fahrstrecke

0,0	La Higuerita	318	0:00
6,8	La Laguna	570	0:46
8,6	Fatima	642	0:59
11,0	Pico Colorado	731	1:19
12,0	Pico de la Cancelita	724	1:24
18,4	La Higuerita	318	1:45

Routenführung

Ausgangspunkt: La Higuerita

Anfahrt: Auch wenn es kürzere Anfahrtswege gibt, empfiehlt es sich, über Santa Cruz anzufahren, da der Ausgangspunkt von hier am einfachsten zu finden ist:

Von Puerto de la Cruz über die „Autopista del Norte" bis Santa Cruz (31 km): Die Ausfahrt „Avenida" nehmen und auf der vierspurigen Straße bis zur allerletzten Ampel hinunterfahren. Über diese letzte Ampel in gerader Richtung weiter und erst nach der Ampel auf die Hafenstraße nach links. Nach 1,9 km zweigt man im spitzen Winkel nach links in die große „Rambla General Franco" ab (bei einer Werbetafel mit Uhr und Datumsanzeige). Dieser Straße bergauf folgen und nach 800 m rechts in die „Calle Horacico Nelson", beschildert Ri. „Barrio de Salamanca Salud" abzweigen. Nach 150 m den linken Abzweig Ri. „Barrio de Salamanca Salud" liegenlassen, das Nachrangschild passieren, weiter geradeaus bergauf fahren und dieser Straße nun immer folgen.

Nach 2,6 km teils steiler Auffahrt erreicht man eine breite Straße und folgt dieser nach rechts bergauf, überfährt nach 2,1 km die Kuppe und wieder bergab. Nach 3 km überfährt man eine kleine Brücke, ab hier steigt die Straße wieder an. Nach 450 m passiert man das Ortsendeschild „Valle Tabares". 60 m nach diesem Schild zweigt rechter Hand eine unbeschilderte Straße ab. Rechts, kaum einsehbar, befindet sich das Schild „Club Cisneros, Collegio Cisneros Alto". Hier beginnt die Tour, Parkmöglichkeit an der Straße.

Alternative Startpunkte: La Laguna, Santa Cruz (Auffahrt per Bike, s. A6)

Anfahrt nach La Laguna: (empfehlenswert, weil kürzer und leichter zufinden!)

Ortsdurchfahrt La Laguna zum „Plaza S. Francisco" und an der hinteren Ecke des Platzes in die „Calle pintor Jose Aguar". Nach 100 m rechts, nach 300 m links auf die Schotterstraße (= Pkt.9)

Pkt.1 **km 0,0** Rechts der Anfahrtsstraße in die oben beschriebene Straße Ri. „Club Cisneros, Collegio Cisneros Alto" abzweigen und das Verkehrsschild „40" passieren. Die erste Abzweigung Ri. „Collegio Cisneros Alto" unberücksichtigt lassen und geradeaus, an der Collegio Cisneros Alto (großes, grünes Tor) vorbeifahren. Dieser Straße nun stets folgen und alle Abzweigungen unberücksichtigt lassen.

Pkt.2 **km 1,6** Man erreicht einen ovalen Kreisverkehr und passiert diesen in eingeschlagener Richtung (kurz nach rechts und gleich wieder links, gerade über die Quergasse). Nach 60 m, am Ende des Kreisverkehrs, an der Querstraße links und gleich wieder rechts in die „Baranquillo Acentejo" (dies ist praktisch die verlängerte Anfahrtsstraße).

Pkt.3 **km 2,1** Die Straße macht eine Rechtskurve und nach wenigen Metern zweigt man an der ersten Möglichkeit links in die „Calle Cartagena" ab (wird nach 60 m zur Schotterstraße). Nach 400 m an der ersten Gabelung gerade auf der Asphaltstraße bleiben und erst nach 20 m an der zweiten Gabelung auf die Schotterstraße nach rechts abzweigen.

Pkt.4 **km 2,8** Den vor einem großen Betonklotz rechts abzweigenden Weg unberücksichtigt lassen und geradeaus bleiben. Nach 200 m den links abzweigenden Weg liegenlassen und geradeaus bergauf fahren.

Pkt.5 **km 3,1** An der Gabelung dem rechten Weg durch das grüne Tor hindurch folgen (Privatbesitz!). Nach 300 m den rechten Weg liegenlassen und geradeaus weiter.

Pkt.6 **km 3,5** Die Schotterstraße macht an einem kleinen Sandplatz (vor einer Art Steinbruch) eine Rechtskurve. Unmittelbar vor der Rechtskurve, direkt am Beginn des Sandplatzes, zweigt man nach links auf den etwas unscheinbaren Fußweg ab. Diesem nach 150 m in den Bach hinunter folgen, gegenüber gleich wieder hinaus und durch die Rechtskurve steil bergauf. (Der Weg ist hier schlecht erkennbar - unbedingt rechts halten, nicht geradeaus weiter!). Man passiert ein kleines, schwarz-weißes Schild „Coto privado de Caza" und hält sich weglos auf der Wiesenterasse weiter. Nach 60 m erkennt man rechter Hand eine kleine Steinbrücke. Man bleibt hier weiter geradeaus durch die Büsche, bis der Weg als anfangs schmaler Fußweg wieder erkennbar wird. Diesem folgt man nun weiter als steile Geröllpiste bergauf.

Pkt.7 **km 4,8** Dem Hauptweg durch die Rechtskurve folgen (ab hier wird der Weg besser) und stets weiter bergauf (nach 800 m am Haus vorbei).

Pkt.8 **km 6,3** An der Kuppe die Kette übersteigen und der Straße bergab folgen.

Pkt.9 **km 6,8** 500 m nach Überfahren der Kuppe in einer Rechtskurve auf die breite Schotterstraße nach rechts abzweigen (für einen Abstecher nach La Laguna bzw. zur Verbindung mit „A1 Pico del Inglés" hier auf der Straße geradeaus bergab bleiben).

Pkt.10 **km 7,5** Die Schotterstraße endet an einer kleinen Straße, dieser folgt man links bergab, nach 50 m an der Straße rechts und nach nochmals 50 m vor einem verfallenen Haus wieder rechts bergauf. Dieser Straße stets bergauf folgen, ohne eine Abzweigung zu berücksichtigen.

Pkt.11 **km 8,6** Den Abzweig Ri. „Fatima" rechts bergab liegenlassen und unbeschildert links bergauf halten (nach 200 m Schotterstraße).

Pkt.12 **km 10,2** An der 3er-Gabelung auf dem mittleren, zweispurigen Karrenweg bergauf (nicht rechts und nicht links bergab!). Der Weg wird zum Pfad und quert den Wiesenhang.

Pkt.13 **km 10,9** Man erreicht eine Schotterstraße, hält sich an dieser scharf nach rechts bergauf, übersteigt nach 100 m die Kette und folgt dem Weg bergab. Nach 200 m auf dem Hauptweg geradeaus bergab bleiben und nach weiteren 100 m dem Weg, der von rechts oben kommt, nach scharf links bergab folgen.

Pkt.14 **km 11,9** Der Weg wird schmäler und man folgt dem Pfad nach links steil bergauf, übersteigt zwischen den Felsen den Bergkamm und folgt dem Pfad wieder bergab. Nach 500 m erreicht man eine Schotterstraße, folgt dieser durch das rote Eisentor (falls geschlossen, muß es überklettert werden) und unmittelbar dahinter an der Gabelung auf den ganz linken Schotterweg, am Zaun entlang, bergab.

Pkt.15 **km 13,5** Wenige Meter nach Übersteigen einer Kette an der Gabelung auf dem rechten Schotterweg bergab.

Pkt.16 **km 14,9** Man erreicht die Asphaltstraße und hält sich nach rechts bergab. Nach 3,4 km zurück am Ausgangspunkt.

Varianten

Alternative Auffahrt auf der Straße: Am Pkt.1 auf der Hauptstraße weiterfahren, an der Querstraße rechts. Nach 3 km durch La Laguna fahren (s. Anfahrt) und bei Pkt.9 in die Tour einsteigen. Über das Cruz del Carmen kann die Tour bis Afur erweitert werden.

Kombinationen

Mit A1 (s. A1, Kombinationen).

Tips und Hinweise

Ein nicht unerheblicher Teil dieser Tour führt durch Privatbesitz! Dieser ist frei zugänglich, nur das Befahren mit Autos wird durch niedrige Ketten verhindert. Oft sind diese jedoch nicht einmal gespannt, bzw. eventuell vorhandene Tore stehen weit offen. Trotzdem sollte man sich hier rücksichtsvoll verhalten und sich vor allem auf den Abfahrten mit entsprechender Vorsicht fortbewegen!

Wer die Runde andersherum fahren will, erspart sich zwar die Auffahrt auf dem anfangs unguten Karrenweg, hat aber dafür ein entsprechendes Tragestück und holprige Karrenwege von der anderen Seite. Außerdem führt so ein Stück des Auffahrtsweges auf der Route A6. Nur wer diese Tour nicht fährt, kann die umgekehrte Richtung in Erwägung ziehen.

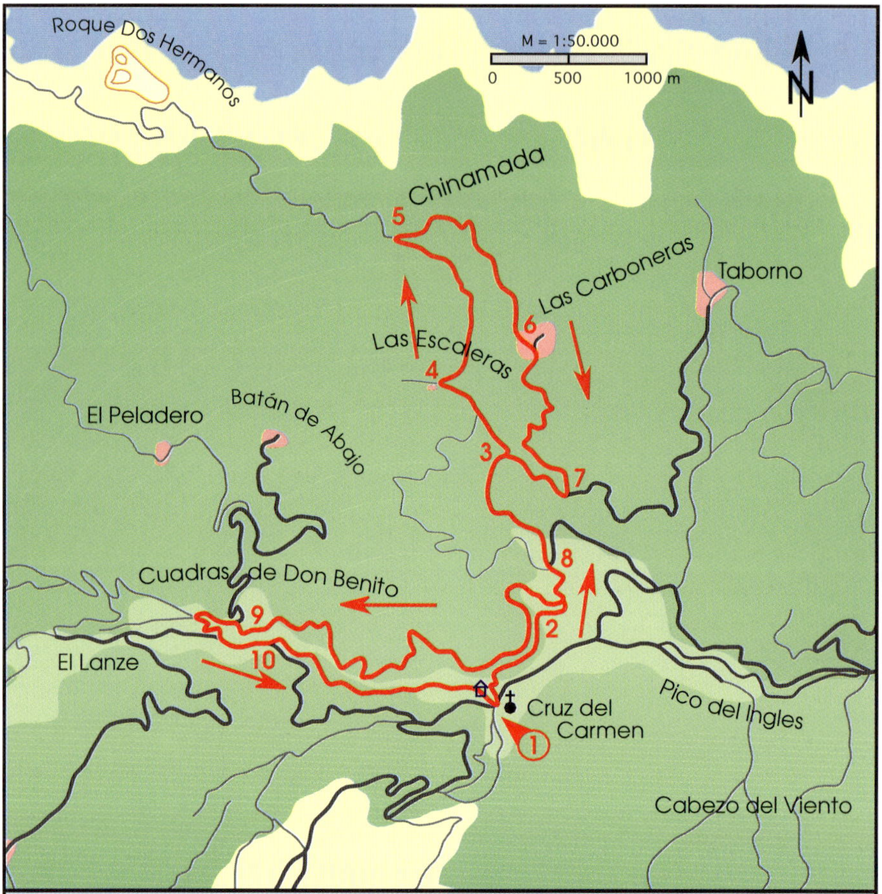

Roque Dos Hermanos
M = 1:50.000
0 500 1000 m
N
Chinamada
5
Las Carboneras
Taborno
6
Las Escaleras
4
El Peladero
Batán de Abajo
3
7
8
Cuadras de Don Benito
9
2
El Lanze
10
Cruz del Carmen
1
Pico del Ingles
Cabezo del Viento

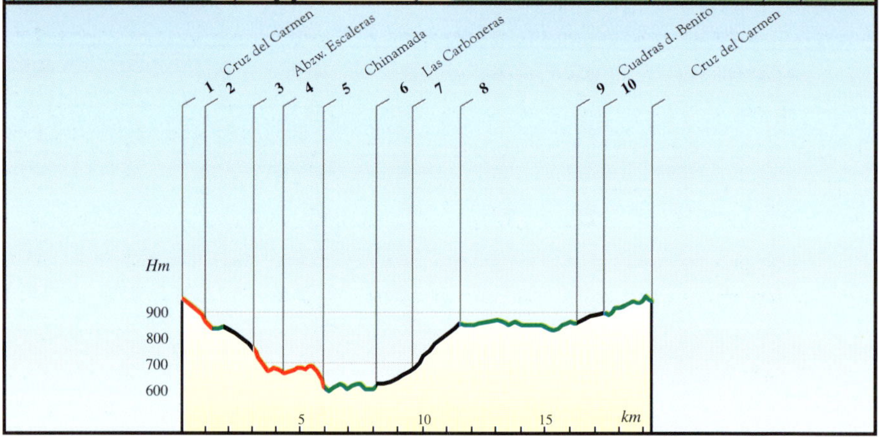

1 Cruz del Carmen
2
3 Abzw. Escaleras
4
5 Chinamada
6 Las Carboneras
7
8
9 Cuadras d. Benito
10
Cruz del Carmen
Hm
900
800
700
600
5
10
15
km

A3 Chinamada

Schwere Tour

Wunderschöne Kurzrunde zu einem der widersprüchlichsten Dörfer Teneriffas, die alle Elemente einer respektablen Tour vereint: von genüßlicher Fahrt auf besten Forstwegen bis hin zu schwersten Trialaufgaben.

19,3 km
672 Hm
1:37 Std

Das Ziel dieser Runde ist das wohl mit Abstand eigentümlichste Dorf Teneriffas - Chinamada. Weit abseits in den Berghängen des Anaga gelegen, war es über die längste Zeit nur zu Fuß bzw. auf Eselsrücken zu erreichen. Über Jahrzehnte führten die wenigen Bewohner ein einsames und abgeschiedenes Leben, fern jeglicher Zivilisation. Wie häufig auf der Kanareninsel wohnten die Menschen nicht in Häusern, sondern arbeiteten Felshöhlen aus dem Gestein heraus, in denen sie ihr Leben verbrachten. Wie Löcher im Emmentaler sehen diese Höhlen aus und es ist absolut unglaublich, daß Menschen diese ihr Zuhause nannten.

Erst nach und nach bauten die Bewohner richtige Häuser, wobei sich die meisten nicht die Mühe machten, ein komplettes Haus zu bauen, sondern sie begannen, Dach und Wände einfach an die bestehenden Höhlen anzubauen, was ein recht eigenartiges Bild ergab. Manche Felslöcher bekamen ein simples Vordach spendiert, blieben aber sonst offen, andere wiederum wurden fast völlig zugebaut. Es finden sich die unterschiedlichsten Formen und Konstruktionen.

Gleichzeitig mit den überdachten Wohnungen und dem dafür benötigtem Material wurde auch die erste und einzige Straße ins Dorf gebaut. Und diese Straße brachte auch ein wenig Zivilisation in das abgeschiedene Örtchen und etwas Komfort für seine wenigen Bewohner. Und so paarte sich innerhalb kürzester Zeit Einsiedelei mit modernen Lebensformen. Entstanden ist daraus eines der widersprüchlichsten Dörfer: neben uraltem Gerät steht modernes Werkzeug, auf den primitiven Dächern prangen Fernsehantennen und vor den bewohnten Erdhöhlen stehen Geländewagen.

Für den Biker, der sich über schwerste Pfade durch rauhe Natur hierherquält, ist der Widerspruch noch größer, denn der Weg nach Chinamada ist alles andere als einfach! Vom Cruz del Carmen beginnt's anfangs noch recht einfach - genußvoll rollt das Bike auf einem herrlichen Waldweg Richtung Las Carboneras abwärts. Doch nach einem kurzen Asphaltstück beginnen gleichermaßen Faszination und Schwierigkeit dieser Tour. Man zweigt von der Straße auf einen schmalen Fußweg ab, der gleich über einige Spitzkehren abwärts zieht. Was nun folgt, ist ein traumhaft schöner Singletrack nach Chinamada. Auf schmalster Fahrbahn - oft nicht mehr als zwei Handbreit - quert man, stets bergauf und bergab, die Hangkante. Mitten durch die schroffen Berghänge des Anaga führt die artistische Fahrt mit einzigartigen Ausblicken auf die Täler. Obwohl der Pfad stellenweise stark ausgesetzt ist, kann er durch den festen Erdboden bestens befahren werden. Ungefährlich ist diese Übung nicht, doch von halbwegs erfahrenen Bikern sollte der Pfad durchwegs zu bewältigen sei. Erst gegen Ende wird der Weg immer steiler und schwieriger, so daß sich auch Profis stellenweise gehörig anstrengen müssen, um im Sattel zu bleiben.

Hat man nach toller Fahrt schließlich Chinamada erreicht, erscheint einem der in diesen wenigen Höhlen und Häusern liegende Widerspruch ob der Abgeschiedenheit und Schwierigkeit des Geländes noch krasser. Die Rückfahrt selbst stellt keine größere Anforderungen an das Fahrkönnen, lediglich eine zwar wunderschöne, aber auch sehr lange Querfahrt auf bestem Forstweg könnte ein kleines Ausdauerproblem sein, doch die landschaftlichen Eindrücke machen jegliche Anstrengung wett (außerdem besteht die Möglichkeit, diese Runde abzukürzen - s. Varianten)! Ist das Cruz del Carmen wieder erreicht, genießt der Trialpilot nochmals die herrlichen Ausblicke auf La Laguna, wobei diese Tour wegen ihrer landschaftlichen und fahrtechnischen Highlights bei ihm sicherlich einen bleibenden Eindruck hinterläßt!

Charakteristik

Fahrbahnen

Asphalt	6,1 km
Piste	9,1 km
Karrenwege	1,3 km
Pfade	2,8 km

Schwierigkeiten

leicht	7,1 km
mittel	7,2 km
schwer	4,0 km
extrem	1,0 km

Schiebe-/Tragestrecken

1) 4 min/300 m bergab

2) ev. einige Meter vor Chinamada bergab

Rast/Verpflegung

Forsthaus/Restaurant am Cruz del Carmen,

Bar in Las Carboneras.

Karten

Mapa Militar de España: 79-77 „Punta del Hidalgo"

(Serie 5V 1:25.000)

Anfangs beste Wald- und Forstwege, im zweiten Teil ein kurzes, extrem steiles und kurviges Stück auf felsigem Pfad, dann sehr schmale Fußpfade, teils stark ausgesetzt und gefährlich, vor Chinamada immer schwerer werdend, v.a. aber steiler und felsiger. Rückfahrt durchwegs auf problemlosen, meist nur mäßig steilen Asphalt- und Forstwegen.

Fahrstrecke

0,0	Cruz del Carmen	948	0:00
3,0	Abzw. Escaleras	761	0:10
5,8	Chinamada	623	0:29
8,1	Las Carboneras	622	0:41
16,8	Cuadras Don Benito	890	1:23
19,3	Cruz del Carmen	948	1:37

Routenführung

Ausgangspunkt: Cruz del Carmen

Anfahrt: Von Puerto de la Cruz über die „Autopista del Norte", Richtung „Santa Cruz". Nach 23 km die erste Ausfahrt nach La Laguna nehmen („La Laguna por San Benito").

Ortsdurchfahrt La Laguna: Im Kreisverkehr links, Ri. „La Laguna" fahren und nach 100 m die Ausfahrt „Calle San Antonio" nehmen (in Fahrtrichtung geradeaus). Nach 200 m an der Querstraße der Einbahn nach rechts folgen und auf dieser immer geradeaus bleiben. Nach 550 m, an der ersten Ampel, nach links in die „Calle San Juan" abzweigen. Immer geradeaus halten. Nach 600 m verläßt man das dichtverbaute Gebiet, gelangt in eine Allee und bleibt auf dieser immer geradeaus.

Fahrt zum Startplatz: Nach 2,3 km an der Gabelung rechts, Ri. „Monte de las Mercedes" fahren und dieser Straße stets folgen. Nach weiteren 5,6 km läßt man die Abzweigung nach links liegen und hält sich rechts, Ri. „Cruz del Carmen, Pico del Inglés". Nach 700 m erreicht man bei einer Kapelle den rechter Hand liegenden Aussichtspunkt „Cruz del Carmen".

Hier beginnt die Tour, Parkmöglichkeit auf dem großen Parkplatz rechts der Anfahrtsstraße.

Alternativer Startpunkt: Las Carboneras

Pkt.1 **km 0,0** Gegenüber der Kapelle, rechts neben dem Rasthaus zweigt ein Weg Ri. „Las Carboneras" ab (linker Hand der Anfahrtsstraße). Auf diesem in den Wald hinein und bergab fahren.

Pkt.2 **km 1,0** Dem Hauptpfad durch die Rechtskurve folgen und alle Abzweigungen geradeaus liegenlassen. Nach 300 m erreicht man eine Forststraße und folgt dieser nach rechts. Nach weiteren 500 m an der Asphaltstraße links bergab.

Pkt.3 **km 3,0** In einer Rechtskurve zweigt bei einem gelben Icona-Schild ein unscheinbarer Weg über Stufen Ri. „Las Escaleras" ab. Diesem durch die Kehren abwärts folgen. Nach 200 m an der Gabelung auf den linken Ast am Hochspannungsmasten vorbei, Ri. „Chinamada". Nach weiteren 400 m den links durch die Kehren abwärts führenden Weg liegenlassen und dem rechten Pfad leicht bergauf folgen.

Pkt.4 **km 4,2** Hinter einem einsamen weißen Haus nach scharf rechts abzweigen (nicht geradeaus weiter!)

Pkt.5 **km 5,8** In Chinamada an der Schotterstraße nach rechts, Ri. „Las Carboneras" fahren.

Pkt.6 **km 8,1** Man erreicht Las Carboneras auf der „Calle Montilo" und folgt der Hauptstraße geradeaus weiter.

Pkt.7 **km 9,6** An der Straßengabelung rechts bergauf, Ri. „Cruz del Carmen, El Bailadero".

Pkt.8 **km 11,5** Rechts der Asphaltstraße auf den Forstweg, Ri. „Cruz del Carmen, Las Yedras" abzweigen. Dieser Forststraße über fast 5 km folgen und alle Abzweigungen und Nebenwege unberücksichtigt lassen.

Pkt.9 **km 16,2** Man erreicht eine Asphaltstraße und folgt dieser nach links, Ri. „Las Cuadras". Nach 600 m an der Gabelung links bergauf, Ri. „Las Canteras, Pico del Inglés".

Pkt.10 **km 17,4** Auf die Forststraße links in den Wald, Ri. „Cruz del Carmen, Casa forestal" abzweigen. Nach 600 m alle nach rechts weggehenden, durch die Kette abgesperrten Wege liegenlassen und auf dem Hauptweg geradeaus bleiben. Bald erreicht man einen kleinen Sandplatz, läßt den nach rechts wegführenden Weg unberücksichtigt und bleibt auf dem Hauptweg geradeaus weiter. Nach weiteren 1,3 km zurück beim Ausgangspunkt.

Varianten

Die Tour kann in zwei kurze Einzeltouren zerlegt werden, wobei entweder die Trialstrecke nach Chinamada oder die Forstpiste über die Cuadras de Don Benito gefahren wird.

Kombinationen

Mit A1: A1 Pkt.7, A3 Pkt.1-8, auf der Straße bergauf, nach 1,3 km rechts, nach 1,1 km erreicht man A1, Pkt.8.

Tips und Hinweise

Ein Teil dieser Runde führt auf gleichen Wegen wie die Tour A5 über den Roque Dos Hermanos, teils in gleicher, teils in umgekehrter Richtung. Es empfiehlt sich daher, eine der beiden Touren auszuwählen, wobei sich die hier beschriebene als verkürzte und wesentlich einfachere Variante versteht. Die Trialstrecke bis Chinamada ist zwar schwer, teils nicht ungefährlich, aber doch durchwegs zu meistern. Erst der Weg von Chinamada durch den Barranco nach Punta del Hidalgo hinab ist derart steil, geröllig und schwer, daß er über weite Strecken nur zu Fuß zu bewältigen ist. Wer sich diese Eskapaden sparen will, ist wohl mit der Kurzrunde über Chinamada besser beraten, einzig die landschaftlichen Reize - geprägt durch den bizarren Barranco - überwiegen bei der längeren Tour.

A4 Las Casillas

Sehr schwere Tour

Lange Asphaltauffahrt zu einem der schönsten Aussichtspunkte, begeisternde Singletracks zu den verlassenen Häusern von Casillas und schwere Trialpfade zum Badestrand von Teresita ergeben eine erstklassige Runde.

38,5 km
1207 Hm
3:06 Std

Es ist erstaunlich, in welch einsamen und unzugänglichen Regionen die Berghöfe im Anaga-Gebirge versteckt sind. Direkt in den Fels gebaut, fern jeglicher Zivilisation, ringen die Bewohner dem kärglichen Boden jeden fruchtbaren Meter ab, halten hoch oben ihre Ziegen und führen ein von schwerer Handarbeit geprägtes Leben.

Zu einer solchen Stätte führt diese Tour. Fast 20 Minuten von der Straße entfernt (mit dem Bike wohlgemerkt!) liegen die Häuser von Las Casillas. Tief in den Fels gebettet, weit oben auf dem Bergkamm überblicken sie zwei einsame Täler. Ein Fußpfad führt hinauf und es ist fast unvorstellbar, hier oben auf Menschen zu treffen. Von den vier Häusern sind drei großteils verfallen, nur eines ist noch - zumindest zeitweise - bewohnt. Mit etwas Glück trifft man hier oben auf den Ziegenhirt, der ob der für ihn unbekannten Fortbewegungsart über den keuchenden Biker mächtig staunt.

Die Fahrt von San Andrés zum Bailadero hinauf ist - abgesehen vom reichlich fließenden Schweiß - völlig unproblematisch; sie verläuft durchwegs auf Asphalt. Der Verkehr besteht zu 90% aus touristischem Ausflugsverkehr, hält sich daher in Grenzen. Ein großes Problem kann allerdings der Wind sein, der auf der Nordseite über den Bergkamm steigt und nach Süden wieder abfällt. Dem Biker kann hier beträchtlicher Gegenwind ins Gesicht blasen.

Ab dem Bailadero folgt der reine Genuß. Nach einem kurzen Abstecher zum Chinobre, dem vielleicht schönsten Aussichtspunkt der gesamten Insel, folgt man auf alter Straße dem Kamm, die immer wieder herrliche Ausblicke vom schmalen Bergrücken auf beiden Seiten zum Meer freigibt. Nach fast zwei Stunden Fahrt beginnt bei einer unscheinbaren Abzweigung der absolute Trialspaß! Auf schmalen, aber großteils fahrbaren Pfaden gelangt man zu den Häusern von Las Casillas; erst auf den letzten Metern muß das Bike geschultert werden und direkt zwischen den Hausdächern besteigt man den Bergrücken. Der Pfad wird immer unscheinbarer, verläuft über blanken Fels und verliert sich teils völlig. Nach wenigen Minuten wird endgültig der Bergkamm überstiegen und das Abenteuer beginnt. Auf schmalster Piste stürzt sich der absolute Crack den felsigen Pfad hinab, schliddert durch die Spitzkehren über loses Geröll, muß sich aber dann doch dem einen oder anderen Hindernis geschlagen geben. Für den Normalbiker sind einige Trageminuten angesagt, obwohl mit guter Fahrtechnik ein Großteil des Pfades zu meistern ist. Der größte Feind des Bikers sind die Kakteen, deren Stacheln weiter in den Weg hineinstehen, als Reifen und Bikerwaden lieb ist.

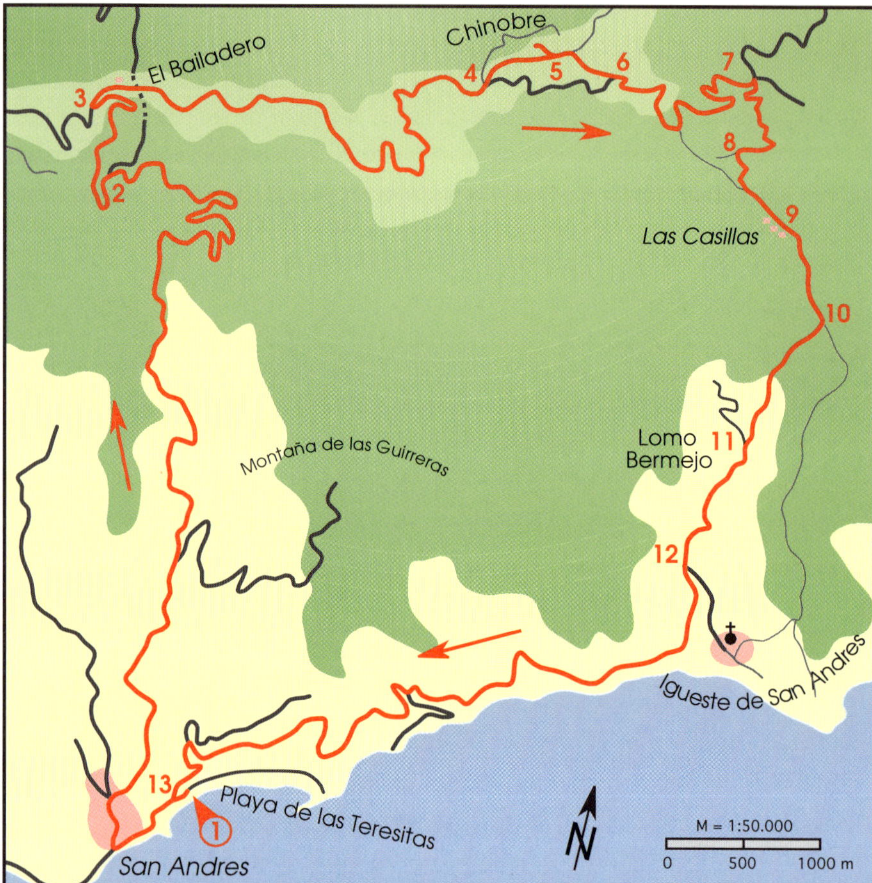
El Bailadero
Chinobre
1
2
3
4
5
6
7
8
9
10
11
12
13
Las Casillas
Lomo
Bermejo
Montaña de las Guirreras
Igueste de San Andres
Playa de las Teresitas
San Andres
N
M = 1:50.000
0
500
1000 m

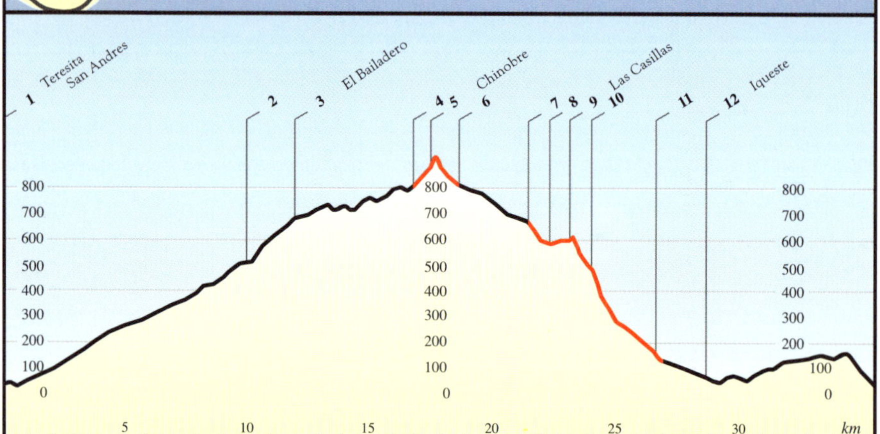
1 Teresita San Andres
2
3 El Bailadero
4
5
6 Chinobre
7
8
9
10 Las Casillas
11
12 Igueste
800
700
600
500
400
300
200
100
0
5
10
15
20
25
30
km

Vorsicht ist bei der Gabelung geboten, die den Pfad nach Igueste und Antequera teilt. Hier heißt es scharf rechts halten, denn der Hauptpfad führt geradeaus weiter. Wer diese Abzweigung verfehlt, gelangt auf schwersten Pfaden zur idyllischen Bucht von Antequera, was aber eine fast zweistündige Wanderung zurück in die Zivilisation bedeutet, die auch ohne Bike am Rücken schwer genug wäre. Einzige Orientierungshilfe ist ein winziges Holzschild, das, nur wenige Zentimeter über dem Boden, kaum die Aufmerksamkeit auf sich zieht. Ist der richtige Weg gewählt, führt der Pfad über nochmals herrliche Trialstrecken teilweise auf blankem Fels abwärts, wird dann allerdings für mehrere hundert Meter auf schmalen Geröllwegen nochmals unfahrbar, bevor endlich das rettende Asphaltband erreicht wird, das in wenigen Minuten nach Igueste de San Andrés führt. Auf der Küstenstraße, teils hoch über der Brandung, führt die Fahrt zu einem nochmals herrlichen Aussichtspunkt, unter dem der weiße Sandstrand von Teresita liegt. Nach kurzer, rascher Abfahrt bildet ein Bad in den kühlen Wellen des Atlantik mit Sicherheit den krönenden Abschluß dieser Tour. Beach and Bike – selten so schön wie auf Teneriffa!

Charakteristik

Fahrbahnen

Asphalt	28,7 km
Piste	0,0 km
Karrenwege	0,5 km
Pfade	6,6 km

Schwierigkeiten

leicht	13,9 km
mittel	15,5 km
schwer	3,7 km
extrem	2,7 km

Schiebe-/Tragestrecken

1) 4 min/300 m bergauf

2) 14 min/1000 m bergab

Rast/Verpflegung

El Bailadero

Karten

Mapa Militar de España: 79-77 „Punta del Hidalgo" + 80-77 „Punta de Anaga" (Serie 5V 1:25.000)

Beste Asphaltstraße bergauf, nur stellenweise etwas steiler. Schwierige Auffahrt zum Chinobre auf einem schmalen, rutschigen Waldweg über viele Erdstufen, bei Nässe kaum fahrbar. Ebensolche Rückfahrt zur Straße. Nach Las Casillas schmaler, fester Erdweg, ab dort sehr schwere Abfahrt auf einem schmalen Serpentinenpfad über losen Schotter, durch enge Spitzkehren und teils über blanken Fels. Durchwegs sehr steil, teilweise ausgesetzt!

Fahrstrecke

0,0	Teresitas	4	0:00
0,6	San Andrés	2	0:02
12,6	El Bailadero	684	1:07
17,8	Chinobre	909	1:34
23,3	Las Casillas	592	2:08
28,9	Igueste	26	2:45
35,8	Teresitas	4	3:06

Routenführung

Ausgangspunkt: Playa de las Teresitas, San Andrés

Anfahrt von Puerto de la Cruz: Von Puerto de la Cruz über die „Autopista del Norte" bis Santa Cruz, Ausfahrt „Avenida" und auf der vierspurigen Straße bis zur allerletzten Ampel hinunter. Über diese letzte Ampel in gerader Richtung weiter und erst nach der Ampel auf die breite Straße nach links.

Fahrt zum Startplatz: Dieser Hafenstraße geradeaus durch Santa Cruz folgen, nach ca. 2 km verläßt man das dichtverbaute Gebiet. Nach 7 km erreicht man in San Andrés die Abzweigung nach links, Ri. „El Bailadero, Taganana", bleibt hier geradeaus weiter und zweigt nach 600 m bei der Ampel nach rechts auf den großen Parkplatz beim Strand von Teresitas ein.

Hier beginnt die Tour, Parkmöglichkeit auf dem Parkplatz.

Alternativer Startpunkt: El Bailadero

Pkt.1 **km 0,0** Vom Parkplatz zurück auf der Anfahrtsstraße, nach 600 m rechts, Ri. „El Bailadero, Taganana" und dieser Straße über 9 km bergauf folgen.

Pkt.2 **km 10,2** Den rechten Abzweig Ri. „Taganana" liegenlassen und geradeaus, Ri. „Bailadero, La Laguna" bleiben.

Pkt.3 **km 12,1** An der Abzweigung rechts, Ri. „Bailadero, Chamorga" und nach 500 m am Gasthof Bailadero vorbei.

Pkt.4 **km 17,0** Bei einem kleinen Sandplatz zweigt eine Forststraße nach links (als Sackgasse beschildert) und ein Fußweg nach halblinks ab. Diesem Fußweg folgt man Ri. „Cabezo del Tejo" (schlecht lesbar) in den Wald hinein.

Pkt.5 **km 17,7** Nach links zweigt ein unscheinbarer Weg Ri. „Chinobre" ab. Ein Abstecher führt nach 125 m zum Aussichtspunkt (unbedingt empfehlenswert!). Nach 125 m wieder zurück am Hauptweg und diesem nach links bergab folgen. Nach 100 m an der Gabelung rechts, Ri. „Chamuscada".

Pkt.6 **km 18,8** Man erreicht die Asphaltstraße (vor der Abzweigung einer Schotterstraße) und folgt der Asphaltstraße nach links.

Pkt.7 **km 21,7** Unmittelbar vor einer Linkskehre zweigt eine Straße (als Sackgasse beschildert) geradeaus ab (toller Aussichtspunkt nach 200 m!). Gleich am Beginn dieser Straße führt ein schmaler Schotterpfad nach rechts abwärts (kleines, schlecht lesbares Schild Ri. „Igueste"). Auf diesem Pfad durch die Kurven bergab fahren.

Pkt.8 **km 22,6** An der Gabelung den rechts aufwärts führenden Pfad unberücksichtigt lassen und weiter auf dem linken Weg. Nach 400 m an der Gabelung geradeaus (nicht rechts bergab).

Pkt.9 **km 23,3** Man erreicht die Häuser von Las Casillas, folgt dem Pfad an den Häusern vorbei, am Kamm entlang und um die Bergkuppe herum. Nach 200 m den Bergrücken übersteigen und dem Pfad auf der anderen Seite bergab folgen.

Pkt.10 **km 24,3** ACHTUNG: Nach Unterquerung der Oberleitung und 30 m nach dem letzten Mast verläßt man den geradeaus führenden Weg und hält sich auf den kaum sichtbaren Pfad scharf rechts bergab. (Ein kleines, unscheinbares Schild weist den Weg Ri. „Igueste")

Pkt.11 **km 26,8** Beim Wegweiser „Casillas" hält man sich auf dem Pfad scharf rechts und gleich wieder links zum Haus hin und steigt über die Stufen zur Straße ab. Auf dieser links talauswärts fahren.

Pkt.12 **km 28,9** Beim Stoppschild an der Hauptstraße nach rechts (links führt die Straße nach wenigen Metern nach Igueste de San Andrés - ein lohnender Abstecher!).

Pkt.13 **km 35,8** Bei der Ampel nach links abzweigen, nach wenigen Metern zurück am Parkplatz von Teresitas.

Variante

Den schwierigen Weg zum Chinobre auslassen: Am Pkt.4 der Straße geradeaus folgen, bei km 21,4 erreicht man Pkt.7.

Kombinationen

Eventuell mit A7, allerdings muß das Stück zwischen dem Bailadero und dem Chinobre doppelt gefahren werden.

Tips und Hinweise

Ein sehr lohnender Abstecher stellt die Fahrt in das Fischerdorf Igueste de San Andrés dar. Da von hier kein Weiterkommen möglich ist (außer auf dem Wasserweg), erhielt es den Spitznamen „das Ende der Welt". Und tatsächlich könnte man glauben, hinter den hochaufragenden Klippen wäre die Welt zu Ende. Sehenswert ist vor allem die kleine Kirche und natürlich der alte Fischerhafen.

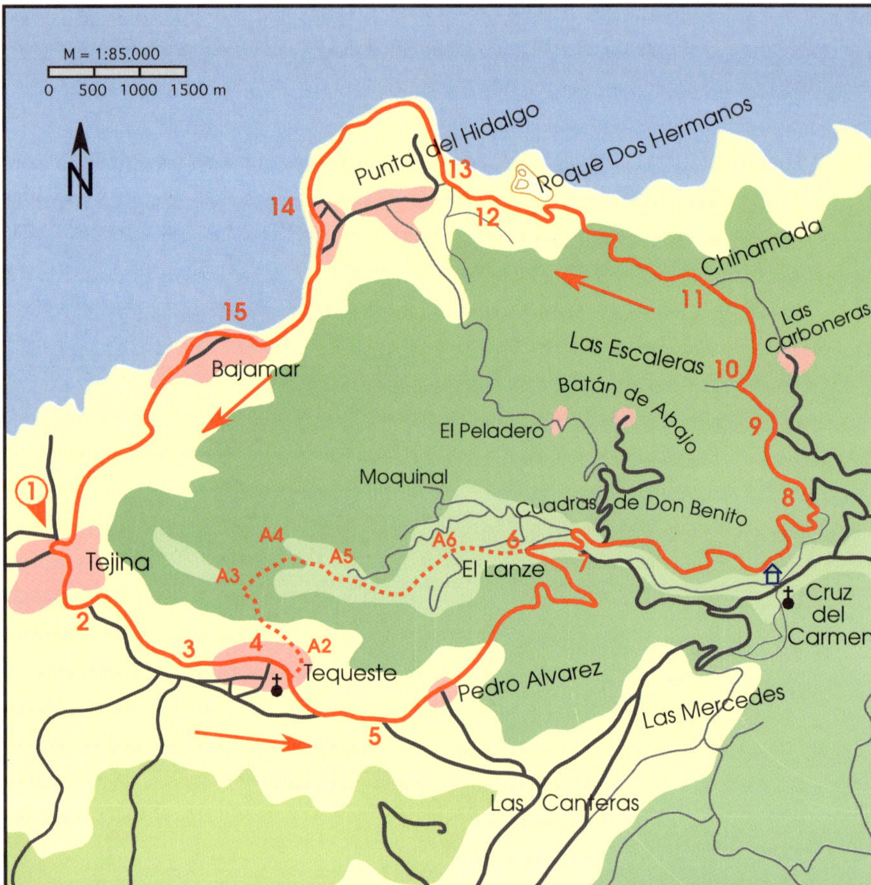
M = 1:85.000
0 500 1000 1500 m
N
Punta del Hidalgo
Roque Dos Hermanos
Chinamada
Las Carboneras
Las Escaleras
Batán de Abajo
El Peladero
Moquinal
Cuadras de Don Benito
El Lanze
Bajamar
Tejina
Tequeste
Pedro Alvarez
Cruz del Carmen
Las Mercedes
Las Canteras
1
2
3
4
5
6
7
8
9
10
11
12
13
14
15
A2
A3
A4
A5
A6

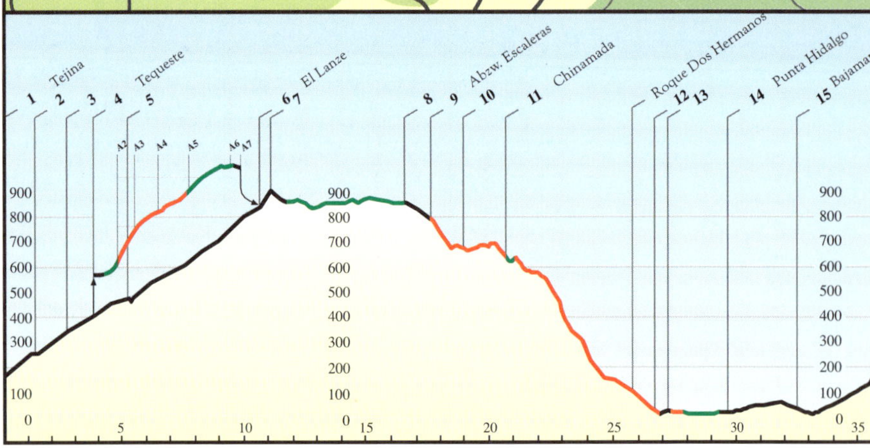
Tejina
Tequeste
El Lanze
Abzw. Escaleras
Chinamada
Roque Dos Hermanos
Punta Hidalgo
Bajamar
1 2 3 4 5 6 7 8 9 10 11 12 13 14 15
A2 A3 A4 A5 A6 A7
900 800 700 600 500 400 300 200 100 0
5 10 15 20 25 30 35

A5 Roque dos Hermanos

Sehr schwere Tour

Wahlweise Asphaltauffahrt oder Geröllpfad zu traumhaften Singeltracks. Im ersten Teil schwer, aber doch fahrbar, erst im zweiten Teil über lange Strecken an der Grenze der Befahrbarkeit mit mehreren Tragestücken durch einen bizarren Barranco. Supertour für Trialasse!

35,8 km
1055 Hm
3:37 Std

Freunde von Trialpfaden kommen auf dieser Runde voll auf ihre Rechnung, denn es findet sich so ziemlich alles, was es an unterschiedlichen Trialsektionen gibt: Von einfachen Aufgaben auf maßvollen Waldwegen bis zu den brutalsten Abfahrten über Fels und Geröll. Beginnend am nordwestlichen Ausläufer des Anaga-Gebirges stehen zwei Auffahrtsmöglichkeiten zur Wahl, die in ihrer Schwierigkeit nicht unterschiedlicher sein könnten. Gemächlich führt die Variante über Pedro Alvarez auf einer wenig befahrenen Asphaltstraße durch den schattigen Mercedeswald; durchwegs sehr leicht, doch auch etwas unspektakulär. Wesentlich härter ist die Variante über die Hochebene der Mesa de Tejina, denn hier muß jeder Höhenmeter bitter erkämpft werden. Von Fahren kann überhaupt nicht die Rede sein, nicht mal bergab ist dieser Pfad zu schaffen. Direkt am freien Hang führt ein fußbreiter, steiniger und überwachsener Geröllweg zum Sattel hoch. Es bieten sich hier zwar traumhafte Ausblicke auf das Tourenziel, die markanten Zwillingsfelsen Roque Dos Hermanos und über den Barranco del Rio bis nach Punta del Hidalgo, doch es ist wirklich fraglich, ob das für die Anstrengung entschädigt.

Zur Entspannung quert nun eine gute Forststraße mitten durch den Wald ohne großes Auf und Ab den Hang, bevor das Abenteuer beginnt. Auf anfangs wüster Piste stürzt sich der Crack einen schmalen Felspfad hinab, der aber schon bald zum absoluten Trialtraum führt. Die Fahrt führt auf schmalsten Wegen direkt am Hang entlang – der Trialpilot balanciert auf stellenweise nur fußbreiten Wegen direkt die Hangkante entlang. Hoch über den Schluchten des Anaga leiten die Pfade ohne jegliche Sicherung bergauf und bergab. Wenn der Pfad auch stellenweise gefährlich erscheint, so ist er von Könnern doch durchgehend zu schaffen, zumindest bis Chinamada stellt er den Biker vor keine unlösbaren Aufgaben. Erst ab diesem kleinen Dörflein wird der Pfad wirklich schwer und auch immer wieder über längere Strecken unfahrbar. Dafür wird der Biker mit einem einzigartigen Naturschauspiel entschädigt!

Mitten durch bizarre Gesteinsformationen wird der Pilot abwärts geleitet, an Felswänden entlang, durch Schluchten und über Steinstufen. Die Wände leuchten in unglaublichen Rot- und Brauntönen, ockerfarbene Flechten überwachsen die Felsen und bilden den Kontrast zu den grünen Hängen; kleine Höhlen und bizarr geformtes Gestein zeigen die Auswirkungen der jahrtausendlangen Erosion. Nach fast einer Stunde Abfahrt von Chinamada erreicht man die Zwillingsfelsen, die Roque Dos Hermanos („Die zwei Brüder"). Die beiden markanten Felsspitzen stehen hoch über dem Meer, eine tolle Aussicht bietet sich von hier über die Steilküste auf die Brandung hinab. Und schon steigt der Geruch des Meeres hoch, bevor man zur endgültigen Abfahrt ansetzt und auf nochmals schweren Felspfaden Punta del Hidalgo erreicht. Knapp vor der Einfahrt in die Ortschaft zweigt ein kaum erkennbarer Fußweg zu einer Küstenstraße ab, die als herrliche Schotterstraße an der ausgewaschenen, steinigen Küste entlangführt. Von hier aus stehen noch einige Kilometer und auch noch ein paar Höhenmeter auf dem Programm zurück nach Tejina.

Charakteristik

Fahrbahnen

Asphalt	14,0 km
Piste	10,3 km
Karrenwege	1,5 km
Pfade	10,0 km

Schwierigkeiten

leicht	9,3 km
mittel	14,2 km
schwer	5,3 km
extrem	7,0 km

Schiebe-/Tragestrecken

1) 20 min/1900 m bergab
(bei alternativer Auffahrt +15 min/800 m bergauf)

Rast/Verpflegung

Nur in den Orten von Punta del Hidalgo bis Tequeste, an der Strecke selbst keine!

Karten

Mapa Militar de España: 79-77 „Punta del Hidalgo" + 78-77 „Tejina" (Serie 5V 1:25.000)

Auffahrt über gut befahrbare, problemlose Asphaltstraßen. Bei alternativer Auffahrt langes, sehr schweres Tragestück auf einem überwachsenen, gerölligen Fußpfad und weiter auf fester, ausgewaschener Erdpiste. Ab „El Lanze" bester Forstweg. Trialfahrt nach Chinamada auf sehr schmalen Erdwegen, teils ausgesetzt und gefährlich, aber durchgehend fahrbar. Ab Chinamada sehr steiler, wüster Pfad. Über weite Strecken extrem schwer, mit langen Tragestrecken. Felsiger Untergrund mit teils hohen Steinstufen und losem Geröll, immer wieder stark exponiert!

Fahrstrecke

0,0	Tejina	177	0:00
3,9	Tequeste	407	0:21
10,8	El Lanze	823	1:17
20,2	Chinamada	623	1:59
25,8	Roque Dos Hermanos	277	2:50
28,3	Punta Hidalgo	8	3:04
35,4	Tejina	177	3:37

Routenführung

Ausgangspunkt: Tejina

Anfahrt von Puerto de la Cruz: Von Puerto de la Cruz über die „Autopista del Norte", Ri. „Santa Cruz". Nach 19 km Ausfahrt „Tacaronte" und immer Richtung Tacaronte bleiben. 250 m nach dem Einfahren in den Ort an der ersten großen Abzweigung/Gabelung unbeschildert links bergab (nicht geradeaus weiter!) und immer dieser Hauptstraße, ggf. Ri. „Tejina" folgen. Nach 11 km erreicht man an der Straßengabelung den Hauptplatz in Tejina (rechts Ri. „La Laguna, Santa Cruz", links Ri „Bajamar, Punta del Hidalgo").

Hier beginnt die Tour. Parkmöglichkeit am Straßenrand.

Alternative Startpunkte: Punta del Hidalgo, Tequeste, Pedro Alvarez, eventuell La Laguna

(Für den Start in Punta del Hidalgo: Am Hauptplatz (Kreisverkehr) in Tejina links bergab, Ri. „Bajamar, Punta del Hidalgo". Nach 5,5 km durchfährt man Hidalgo und erreicht nach 2 km das Ende der Asphaltstraße. Hier beginnt man die Tour, Parkmöglichkeit im Rondeau.

Weiter mit dem Bike am Ende des Rondeaus auf die Asphaltstraße bergab, nach 100 m beim gelben Icona-Schild auf die Schotterstraße nach rechts. Nach weiteren 200 m erreicht man Pkt.16 und zweigt hier nach links zwischen den vier steinernen Straßenbegrenzungen auf den kaum erkennbaren Fußweg ab. Weiter nach der Beschreibung, bei der Rückfahrt am Pkt.16 geradeaus zurück zum Ausgangspunkt.)

Pkt.1 **km 0,0** Am Hauptplatz (Kreisverkehr) in Tejina auf der bergauf führenden Straße, Ri. „La Laguna, Santa Cruz" fahren.

Pkt.2 **km 1,3** Vor einer Rechtskurve auf den nach scharf links abzweigenden Asphaltweg halten, diesem an beiden Abzweigungen vorbei, geradeaus folgen und nach knapp 150 m an der Querstraße rechts bergauf. Dieser stets weiter, teils steil bergauf folgen und alle Abzweigungen liegenlassen.

Pkt.3 **km 2,7** An der Querstraße links und dieser wieder, ohne eine Abzweigung zu berücksichtigen, stets weiter folgen.

Pkt.4 **km 3,9** (Von hier alternative Auffahrt über die Mesa de Tejina möglich – s. Pkt. A1 bis A7!). An der Gabelung dem rechten, breiteren Ast folgen, nach wenigen Metern erreicht man eine Querstraße. Man folgt der Querstraße nach rechts, nach 70 m hinter der Kapelle nach links auf den Weg durch die Häuser. Nach 600 m erreicht man die Hauptstraße und folgt dieser links bergauf.

Pkt.5 **km 5,4** Von der Hauptstraße nach links, Ri. „Pedro Alvarez" abzweigen und dieser Straße nun stets geradeaus bergauf folgen (auch nach 900 m nicht rechts, sondern geradeaus weiter).

Pkt.6 **km 10,6** An der Straßengabelung am „El Lanze" den linken, unbeschilderten Ast liegen lassen und rechts, Ri. „Las Mercedes" halten.

Pkt.7 **km 11,2** Nach links auf die Straße Ri. „El Batan" abzweigen. Nach 600 m auf die Forststraße nach rechts, Ri. „Las Carboneras" abzweigen und dieser über fast 5 km folgen ohne abzuzweigen.

Pkt.8 **km 16,4** Man erreicht eine Asphaltstraße und folgt dieser links bergab.

Pkt.9 **km 17,8** In einer Rechtskurve zweigt bei einem gelben Icona-Schild ein unscheinbarer Weg über Stufen bergab Ri. „Las Escaleras" ab. Diesem durch die Kehren abwärts folgen. Nach 200 m an der Gabelung auf den linken Ast am Hochspannungsmasten vorbei, Ri. „Chinamada". Nach weiteren 400 m den links durch die Kehren abwärts führenden Weg liegenlassen und dem rechten Pfad leicht bergauf folgen.

Pkt.10 **km 19,0** Hinter einem einsamen weißen Haus nach scharf rechts abzweigen (nicht geradeaus weiter!)

Pkt.11 **km 20,6** Man erreicht die Schotterstraße von Chinamada und folgt dieser nach links, Ri. „Punta del Hidalgo". Nach 200 m umfährt man das Haus am Ende der Straße nach links, folgt der Straße 20 m steil bergauf und hält sich an der Gabelung links, Ri. „Punta del Hidalgo". Nach 700 m auf dem Hauptweg über die Stufen und durch die Kehren bergab. Diesem Weg in schwerer Fahrt stets folgen.

Pkt.12 **km 26,8** Dem Weg über die Holzbrücke folgen und auf der Schotterstraße talauswärts halten.

Pkt.13 **km 27,2** Man passiert eine Wegabzweigung nach links, abgesperrt durch eine rot-weiße Schranke. Nach exakt 100 m, bevor die Straße wieder steil bergauf führt, erblickt man am rechten Straßenrand vier kleine, rechteckige Betonpflöcke als Straßenbegrenzung. Hinter diesen beginnt ein kaum erkennbarer Fußweg, dem man direkt an der Böschung entlang folgt. Nach 350 m erreicht man das Ende einer Schotterstraße, die nun stets an der Küste entlang verläuft.

Pkt.14 **km 29,7** 100 bzw. 180 m nach Beginn der Asphaltierung läßt man beide Abzweigungen nach links liegen, fährt in die Einbahnstraße ein und folgt dieser stets geradeaus. Nach 500 m an der Gabelung links durch die enge Gasse bergauf, nach 400 m erreicht man über einige Stufen die Hauptstraße und folgt dieser nach rechts.

Pkt.15 **km 32,6** Direkt vor einer Autovermietung nach rechts in die „Avenida del Sol" einbiegen, nach 500 m geradeaus über den kleinen Platz und wieder bergauf, nach 300 m an der Hauptstraße rechts. (Genausogut kann man gleich auf der Hauptstraße geradeaus bleiben.) Dieser zurück zum Ausgangspunkt (bei km 35,8) folgen.

Alternative Auffahrt über die Mesa de Tejina (35,1 km/1069 Hm/3:44 Std)

Pkt.A1 **km 3,9** An der Gabelung dem rechten, breiteren Ast folgen, nach wenigen Metern erreicht man eine Querstraße. Dieser folgt man nach links, überquert nach 30 m eine kleine Brücke und hält sich an der nächsten Gabelung links auf den geradeaus führenden Weg am Verkehrsschild „40" vorbei. Nach 200 m zweigt man auf den anfangs betonierten Weg nach rechts bergauf ab (vor einem linker Hand stehenden Stromverteilungsmasten). Diesem Weg folgt man bald durch Villen stets geradeaus bergauf.

Pkt.A2 **km 4,7** Die Schotterstraße führt durch eine Rechtskurve und endet vor einem Haus. In dieser Rechtskurve folgt man dem geradeaus führenden Fußpfad über die Steinstufen bergauf, am weißgekalktem Felsen vorbei.

Pkt.A3 **km 5,3** Nach zehnminütigem Tragestück hält man sich rechts durch die Steinmauer und erreicht den Sattel am Fuße der Mesa de Tejina. Man hält sich hier nach rechts, auf den anfangs schlecht erkennbaren Wiesenpfad und folgt diesem an der linken Hangkante bergauf. (Nach einigen Trageminuten wird der Pfad besser.)

Pkt.A4 **km 6,4** Auf dem breiteren Querweg nach rechts fahren.

Pkt.A5 **km 7,8** Man folgt dem Hauptweg durch die Linkskurve und erreicht nach 600 m ein weißes Gebäude. Auf dem Weg rechts am Haus vorbei und dann nach links folgen. Nach 130 m beginnt eine breite Erdstraße. Auf dieser rechter Hand bergauf fahren und alle Abzweigungen unberücksichtigt lassen.

Pkt.A6 **km 9,4** An der Gabelung auf die rechte Asphaltstraße geradeaus fahren.

Pkt.A7 **km 9,9** An der Straßengabelung am „El Lanze" geradeaus, Ri. „Las Mercedes". (= Pkt.6 der Hauptroute)

Variante

Ausweitung: Von Tequeste weiter bis La Laguna und über die Alternativauffahrt A1 zum Cruz del Carmen, Waldweg zu Pkt.8.

Kombinationen

Mit A6: A6, Pkt.1 bis km 13,0 (Cruz del Carmen), Waldweg bergab und die gesamte Tour A5 fahren, erneut zum Cruz del Carmen, Auffahrt zum Pico del Inglés, A6 ab km 34,5.

Tips und Hinweise

Die alternative Auffahrt über die Mesa de Tejina sei wirklich nur all jenen empfohlen, die sich gerne auf allerschwersten, einsamen Pfaden hochkämpfen. Von Fahren kann hier keine Rede sein, es handelt sich um einen schmalen, überwachsenen Geröllweg, der nicht mal bergab zu schaffen ist. Die Auffahrt auf der Hauptroute stellt eine unproblematische, aber im Vergleich zur ersteren wohl auch etwas unspektakuläre Version dar. Alle, die Trialpfade lieben, diese aber auch befahren wollen, wählen am besten die unter Variante beschriebene Runde. Auf schweren, aber fahrbaren Waldwegen umfährt man in großem Bogen beide Auffahrtsmöglichkeiten der Grundtour – sehr empfehlenswert.

Waldweg zwischen dem Chinobre und dem Cabezo del Tejo, den beiden schönsten Aussichtspunkten des Anaga-Gebirges.

A6 Afur

Sehr schwere bis extreme Tour

Lange, anspruchsvolle Auffahrten zu traumhaften Panoramapunkten, sehr schwere Abfahrten zum friedlichen, tief im Tal gelegenen Ort Afur und herrliche Auffahrt zum Pico del Inglés. Perfekte Waldabfahrt und schwerer Trial als Abschluß. Supertour.

47,7 km
2037 Hm
4:56 Std

Tief unten, mitten im einsamsten Tal, eingebettet in den schroffen Wänden des Anaga-Gebirges liegen, in einem völlig unwirklich anmutenden Tal, die Häuser von Afur. Durch die Ausschwemmung eines kleinen Talbeckens scheint sich hier alle Feuchtigkeit der Nordseite zu sammeln und verhilft dieser unwirtlichen Landschaft zu einer kleinen, grünblühenden Oase. Ein Bach fließt in diese Talbecken und selbst in den trockenen Monaten bringt er noch Wasser. Um ein solches kleines Paradies haben sich natürlich Menschen angesiedelt, um diese Gaben der Natur zu nutzen. Terassenfelder wurden angelegt, Obstbäume wachsen kreuz und quer und Ziegen und Esel weiden auf den Wiesen.

Für den Biker ist der Weg zu diesem lieblichen Plätzchen alles andere als einfach, zumal der Tourenbeginn auf der anderen Seite des Anaga liegt, nämlich im Süden. So muß erst der Bergrücken überwunden werden, bevor die Abfahrt nach Afur beginnt. Der Ausgangspunkt liegt direkt in der Hauptstadt Santa Cruz und den ersten Kilometer kämpft sich der Offroadbiker durch den Verkehr, doch kaum verläßt man die „Rambla", die Verkehrsader Santas, wird die Fahrt ruhiger und schnell schraubt man sich hoch über die Stadt hinaus. Bei den wenigen Häusern von Las Cabezadas wird die Straße wieder abschüssig, doch bevor wertvolle Höhenmeter verlorengehen, zweigt eine unscheinbare Schotterstraße ab, die in herrlicher Fahrt schnell an Höhe gewinnt. Die Ausblicke auf Santa und den Hafen mit den vielen Schiffen sind einzigartig. Schnell treten die Anstrengungen der Auffahrt in den Hintergrund, vor allem, da nun einer der abwechslungsreichsten Streckenabschnitte beginnt. Schotterstraßen wechseln sich mit schmalsten Fußwegen ab, holprige Karrenwege führen in einem verwirrenden Geflecht durch die Berge, Fußpfade leiten direkt am Steilhang entlang, Felseinschnitte müssen überklettert werden und immer bieten sich schöne Ausblicke auf die Südseite. Zu guter Letzt führen knifflige Waldwege mitten durch den duftenden Mercedeswald, bis endlich das erste Ziel, das Cruz del Carmen, erreicht ist. Von hier zeigt sich das ganze Panorama über La Laguna bis zum Teide und beinahe der gesamte Auffahrtsweg liegt dem Biker im Blickfeld zu Füßen. Immerhin hat man hier schon gut 1000 Höhenmeter in den Waden und Genießer werden wohl am besten über den Pico del Inglés gleich durch den Barranco de Tahodia zurück nach Santa biken.

Der Crack allerdings stürzt sich auf schwersten Trialpfaden Richtung Afur abwärts. Ein schmaler Waldweg führt durch viele Serpentinen anfangs steil hinab. Größtes Hindernis sind die unzähligen kleinen Erd-

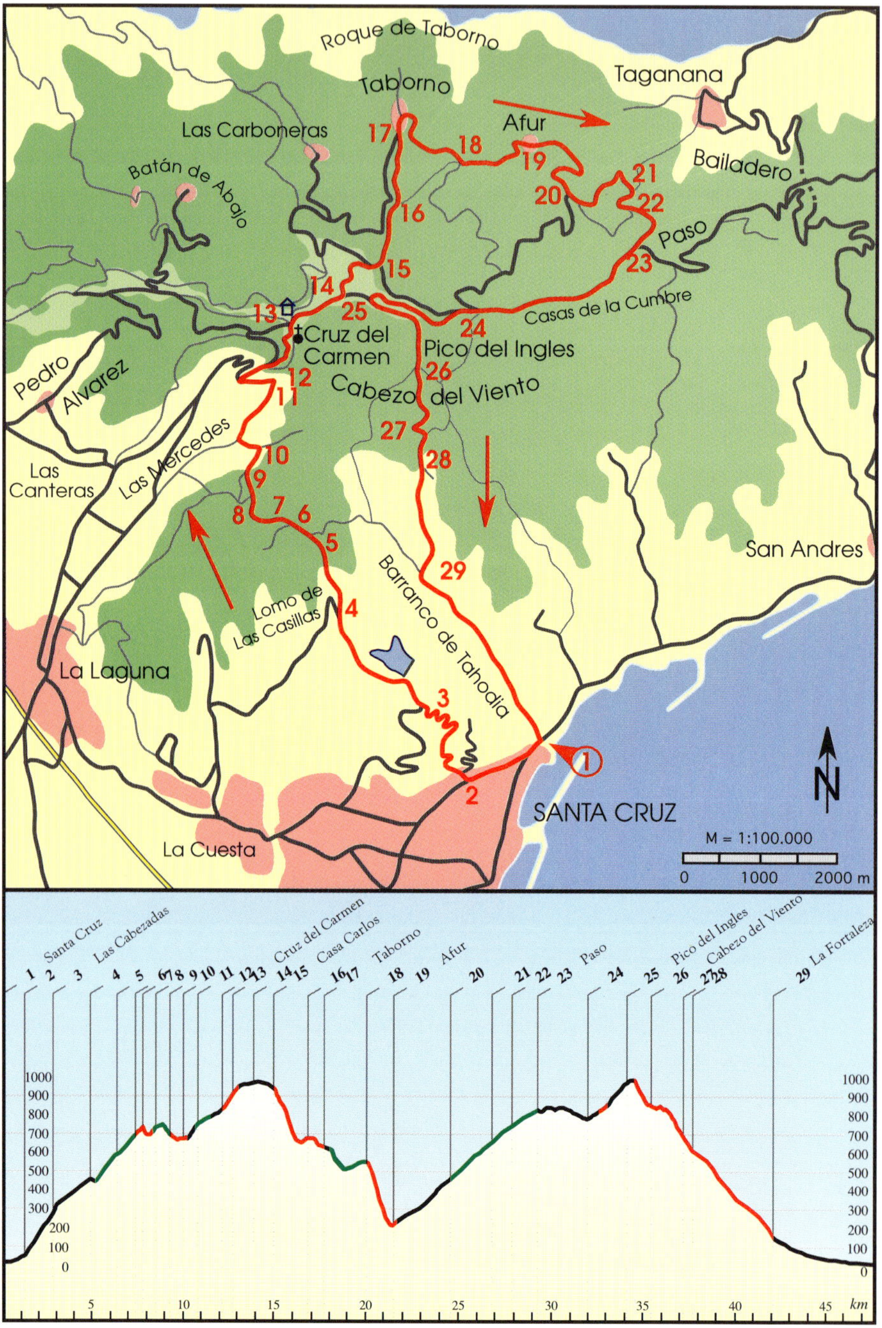
Roque de Taborno
Taborno
Taganana
Las Carboneras
Afur
Batán de Abajo
Bailadero
Paso
Casas de la Cumbre
Cruz del Carmen
Pico del Ingles
Cabezo del Viento
Pedro Alvarez
Las Mercedes
Las Canteras
Lomo de Las Casillas
Barranco de Tahodia
San Andres
La Laguna
SANTA CRUZ
La Cuesta
M = 1:100.000
0 1000 2000 m
N
Santa Cruz
Las Cabezadas
Cruz del Carmen
Casa Carlos
Taborno
Afur
Paso
Pico del Ingles
Cabezo del Viento
La Fortaleza
km

stufen, die die Abfahrt recht holprig machen. Mit Ausnahme einiger weniger kurzer Passagen ist der Weg aber durchgehend fahrbar und wird kurz vor Taborno sogar stellenweise eben. Jedenfalls bieten sich hier traumhafte Blicke auf die tiefen Barrancos und das Ziel dieser Tour: die Häuser von Afur. In Taborno ist die erste Prüfung bestanden, doch nach kurzer, erholsamer Schotterpiste folgt der Hindernisse zweite Teil. Am unvorhersehbaren Ende der Piste zweigt ein schmaler Pfad ab, der, kurz nach dem Kuriosum zweier betonierter Waschrumpeln, für ein weiteres Stück unfahrbar wird. Doch anscheinend haben die Bewohner dieses einsamen Tals an unschuldige Radler gedacht, als sie den Weg anlegten, denn etwa ab der Hälfte ist dieser - asphaltiert! Der erschöpfte Biker denkt wohl zuerst an eine Fata Morgana, doch nach wenigen Fahrmetern kommt Freude ob der Realität dieses Asphaltbandes auf! In wahnwitzigem Gefälle geht's durch engste Spitzkehren abwärts, das Ganze ist stellenweise gerade noch zu schaffen, bevor man endgültig das Talbecken von Afur erreicht.

Nach kurzer Rast in der einzigen Bar (es gibt sogar eine Schule hier, obwohl der Ort nur aus wenigen Häusern besteht!) und dem Genuß der einmaligen Landschaft sind hoffentlich genügend Kräfte für die Auffahrt gesammelt. Die Fahrt führt zwar über beste Asphalt- und Schotterwege, doch muß erneut der Kamm bezwungen werden und der liegt immerhin auf knapp 1000 Meter! Es fließt also eine Menge Schweiß, bevor hoch oben die Fahrt an einem abgestürzten Straßenstück vorbeiführt, von dem nur noch ein schmaler Pfad an der Felswand übrig ist, während der Rest hundert Meter tiefer liegt! Doch nach allem, was der wackere Radler heute schon hinter sich hat, stellt dies kein größeres Hindernis dar, so daß man sich vom Pico del Inglés endgültig auf den Heimweg macht. Anfangs führen herrliche Waldwege weit auf den Bergrücken hinaus, bis schließlich steile, felsige Schotterpfade zurück ins Tal ziehen. Angesichts der fortgeschrittenen Stunde keine der leichtesten Übungen! Doch das rettende Asphaltband versöhnt den Biker mit allem Unbill der Natur und zurück bleibt die Erinnerung an eine anstrengende, aber traumhafte Tour, vielleicht die schönste im gesamten Anaga-Massiv!

Charakteristik

Fahrbahnen

Asphalt	22,2 km
Piste	10,3 km
Karrenwege	3,6 km
Pfade	11,6 km

Schwierigkeiten

leicht	15,2 km
mittel	15,8 km
schwer	12,5 km
extrem	4,2 km

Schiebe-/Tragestrecken

1) 3 min/200 m bergauf
2) 6 min/500 m eben
3) 9 min/900 m bergab

Rast/Verpflegung

Cruz del Carmen, Casa Carlos, Bar in Afur;
Bar/Restaurant am Pico del Inglés geschlossen

Karten

Mapa Militar de España: 79-77 „Punta del Hidalgo"
+ 79-78;79-79 „Santa Cruz de Tenerife"
(Serie 5V 1:25.000)

Anfangs steile Asphaltstraße aus Santa heraus, dann beste Schotterwege, holprige Karrenwege, rutschige Wiesenpfade und steile, stufige Waldwege zum Cruz del Carmen mit einer kurzen Tragestrecke. Schmale, felsige und sehr steile Pfade nach Afur hinab. Durchgehend Trialstrecken, langes Tragestück vor Afur. Gute Schotterstraße auf den Kamm hinauf. Ein Teil der Asphaltstraße zum Pico del Inglés ist abgerutscht. Ab dort gute Waldwege, dann immer steiler und felsiger werdende Pfade zurück. Teils loses Geröll, immer wieder ausgesetzt und mit einigen gefährlichen Passagen. Alle Trialstrecken extrem schwierig!

Fahrstrecke

0,0	Santa Cruz	9	0:00
13,0	Cruz del Carmen	951	1:36
18,0	Taborno	624	2:09
21,7	Afur	247	2:20
29,2	Paso	832	3:06
34,5	Pico del Inglés	978	3:42
47,7	Santa Cruz	9	4:56

Routenführung

Ausgangspunkt: Santa Cruz

Anfahrt von Puerto de la Cruz: Von Puerto de la Cruz über die „Autopista del Norte" bis Santa Cruz (31 km). Die Ausfahrt „Avenida" nehmen und auf der vierspurigen Straße bis zur allerletzten Ampel hinunter. Über diese letzte Ampel in gerader Richtung weiter und erst nach der Ampel auf die breite Straße nach links.

Fahrt zum Startplatz: Dieser Hafenstraße folgt man nun geradeaus durch Santa Cruz durch. Nach 2,3 km zweigt linker Hand eine Straße Ri. „Barranco de Tahodia" ab.

An dieser Kreuzung beginnt die Tour, Parkmöglichkeit an dieser abzweigenden Straße nach wenigen Metern.

Alternative Startpunkte: La Laguna

Pkt.1 **km 0,0** Bei der Kreuzung am Ausgang des Barranco de Tahodia auf dem Anfahrtsweg zurück, Richtung Santa Cruz. Nach 400 m bei einer Werbetafel mit Uhr-/Datumsanzeige schräg nach rechts auf die breite, anfangs unbeschilderte „Rambla General Franco" (breiter Fußweg in der Mitte) und dieser ohne Abzweigung folgen.

Pkt.2 **km 1,2** Bei einer Ampel nach rechts in die beschilderte „Calle Horacico Nelson", Ri. „Barrio de Salamanca Salud" abzweigen. Nach 150 m den linken Abzweig Ri. „Barrio de Salamanca Salud" liegenlassen und geradeaus bergauf fahren, am Nachrangschild vorbei und weiter geradeaus halten. Dieser Straße stets folgen, teils steil bergauf und alle Abzweigungen unberücksichtigt lassen.

Pkt.3 **km 2,8** Links sehr steil durch die Häuser bergauf halten, nach 200 m an der breiten Asphaltstraße rechts bergauf.

Pkt.4 **km 4,9** Man folgt der Straße über die Kuppe und hält sich nach 150 m auf die rechts steil bergauf führende, schmale Asphaltstraße (die erste der beiden abzweigenden Straßen). Diese wird zur Schotterstraße, nach 400 m läßt man den links abzweigenden Weg unberücksichtigt, bleibt geradeaus bergauf, übersteigt nach nochmals etwa 100 m die Kette und folgt dieser Straße bergauf.

Pkt.5 **km 6,3** An der 3er-Gabelung hält man sich auf den ganz linken, kurz bergab führenden Ast, übersteigt die Kette und folgt dieser Straße nun stets bergauf.

Pkt.6 **km 7,4** Bevor die Schotterstraße durch die Linkskurve abschüssig wird, folgt man dem Karrenweg, der rechter Hand hinter dem roten Eisentor beginnt (ist das Tor geschlossen, muß es überklettert werden). Wenige Meter hinter dem Gatter zweigt links des Karrenweges ein Pfad ab, der den Hang hinaufführt. Diesem Pfad folgt man bergauf (nicht geradeaus auf dem Karrenweg weiter!) und erreicht nach 50 m einen kleinen Wiesenplatz. Dem Pfad rechts an den beiden Felshöhlen vorbei folgen und als Fußweg leicht bergauf.

Pkt.7 **km 7,8** Man trägt das Bike durch den Felseinschnitt über die Kuppe und auf der anderen Seite bergab, folgt dem Pfad durch die Rechtskurve, gelangt nach 80 m auf einen Karrenweg und folgt diesem nach rechts.

Pkt.8 **km 8,4** Auf etwa gleicher Höhe mit einem kleinen Ziegenhaus zweigt ein Karrenweg im spitzen Winkel nach rechts ab. Diesem folgt man oberhalb des Häuschens an zwei Felshöhlen vorbei (nicht gerade weiter!). Nach 300 m an der Kuppe die Kette übersteigen und auf der Schotterstraße bergab fahren.

Pkt.9 **km 9,2** ACHTUNG! In einer Linkskurve der Schotterstraße auf den unscheinbaren Fußweg nach rechts abzweigen und diesem am Bergrücken entlang folgen. Nach 400 m erreicht man eine 3er-Gabelung und folgt dem Karrenweg geradeaus, bald bergauf (nicht rechts, nicht links bergab). Nach weiteren 200 m passiert man ein Haus (Vorsicht, Hunde!), erreicht eine Asphaltstraße, folgt dieser aber nicht links bergab, sondern hält sich auf den geradeaus, am nächsten Haus vorbeiführenden Weg am Hang entlang (leicht rechts)!

Pkt.10 **km 10,0** Vor der abfallenden Felswand gabelt sich der Weg, man folgt dem linken Ast (nicht rechts bergab). Nach 100 m führt der Karrenweg nach rechts abwärts, hier auf den links am Hang ansteigenden Fußweg halten. Nach nochmals 150 m erreicht man die tief in den Fels geschnittene Straße, folgt ihr links bergauf, passiert nach knapp 400 m eine Schranke und erreicht dahinter eine Asphaltstraße. Auf dieser nach rechts steil bergauf (wird nach 200 m Schotterstraße).

Pkt.11 **km 10,8** Den linken, abfallenden Ast unberücksichtigt lassen und dem Hauptweg durch die Linkskurve leicht bergauf folgen. Nach 700 m an der Asphaltstraße rechts bergauf.

Pkt.12 **km 12,2** In einer Linkskurve der Asphaltstraße auf den Weg nach rechts in den Wald abzweigen. Nach 150 m auf den Weg durch die Linkskurve Ri. „Cruz del Carmen". Nach weiteren 150 m links auf dem Hauptpfad bleiben.

Pkt.13 **km 12,8** Man stößt auf einen breiteren Weg und folgt diesem links bergauf. Nach 100 m auf einem kleinem Sandplatz wieder links auf den breiten Weg abzweigen; nach weiteren 100 m am Cruz del Carmen. Hier geradeaus zur Hauptstraße vorrollen und auf dieser rechts bergauf fahren.

Pkt.14 **km 13,9** An der Gabelung links, Ri. „Las Carboneras, El Bailadero".

Pkt.15 **km 15,0** Den Abzweig nach links Ri. „Las Carboneras" unberücksichtigt lassen und auf der Straße geradeaus weiter, Ri. „El Bailadero,...". Nach 70 m erreicht man linker Hand der Straße das Restaurant „Casa Carlos" („Casa Negrin"). Unmittelbar hinter dem Haus auf den links wegführenden Weg abzweigen (unbeschildert, zwischen dem Gasthaus und einem Holzzaun). Der Weg ist anfangs betoniert und führt bald über Serpentinen abwärts. Nach 300 m auf dem Hauptpfad geradeaus bleiben.

Pkt.16 **km 16,8** Nach einem kurzen, steilen Stück bergauf an der Gabelung auf dem linken Ast weiterfahren. (Der rechte Pfad führt direkt zu Pkt.18, allerdings windet er sich über viele steile Serpentinen abwärts und ist auf einem Stück völlig überwuchert.)

Pkt.17 **km 17,8** Man erreicht die Asphaltstraße direkt vor Taborno und fährt geradeaus in den Ort hinein. Nach 200 m endet die Hauptstraße vor dem kleinen Kirchenplatz und man fährt auf die rauh asphaltierte Straße rechts bergab.

Pkt.18 **km 20,0** Man erreicht bei einer Garage das Ende der breiten Schotterstraße und hält sich hier auf den Fußpfad links bergab, der auf den Ziegenstall zuläuft. Nach 100 m, noch vor zwei betonierten Waschrumpeln, dem unscheinbaren Felspfad durch die Rechtskurve folgen, an einer Wasserstelle vorbei und bergab (nach 700 m asphaltiert).

Pkt.19 **km 21,6** Nach Überquerung einer kleinen Brücke über die Stufen hinauf. Nach 100 m an der Querstraße rechts (nach links gelangt man zur Kapelle und der einzigen Bar von Afur). Nach 10 m an der Gabelung links zur Asphaltstraße hinunter und dieser nach rechts bergauf folgen.

Pkt.20 **km 24,6** Nach scharf links von der Asphaltstraße auf die beginnende Schotterstraße abzweigen.

Pkt.21 **km 26,9** Den rechts abzweigenden Weg unberücksichtigt lassen und weiter geradeaus bergauf.

Pkt.22 **km 27,9** Auf dem Hauptweg durch die Linkskurve, nach 200 m an der Gabelung auf dem rechten Ast geradeaus bergauf fahren.

Pkt.23 **km 29,2** An der Asphaltstraße nach rechts.

Pkt.24 **km 32,0** Von rechts unten kommt die Straße von Afur und Roque Negro herauf, man bleibt geradeaus weiter. Nach 200 m zweigt linker Hand eine schmale Asphaltstraße ab, die durch zwei Betonpflöcke abgesperrt ist. Dieser folgt man steil bergauf und nach 500 m an der abgerutschten Stelle vorbei.

Pkt.25 **km 34,0** An der breiten Querstraße nach links, nach 500 m am Pico del Inglés. Bevor die Straße um den Felsen herumläuft, führen links neben dem Steg zum Aussichtspunkt einige Stufen hinunter. Auf diesen steigt man zur Bar ab, unmittelbar vor der Bar auf den links abzweigenden Weg, Ri. „Barrio de la Alegria" halten. Nach 500 m auf dem Pfad geradeaus leicht rechts bergab.

Pkt.26 **km 35,4** Der Weg gabelt sich in drei Äste, man hält sich auf den mittleren geradeaus, Ri. „Barrio de la Alegria".

Pkt.27 **km 37,2** Nach Passieren zweier Felshöhlen auf dem Hauptpfad nach links, auf die Häuser zu.

Pkt.28 **km 37,7** An der Gabelung auf dem rechten Ast abwärts. Nach 100 m nach links auf das Haus zuhalten. Nach weiteren 100 m beim Schild „Barrio de la Alegria" rechts bergab.

Pkt.29 **km 42,1** Man erreicht eine schmale Asphaltstraße und fährt auf dieser nach links talauswärts (nach 5,6 km zurück beim Ausgangspunkt).

Varianten

Auffahrt von Afur zum Pico del Inglés auf der Straße: Am Pkt.20 geradeaus bleiben, nach 3,7 km erreicht man Pkt. 24. Oder die Fahrt nach Afur komplett auslassen (wesentliche Entschärfung): Von Pkt.14 (Cruz del Carmen) direkt zu Pkt. 25 und weiter zum Pico del Inglés (km 34,5) fahren.

Abfahrt: durch das Valle Brosque (s. A7): Am Pkt.23 links, nach 700 m beim unscheinbaren Abzweig nach rechts (= A7, Pkt.12).

Kombinationen

Mit A1 oder A5 (s. dort).

Tips und Hinweise

Der Pfad zwischen der Casa Carlos und Taborno ist zwar technisch sehr schwierig, aber beinahe durchgehend fahrbar. Trialspezialisten können am Pkt.16 rechts fahren. Dieser Pfad führt direkt zum Ende der Schotterstraße am Pkt.18, ist aber über ein längeres Stück total verwachsen.

Die Häuser von Afur liegen mitten in den Steilwänden und sind nur über eine abenteuerliche Straße erreichbar.

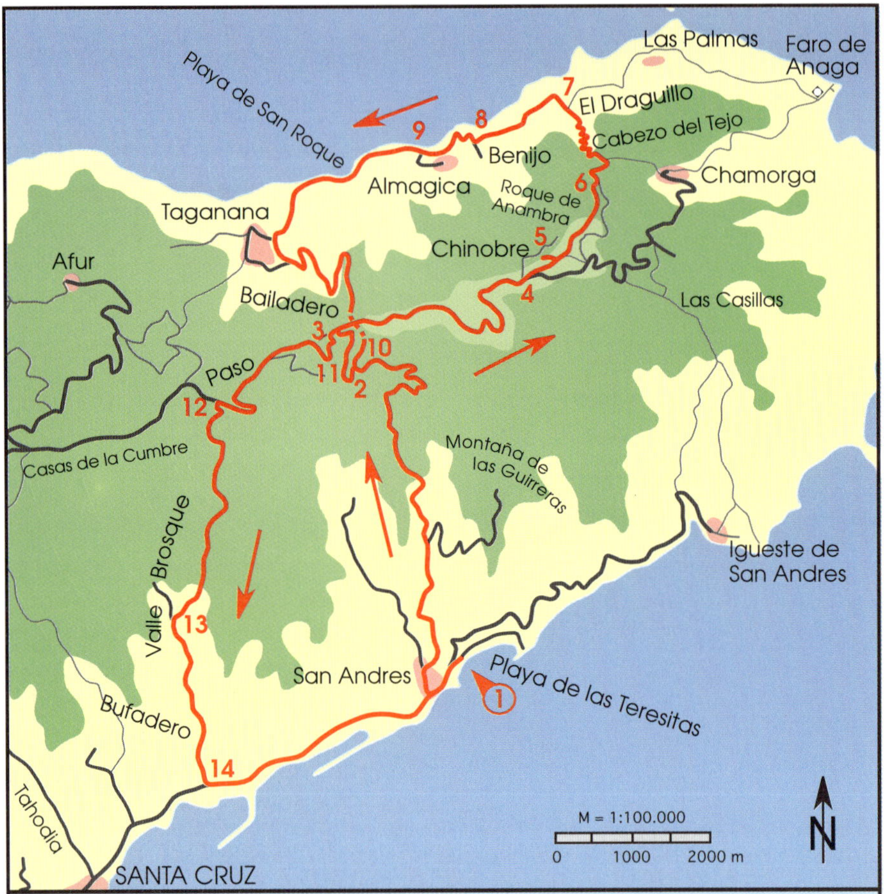
Las Palmas
Faro de Anaga
Playa de San Roque
El Draguillo
Cabezo del Tejo
Benijo
Almagica
Chamorga
Roque de Anambra
Taganana
Chinobre
Afur
Bailadero
Las Casillas
Paso
Casas de la Cumbre
Montaña de las Guirreras
Valle Brosque
Igueste de San Andres
San Andres
Playa de las Teresitas
Bufadero
Tahodia
SANTA CRUZ
M = 1:100.000
0
1000
2000 m
N
1
2
3
4
5
6
7
8
9
10
11
12
13
14

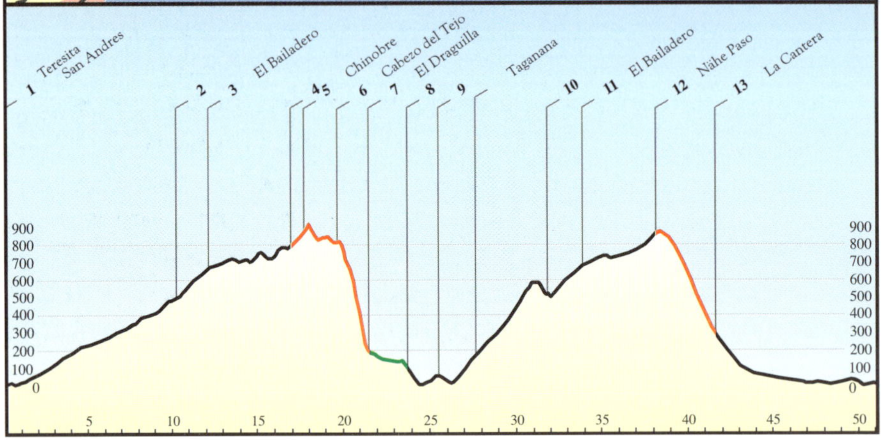
1 Teresita San Andres
2
3 El Bailadero
4
5 Chinobre
6 Cabezo del Tejo
7 El Draguilla
8
9 Taganana
10
11 El Bailadero
12 Nähe Paso
13 La Cantera
900
800
700
600
500
400
300
200
100
0
5
10
15
20
25
30
35
40
45
50

A7 El Bailadero

Sehr schwere bis extreme Tour

Lange, schwere Tour von der Südküste zur Nordküste und wieder zurück, jeweils mit langen Asphaltauffahrten und sehr schweren, bis extremen Trialstrecken bergab, perfekte Abfahrtstrecke im zweiten Teil. Supertour für Konditionsbären und Trialfreaks!

51,1 km
2208 Hm
4:55 Std

In einmaliger Weise verbindet diese Tour die Gegensätze der ruhigen Badestrände der Südküste mit der wilden, zerklüfteten Nordküste. Lange Auffahrten, perfekte Trials und eine herrliche Kammfahrt zu den besten Aussichtspunkten der Insel kombinieren sich zu einer beeindruckenden, aber sehr schweren und langen Runde.

Ausgangspunkt ist das ehemalige Fischerdorf San Andrés, unmittelbar neben dem schönen Badestrand von Teresitas gelegen, von wo es nach wenigen Metern gleich zur Sache geht. El Bailadero heißt das Ziel, ein wirklich auffallend grünes Gebäude hoch oben am Berg. Auf der Terrasse dieses Restaurants hat man einmalige Ausblicke auf die beiden Küsten nach Nord und Süd. Die Fahrt führt zwar auf bester Asphaltstraße hinauf, doch es sind immerhin fast 13 km in einem Stück zu bewältigen. Am Bailadero ist der Scheitelpunkt erreicht und in herrlicher Fahrt geht's nun am Kamm entlang, bis ein stufiger Waldweg zum wohl schönsten Aussichtspunkt der gesamten Insel abzweigt, dem Chinobre. Traumhafte Ausblicke über den Lorbeerwald, das gesamte Anaga-Massiv bis hin zum Pico del Teide offenbaren sich hier – ein einmaliger Platz! Auf schönen Waldwegen am einsam stehenden Fels „Roque de Anambra" vorbei gelangt man zum zweiten beeindruckenden Aussichtspunkt, dem Cabezo del Tejo. Über die gesamte Nordküste schweift der Blick und weit unten an der Brandung erkennt man schon das nächste Ziel – Taganana. Und beim Blick über die steil abfallenden Wände und die tief unten liegende Ortschaft wird klar, daß es sich bei der Abfahrt um keine der leichtesten Übungen handeln kann! Und tatsächlich beginnt hier ein allerschwerster, über weite Strecken absolut unfahrbarer Pfad, der sich in endlosen Serpentinen fast bis auf Meereshöhe hinunterschlängelt. Eine Alternative gibt's nicht – dies ist weit und breit der einzige Weg! Doch solange man noch oben am Aussichtspunkt steht, hat man noch nichts verloren, noch ist es für eine Umkehr nicht zu spät, denn schließlich muß man ja jeden Meter, den man sich abwärts wagt, auch wieder hinaufstrampeln! Hat man sich einmal für den Abstieg entschieden, gibt es kein Zurück mehr! Gleich auf den ersten Metern offenbart der Pfad sein wahres Gesicht: über steilste Steinstufen ist schon der Weg zu Fuß schwer genug. Zwischendurch atmet man kurz auf, bevor das Unglück endgültig naht. Auf einem schmalen, steinigen Pfad am freien Hang wird das Bike zum Laststück und kaum eine Stelle läßt das Fahren zu. Rettungsanker ist ein rotbedachtes Haus, das weit unten am Hang steht. Ab dort ist die

Qual zu Ende und der Weg wieder fahrbar. Und bevor Zweifel ob der Sinnhaftigkeit dieses Unterfangens aufsteigen, sollte sich der erschöpfte Biker schnell auf sein Gefährt schwingen und den nun folgenden Wegabschnitt in vollen Zügen genießen.

Am Drachenbaum von El Draguillo vorbei, windet sich die Straße in wahrer Prachtfahrt an der Küste entlang und begleitet von Möwen, der tosenden Brandung und dem Geruch des Meeres segelt der Biker auf die Küste zu. Am Strand von Benijos mit seinen riesigen, wahllos im Meer verteilten Felsbrocken sollte wohl eine Pause eingelegt werden, denn hier hat man erst die Hälfte der Strecke hinter sich! Nochmals muß man hinauf zum Bailadero und wieder geht's vom Meeresspiegel auf fast 900 m hinauf! Keuchend und schwitzend quält man sich das Asphaltband hoch, bevor unterhalb des Bailadero der Nord- und Südseite trennende Tunnel durchfahren wird. Die letzten Meter zum Bailadero kann man sich sparen und schraubt sich auf dem Asphalt noch knappe 200 Höhenmeter hinauf, bevor die ultimative Abfahrt durch das Valle Brosque beginnt!

Eine mehr als unscheinbare Abzweigung gibt den Weg frei auf eine der heißesten Abfahrten des Anaga! Der Pfad leitet in einer ca. 60 cm tiefen Erdrinne bergab und wie in einer Art Mini-Halfpipe folgt man der Röhre talwärts, schlittert die Wände entlang und driftet durch die Serpentinen! Viel zu schnell endet dieser Bike-Spaß, bevor man sich nochmals losem Geröll und Steinstufen gegenübersieht, die aber großteils zu meistern sind. Tief im Tal empfängt den nun schon etwas erschöpften Biker ein Asphaltband, das zurück zur Küstenstraße und zum weißen Strand von Teresitas führt. Der Sprung in den Atlantik wird auch Wasserscheuen ein höchster Genuß sein und den ausgelaugten Radler wieder mit Lebensenergie stärken! Von den Bergen in die Fluten des Meeres – ein einzigartiges Erlebnis!

Charakteristik

Fahrbahnen

Asphalt	41,1 km
Piste	2,3 km
Karrenwege	0,9 km
Pfade	6,8 km

Schwierigkeiten

leicht	21,4 km
mittel	22,7 km
schwer	2,4 km
extrem	4,6 km

Schiebe-/Tragestrecken

22 min/1300 m bergab

Rast/Verpflegung

El Bailadero, mehrere Restaurants in Benijo und Taganana.

Karten

Mapa Militar de España: 79-77 „Punta del Hidalgo" + 79-78;79-79 „Santa Cruz de Tenerife" + 80-77 „Punta de Anaga" (Serie 5V 1:25.000)

Jeweils nur mäßig steile, allerdings sehr lange und anstrengende Auffahrten auf Asphalt von den Küsten zum Bailadero. Über den Chinobre stufiger Erdweg, teils steil bergauf und bergab (bei Nässe unfahrbar). Sehr schwere Abfahrt nach Draguillo auf einem schmalen, gerölligen Fußpfad, teils verwachsen und über weite Strecken unfahrbar. Die zweite Abfahrt durch das Valle Brosque auf einem guten, festen Erdweg, später schottrig, stellenweise steil. Für Könner durchwegs fahrbar.

Fahrstrecke

0,0	Teresitas	4	0:00
12,6	El Bailadero	684	1:07
17,8	Chinobre	909	1:34
28,4	Taganana	150	2:40
33,9	El Bailadero	670	3:32
38,1	Nähe Paso	859	3:57
51,1	Teresitas	4	4:55

Routenführung

Ausgangspunkt: San Andrés, Playa de las Teresitas

Anfahrt von Puerto de la Cruz: Von Puerto de la Cruz über die „Autopista del Norte" bis Santa Cruz (31 km). Die Ausfahrt „Avenida" nehmen und auf der vierspurigen Straße bis zur allerletzten Ampel hinunterfahren. Über diese letzte Ampel in gerader Richtung weiter und erst nach der Ampel auf die breite Straße nach links.

Fahrt zum Startplatz: Dieser Hafenstraße folgt man nun geradeaus durch Santa Cruz durch und verläßt nach ca. 2 km das dichtverbaute Gebiet. Nach 7 km erreicht man in San Andrés die Abzweigung nach links, Ri. „El Bailadero, Taganana", bleibt hier geradeaus weiter und zweigt nach 600 m bei der Ampel nach rechts auf den großen Parkplatz beim Strand von Teresitas ein.

Hier beginnt die Tour, Parkmöglichkeit auf dem Parkplatz.

Alternativer Startpunkt: El Bailadero

Pkt.1 **km 0,0** Vom Parkplatz auf der Anfahrtsstraße zurückfahren, nach 600 m rechts, Ri. „El Bailadero, Taganana" und dieser Straße über 9 km bergauf folgen.

Pkt.2 **km 10,2** Den rechten Abzweig Ri. „Taganana" liegenlassen und geradeaus, Ri. „Bailadero, La Laguna" bleiben.

Pkt.3 **km 12,1** An der Abzweigung rechts, Ri. „Bailadero, Chamorga" und nach 500 m am Gasthof Bailadero vorbeifahren.

Pkt.4 **km 17,0** Bei einem kleinen Sandplatz zweigt eine Forststraße nach links (als Sackgasse beschildert) und Fußweg nach halblinks ab. Diesem anfangs breiten Fußweg folgt man Ri. „Cabezo del Tejo" (schlecht lesbar) in den Wald hinein.

Pkt.5 **km 17,7** Nach links zweigt ein unscheinbarer Weg Ri. „Chinobre" ab. Ein Abstecher führt nach 125 m zum Aussichtspunkt (unbedingt empfehlenswert!). Nach 125 m wieder zurück am Hauptweg und diesem nach links bergab folgen. Nach 100 m den rechts abzweigenden Weg liegenlassen und geradeaus weiter, Ri. „Cabezo del Tejo".

Pkt.6 **km 19,8** Nach einer Spitzkehre erreicht man eine Forststraße, hält sich auf dieser links und gelangt nach wenigen Metern zum Cabezo del Tejo. Man rollt bis zum Ende der Aussichtskanzel vor und folgt dem Pfad, der versteckt nach rechts steil abwärts führt. (Ein unlesbares Schild weist in diese Richtung!) Nach 350 m folgt man an der Wegekreuzung dem links bergab führenden Pfad Ri. „Draguillo".

Pkt.7 **km 21,5** Wenige Meter nach einem Drachenbaum erreicht man eine asphaltierte Straße und hält sich auf dieser nach links, kurz bergauf und folgt der Schotterstraße nun stets an der Küste entlang (geradeaus führt die Straße zu den Häusern hinunter).

Pkt.8 **km 23,8** Man erreicht eine Asphaltstraße und folgt dieser rechts bergab.

Pkt.9 **km 25,6** Die Abzweigung Ri. „Almagica" liegenlassen und auf der Hauptstraße geradeaus bergab bleiben. Auf dieser Straße läßt man nun alle Abzweigungen liegen, folgt ihr durch Taganana durch, über 6 km bergauf, durch den Tunnel und auf der anderen Seite wieder bergab.

Pkt.10 **km 31,9** Man trifft wieder auf die Anfahrtsstraße und hält sich rechts, Ri. „El Bailadero, La Laguna".

Pkt.11 **km 33,9** An der Gabelung geradeaus weiter, Ri. „Las Mercedes, La Laguna" (zur Rast am Bailadero hier rechts, nach 500 m am Restaurant).

Pkt.12 **km 38,1** ACHTUNG: Exakt 500 m nach einer Rechtskehre zweigt nach links, gegenüber einer steinernen Straßenbegrenzung, ein unscheinbarer, unbeschilderter Weg ab, der über einige Erdstufen hinaufführt. Diesem Weg folgt man anfangs entgegen der bisherigen Fahrtrichtung durch den Wald, bald durch die Kehren und ohne Abzweigung bergab.

Pkt.13 **km 42,6** Man erreicht eine Asphaltstraße und folgt dieser geradeaus bergab.

Pkt.14 **km 46,7** Die Brücke rechter Hand liegenlassen und geradeaus weiter. Zwischen dem Haus und dem Bach auf den Randstein fahren und nach 300 m an der Ampel auf die breite Küstenstraße nach links. Nach 4,4 km zurück beim Ausgangspunkt (bei der Ampel nach rechts).

Varianten

Spaltung in zwei Einzeltouren: Interessant erscheint vor allem die Fahrt von San Andrés zum Bailadero (Pkt.3 = Pkt.11) und durch das Valle Brosque zurück nach Teresitas.

Kombinationen

Mit Teilen von A9 (z.B. mit dem Teilstück Bailadero-Taganana-Afur-Paso).

Tips und Hinweise

So sehr sich die Aussichtsterasse des Bailadero zur Rast anbietet (Ausblicke auf Nord- und Südküste), so wenig kann die Küche empfohlen werden. Den mit Abstand besten Fisch der gesamten Insel speist man knapp vor Taganana in den Restaurants an der Playa San Roque, insbesondere im allerersten Gasthaus.

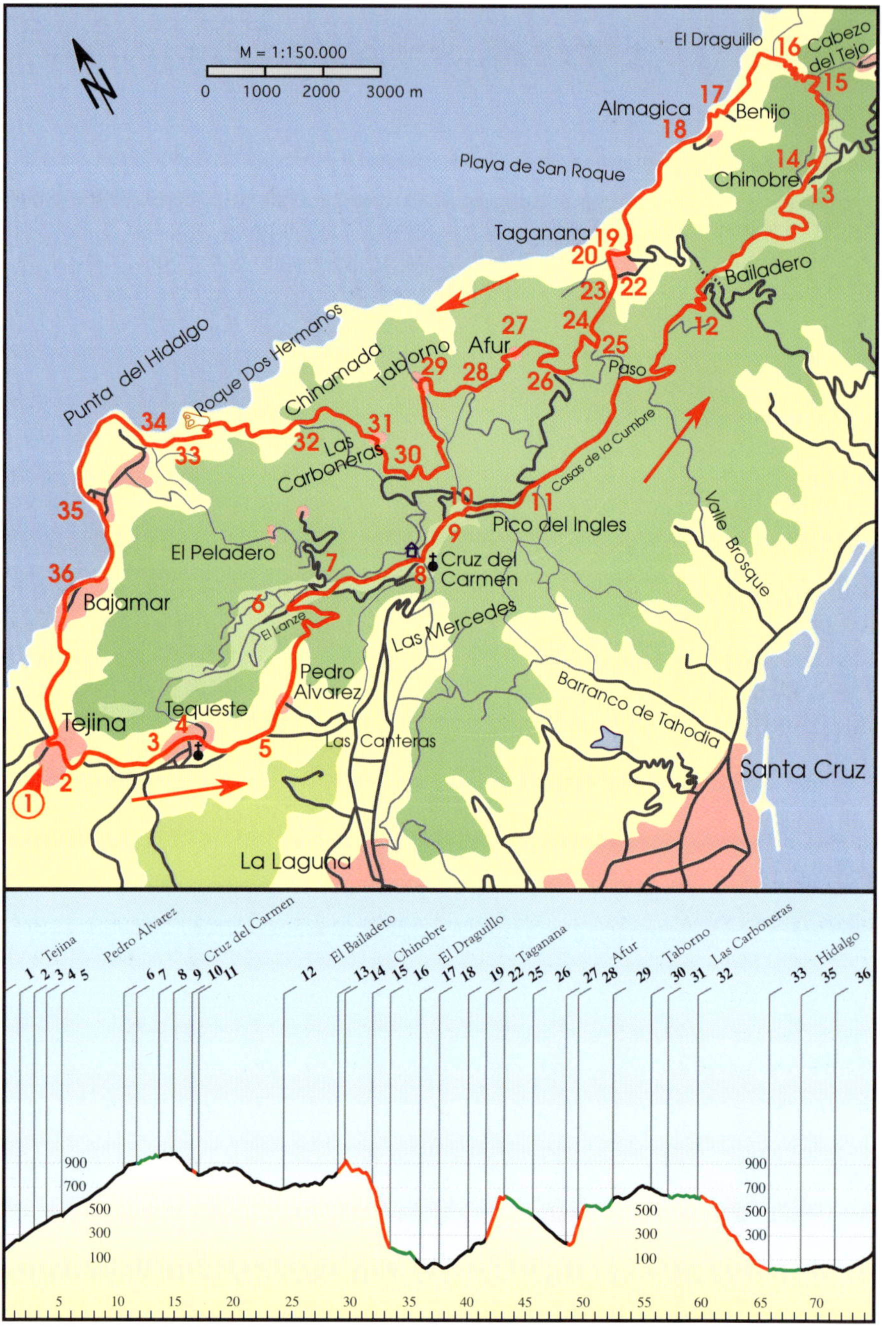

M = 1:150.000
0 1000 2000 3000 m
El Draguillo
Cabezo del Tejo
Almagica
Benijo
Playa de San Roque
Chinobre
Taganana
Bailadero
Afur
Taborno
Chinamada
Roque Dos Hermanos
Punta del Hidalgo
Paso
Las Carboneras
Casas de la Cumbre
Pico del Ingles
El Peladero
Cruz del Carmen
Bajamar
Las Mercedes
El Lanze
Valle Brosque
Pedro Alvarez
Tequeste
Tejina
Barranco de Tahodia
Las Canteras
Santa Cruz
La Laguna
Tejina
Pedro Alvarez
Cruz del Carmen
El Bailadero
Chinobre
El Draguillo
Taganana
Afur
Taborno
Las Carboneras
Hidalgo

A8 Nordküste

Absolut extreme Tour

Marathonexpedition durch den gesamten Norden des Anaga-Gebirges, härteste Anforderungen an Fahrkönnen und Ausdauer, in jeder Hinsicht spektakulär. Schwerste Trialstücke, lange Tragepassagen und perfekte Schotterpisten durch die landschaftlich schönsten Gebiete Teneriffas. Nur für Cracks!

75 km
3151 Hm
7:18 Std

Wer das Anaga-Gebirge wirklich kennenlernen will, über die nötige Kondition und Ausdauer verfügt und auch vor Marathondistanzen nicht zurückschreckt, wird um diese Tour nicht herumkommen. Craks absolvieren sie in einem Tag. Normalbiker planen die Route als Zwei-Tages-Tour mit einer Übernachtung in einer kleinen Privatpension in Taganana. Und dies sollte man auch tun, denn es gilt 75 Kilometer und mehr als 3000 Höhenmeter zu bewältigen! Entschädigt wird man durch die einzigartige Landschaft, perfekte Trails und der Gewißheit, etwas Einzigartiges zu leisten. Im Gegenzug muß man allerdings mit schwersten Pfaden, ausgesetzten Fußwegen, langen Auffahrten und zermürbenden Tragepassagen rechnen.

Da diese Runde wohl nicht zum Standardrepertoire des Teneriffa-Bikers gehören wird, ist die Routenführung nur in groben Zügen abgesteckt. Dies ist auch deshalb gut möglich, da sie sich großteils aus Teilen anderer Touren zusammensetzt. (A5, A6, und A7).

Ausgangspunkt ist, wie auch für einige andere Touren in diesem Gebirge, Tejina, an den westlichen Ausläufern des Anaga gelegen. Hier beginnt die Runde noch recht einfach. Nebenstraßen führen durch die kleinen Ortschaften, bis nach herrlicher Fahrt durch den schon bekannten Mercedeswald das Cruz del Carmen erreicht wird. Die Kammstraße führt den Biker nun am zentralen Bergrücken entlang, immer wieder bergauf und bergab. Einzigartige Ausblicke nach beiden Seiten zum Meer, in die Seitentäler und Schluchten des Anaga verkürzen die lange Querfahrt. Von hier oben überblickt man die gesamte Nordküste und alle weiteren Stationen der Tour: Taborno, Afur, Taganana. Und eines wird sofort klar, der Rückweg ist alles andere als eine Spazierfahrt! Während bei der recht gemütlichen Hinfahrt auf Asphalt die Ausblicke noch genossen werden, führt die Rückfahrt teilweise direkt an der Küste vorbei und teilweise mitten durch die Schluchten. Straßen gibt's keine mehr, auf schmalen Wegen und Fußpfaden muß man sich durch die Seitentäler kämpfen, muß immer wieder bergauf über die Bergrücken, auf der anderen Seite wieder bergab und über den nächsten Kamm! Nur kurzzeitig erleichtert die eine oder andere Schotterstraße das Weiterkommen, ansonsten sind schwerste Trialpfade und lange Tragepassagen angesagt. Die Fahrt auf der Kammstraße sollte daher genossen werden, denn hat man erst mal am Ende der Asphaltdecke den Chinobre erreicht, beginnt die Tour ihr wahres Gesicht zu zeigen!

Über anfangs noch mäßig schwere Trialsektionen durch die Lorbeerwälder zu den zwei schönsten Ausichtspunkten der Insel, - den Chinobre und den Cabezo del Tejo - beginnt ab dem letzteren das Unheil. Auf vielleicht schon bekanntem Weg stürzt sich der Tapfere einen fußbreiten, geröllübersäten Serpentinenpfad abwärts. Von Fahren kann hier keine Rede sein, annähernd 20 Minuten schleppt man den Drahtesel fast bis zur Küste hinunter. Erst in Draguillo beginnt die herrliche Küstenstraße nach Taganana, auf der eine tolle Fahrt die schönsten Eindrücke der Nordküste bietet. Riesige Gesteinsbrocken ragen als spitze Türme aus dem Meer, an denen sich die oft mannshohen Wellen des Atlantik schäumend und tosend brechen - ein gewaltiges Naturschauspiel. Und wer die Tour in zwei Etappen fährt, findet hier in Taganana eine bescheidene Nachtruhe.

Die nächste Station ist das einsame Dorf Afur, welches im nächsten Seitental liegt. Dazwischen ragt der Kamm des Roque el Fraile gut 700 m auf, über den nur ein steiler Fußpfad hinüberführt. Über längere Strecken ist Wandern angesagt, nur für Fahrkünstler könnte ein Teil fahrbar sein, bevor ein unübersichtliches Wegegewirr durch Wald und Äcker zu einer Schotterstraße führt, die in rasanter Fahrt ins Tal von Afur hinableitet. Hoch am Berg erkennt man schon die Häuser der nächsten Station - Taborno. Markant thront die Felsspitze des Roque de Taborno über den Berghängen, wegen seiner Form oft als „das kleine Matterhorn" bezeichnet. Hinauf führt die Fahrt auf einem asphaltierten Weg, der den Biker mit spektakulärem Neigungswinkel und engsten Spitzkehren gehörig ins Schwitzen bringt. Nur durch die groben Stollenreifen, die sich mit dem rauhen Asphalt regelrecht verzahnen, ist das Stück überhaupt zu schaffen und sobald der Asphalt endet, endet auch die Befahrbarkeit. Nochmals muß das Gefährt geschultert werden, doch schon bald ist der Beginn einer Schotterstraße erreicht, die in kurzer Fahrt nach Taborno hinaufführt.

Las Carboneras heißt das nächste Ziel. Die Häuser der Ortschaft stehen zum Greifen nahe am nächsten Kamm. Dazwischen liegt allerdings eine unbezwingbare Schlucht, die auch Wanderer vor einige Probleme stellt, so daß der Barranco in großem Bogen umfahren werden muß. Doch recht gemütlich können die 5 km auf Asphalt heruntergespult werden, bis eine Schotterstraße in schneller Fahrt weiter nach Chinamada führt, wo die letzte Prüfung beginnt. Nun wohl schon etwas erschöpft, ringt man mit den Hindernissen des folgenden Weges, der zwar durch einen landschaftlich besonders beeindruckenden Barranco verläuft, den Biker aber mit Serpentinen, Steinstufen, losem Geröll und teils wahnwitzigem Gefälle immer wieder aus dem Sattel zwingt. Mit zitternden Knien und Händen erreicht man hoffentlich wohlbehalten den Leuchtturm von Punta del Hidalgo, von dem nochmals einige Höhenmeter zurück nach Tejina auf dem Programm stehen.

Wer die gesamte Tour, wie beschrieben, fährt, gehört sicherlich zum Kreis der Auserwählten, denn diese Marathonrunde an einem Tag zu schaffen, ist beileibe kein Honiglecken. Nur entsprechend erfahrene Piloten sollten sich die Strecke ungeteilt zutrauen. Alle anderen werden das grandiose Erlebnis der Nordküste in zwei Tagen besser verdauen!

Routenführung

A5, Pkt.1 bis Pkt.6

Am „El Lanze" rechts, Ri. „Las Mercedes", nach 600 m geradeaus, Ri. „Las Canteras, Pico del Inglés".

Bei **km 11,7** auf die Forststraße links Ri. „Cruz del Carmen, Casa forestal" abzweigen und immer dem Hauptweg folgen, bis zum Cruz del Carmen. An der Straße links und auf dieser geradeaus, Ri. „Pico del Inglés".

Bei **km 15,2** nach links auf die schmälere, unbeschilderte Straße durch den Felseinschnitt abzweigen.

Bei **km 17,0** an der Hauptstraße rechts fahren und dieser Straße immer folgen.

Bei **km 24,3** erreicht man eine Gabelung (= A7, Pkt.3).

A7 Pkt.3 bis Pkt.9

Bei **km 37,8** die Abzweigung nach links, Ri. „Almagica" liegenlassen und der Hauptstraße geradeaus bergab folgen.

Bei **km 40,7** Ortsdurchfahrt Taganana: 10 m nach dem Restaurant „Xiomara" auf die schmale Asphaltstraße nach scharf rechts in den Ort hinein. Nach 100 m an der ersten Gabelung links und gleich wieder rechts bergab in die „Calle Canonigo Juan Negrin".

50 m bergab und beim grünen Schild „Farmacia" links über die Brücke und wieder steil bergauf fahren. An der nächsten Gabelung geradeaus steil bergauf. Nach 100 m an der Gabelung links bergauf und dieser Straße nun stets bergauf folgen (nach 300 m den Sportplatz umfahren).

Bei **km 41,5** an der Gabelung links bergab, nach 300 m an der Gabelung rechts bergauf. Nach 200 m auf den Steinpflasterweg rechts steil bergauf, nach 100 m das kleine Ortsschild „Taganana" passieren und diesem Weg Ri. „Vueltas de Taganana" bergauf folgen.

Bei **km 42,3** (beim Schild „Taganana") auf den rechten, schmäleren Weg steil bergauf halten und an der nächsten Gabelung am Hauptweg links bergauf. Nach 100 m weiter auf dem Fußweg bergauf bleiben. Nach 1 km erreicht man am Kamm eine 3er-Gabelung und folgt dem links bergab führenden Weg. Nach 200 m an der Gabelung links bergauf.

Bei **km 43,8**, nach der Fahrt durch Terassenfelder, rechts steil bergauf. Nach 80 m erreicht man eine Schotterstraße und folgt dieser rechts bergab.

Km 45,9 An der Asphaltstraße rechts bergab.

Km 48,8	In Afur, vor dem Ende der Straße, noch vor der Kapelle links und über die Stufen bergab. Auf diesem Weg über eine kleine Brücke und durch enge Kehren steil berg-auf (nach 500 m Ende des Asphaltes).
Bei **km 50,5**	links zur Schotterstraße aufsteigen und auf dieser rechts fahren. Nach 2 km in Taborno auf der Hauptstraße geradeaus bleiben.
Bei **km 55,8**	rechts, Ri. „Las Carboneras".
Bei **km 57,3**	in Las Carboneras geradeaus und nach links in die „Calle el Montilo" steil bergab fahren.
Bei **km 59,8**	erreicht man in Chinamada A5, Pkt.11 (Ri. „Punta del Hidalgo" fahren). A5, Pkt.11 bis Tejina fahren.

Charakteristik

Fahrbahnen

Asphalt	47,8 km
Piste	13,0 km
Karrenwege	1,3 km
Pfade	12,9 km

Schwierigkeiten

leicht	26,3 km
mittel	32,0 km
schwer	6,6 km
extrem	9,8 km

Schiebe-/Tragestrecken

1) 39 min/1700 m bergauf
2) 42 min/3300 m bergab
(auf mehrere Strecken aufgeteilt)

Rast/Verpflegung

Cruz del Carmen, El Bailadero, Taganana, Afur, Taborno, Las Carboneras, Punta del Hildalgo

Übernachtungsmöglichkeit

Taganana: Asmenia Cabsera, Dominguez,
Tel. 59 02 03/59 00 61

Lange Asphaltauffahrt zum Chinobre. Stufiger, rutschiger Waldweg und eine unfahrbare Abfahrt nach Draguillo auf steinigem Fußpfad. Auffahrt nach Afur auf sehr steilem Steinpflasterweg, später Waldweg, nur stellenweise fahrbar. Gute Schotterstraße bergab. Von Afur beginnt die Auffahrt nach Taborno auf einem anfangs extrem steilen Asphaltweg durch enge Serpentinen, dann unfahrbarer Pfad durch die Felsen. Beste Asphalt- und Schotterpisten nach Chimnada. Von dort sehr schwere Abfahrt nach Hidalgo über steilen, felsigen Pfad durch eine Barranco, stufig und teils exponiert. Alle Trialstrecken sehr schwierig und gefährlich!

A9 Faro de Anaga

Trekkingtour

Schwere Expedition zum nordöstlichsten Zipfel Teneriffas auf einem gefährlichen Steilküstenweg mit zermürbend langen Tragestrecken. Landschaftlich herausragend, aber nur als Fußwanderung zu empfehlen!

34,6 km
1683 Hm
4:24 Std

Diese Tour führt weit hinaus auf die nordöstlichste Spitze Teneriffas durch einsame, wildzerklüftete Barrancos bis zum entlegenen Leuchtturm, dem Faro de Anaga. Sowohl landschaftlich als auch fahrtechnisch stellt die Fahrt eine echte Attraktion dar, zumal die Tour mit Abstand zu den schwersten der gesamten Insel zählt. Es wurde bewußt darauf verzichtet, eine detaillierte Routenführung zu beschreiben, da sich die Strecke nur äußerst bedingt zum Biken eignet. Das Rad müßte hierbei beinahe eine Dreiviertelstunde bergauf geschleppt werden und eine halbe Stunde bergab. Und das auf Wegen, die schon ohne Bike schwierig genug sind. Am besten man läßt seinen Gaul also im Hotelzimmer stehen und macht sich per pedes auf, den Leuchtturm zu erobern! Wer es trotz aller Warnungen versuchen will, für den sei die Tour erst mal kurz vorgestellt:

Obwohl mit der Abfahrt beginnend, scheint der beste Startpunkt am El Bailadero zu liegen, jedenfalls hat man dorthin den kürzesten Anfahrtsweg. Die erste Station, der Chinobre, ist vielleicht schon von einer anderen Tour bekannt, aber der kurze Abstecher lohnt immer wieder, denn die Schönheit dieses Aussichtspunktes sucht seinesgleichen! Schon ab hier beginnt die Tour, ihr wahres Gesicht zu zeigen. Durch an und für sich herrliche Lorbeerwälder führt ein Weg hinunter nach Chamorga, doch riesige Gesteinsbrocken, rutschige Wurzeln und enge Serpentinen stellen nicht zu unterschätzende Hindernisse dar. Zusätzlich zeigt der Weg ein teils starkes Gefälle, so daß man bereits ordentlich gefordert wird. Doch auch Durchschnittsbiker sollten diesen Weg durchgehend schaffen. Wer sich allerdings zu eben dieser Kategorie Biker zählt, hat in Chamorga nur eine einzige Möglichkeit: Umkehren und über die Straße zurück zum Bailadero fahren, denn was jetzt kommt, stellt selbst für ausgefuchste Profis eine ordentliche Herausforderung dar! Freizeitbiker sind hier völlig fehl am Platz, zumal es während der weiteren Fahrt keine Umkehr- oder Abkürzungsmöglichkeiten mehr gibt – man muß durch bis zum bitteren Ende!

In Chamorga, dem östlichsten Dorf Teneriffas, endet die Straße und es beginnt ein Fußweg, der in langer Fahrt bis zum Meer hinabführt. Anfangs noch relativ gut befahrbar, wird dieser immer enger, steiler und steiniger, bis er schließlich direkt an die Wand des Barrancos heranführt und unfahrbar wird. Durch den felsigen, abweisenden Barranco muß das Bike abwärtsgeschoben werden, bis am Ende der Schlucht der Blick aufs Meer freigegeben wird und der Leuchtturm vor den Augen erscheint. Allerdings ist dieser Turm eher ein Türmchen, ein kleines Haus mit einer Spitze oben drauf, das kaum als Warneinrichtung für herannahende

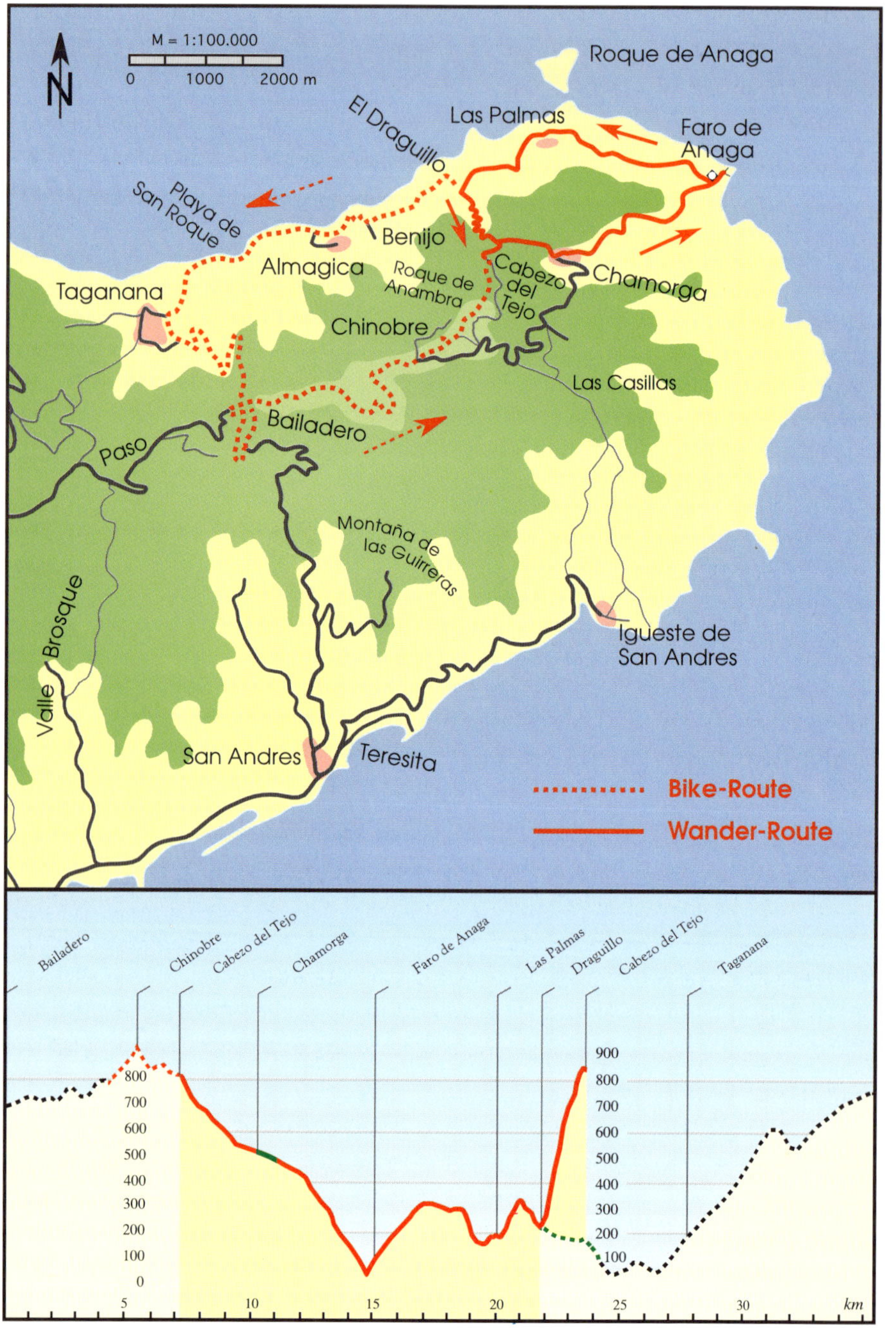

M = 1:100.000
0
1000
2000 m
N
Roque de Anaga
Las Palmas
Faro de Anaga
El Draguillo
Playa de San Roque
Benijo
Almagica
Taganana
Roque de Anambra
Cabezo del Tejo
Chamorga
Chinobre
Las Casillas
Bailadero
Paso
Montaña de las Guirreras
Igueste de San Andres
Valle Brosque
San Andres
Teresita
Bike-Route
Wander-Route
Bailadero
Chinobre
Cabezo del Tejo
Chamorga
Faro de Anaga
Las Palmas
Draguillo
Cabezo del Tejo
Taganana
900
800
700
600
500
400
300
200
100
0
5
10
15
20
25
30
km

Schiffe zu erkennen ist. Noch dazu steht er nicht an der Küste, sondern völlig unscheinbar und verloren mitten am Felshang. Der Pfad, zu guter Letzt doch wieder fahrbar, führt nicht direkt zum Leuchtturm, sondern tief hinunter, fast bis zur Küste. Den Abstecher zur Bucht sollte sich niemand entgehen lassen. Hier unten glaubt man, seinen Augen nicht zu trauen, denn nach einer fast 40minütigen Fahr- und Schiebezeit durch die Einöde, erblickt man direkt an der Küste eine kleine Ortschaft! Hoch darüber steht der Leuchtturm und die Fahrt über die 200 Höhenmeter hat es ganz schön in sich. Ein Karrenweg zieht mit höllischer Steigung hinauf, durch lose Steinplatten an der Grenze der Befahrbarkeit. Auf einem Pfad schiebt man das Bike schließlich am Leuchtturm vorbei, bis das Highlight dieser Tour beginnt - der Steilküstenweg nach Draguillo.

Ein fußbreiter Pfad führt durch die Felswände der Nordküste, stets bergauf und bergab in allerschwerster Fahrt Richtung Taganana. An Beginn zeigt er sich noch relativ harmlos und ist über längere Strecken fahrbar - Schwindelfreiheit vorausgesetzt! Der Weg selbst ist zwar gut befestigt, aber weniger als einen halben Meter breit. Und er liegt 200 Meter über den tosenden Wellen, wobei die Felswand teils erschreckend steil abfällt! Wer hier stürzt, macht gewiß den letzten Fehler seines Lebens! Wagemutige rollen vorsichtig an der Steilküste entlang, müssen aber feststellen, daß der Weg immer schwieriger wird. Durch enge Kurven führt dieser plötzlich um Felsvorsprünge herum, Steine und Felsplatten behindern den Biker und unvermutete Steigungen und Gefälle zwingen aus dem Sattel. Immer länger werden die Schiebestücke, immer tiefer führt der Pfad hinunter, fast bis zum Meer. Dort tauchen bereits nach kurzem die vorgelagerten Felsspitzen, der Roque de Dentro und der Roque de Anaga, aus den Fluten auf. Schäumend brechen sich die Wellen an diesen Kegeln. Der Pfad führt wieder steil bergan und unvermittelt trifft man auf die Häuser von Las Palmas. Auf einer kleinen Hangverflachung, mitten in der felsigen Steilküste, haben sich tatsächlich Menschen angesiedelt. Unglaublich vor allem deshalb, weil dieser Ort nicht mal auf dem Seeweg erreichbar ist (er liegt 150 Meter über dem Meeresspiegel - Steilküste wohlgemerkt!). Nur der Fußweg führt hierher - und was für einer! Von Draguillo kommend, ist dieses Stück das schwerste der gesamten Strecke! Erst mal schleppt man das Bike auf einen Bergrücken hoch, übersteigt den Kamm und durchquert beim Abstieg zwei Geröllfelder. Gesteinsbrocken in allen Größen versperren den Weg, der ganze Hang ist abgerutscht und es sieht aus, als würde jeden Moment der gesamte Berg abstürzen! Hat man dieses Hindernis hinter sich, kann erst mal erleichtert aufgeatmet werden, denn nach kurzer Abfahrt erreicht man Draguillo und damit die rettende Küstenstraße. Erschöpft blickt man zurück und ist heilfroh, sein Bike wieder dem ursprünglichen Zweck zuführen zu können, nämlich zum Fahren und nicht zum Schieben und Tragen (immerhin hat man seinen Gaul bis hierher über 50 Minuten geschultert und dies ist bei Gott nicht jedermanns Sache!).

Genüßlich rollt das Bike nun an der Küste entlang, am Strand von Benijo vorbei bis Taganana. Von hier aus geht's wieder hinauf zum Bailadero. Relativ kurz und schmerzlos führt die Asphaltstraße bergan und auf ihr kann problemlos der Kamm erreicht werden (angesichts der bereits absolvierten Strecke und des Erschöpfungsgrades des Bikers wohl auch nicht so leicht).

Einiges hat man geleistet auf dieser Tour, im nachhinein zweifelt man aber wohl zu Recht an der Sinnhaftigkeit einer solchen Tour. So einzigartig die Küsten und Landschaften der Nordspitze auch sind, so wenig sind sie doch zum Biken geeignet und es ist ein rechter Krampf, sich mit dem Stahlroß auf dem Steilküstenweg voran zu kämpfen. Empfehlenswert sicher nur für Extremisten, wobei die Gefahren dieser Runde beileibe nicht zu unterschätzen sind, denn jeder Fehltritt kann hier der letzte sein.....

Charakteristik

Rast/Verpflegung

Bar in Chamorga, Restaurants an der Playa San Roque und in Taganana.

Karten

Mapa Militar de España: 79-77 „Punta del Hidalgo" + 80-77 „Punta de Anaga" (Serie 5V 1:25.000)

Routenführung

Ausgangspunkt ist das Restaurant Bailadero. Auf bekannten Wegen (A7) fährt man über den Chinobre bis zum Chabezo del Tejo (7,2 km). Am Ende der Aussichtsplattform folgt man dem steilen Fußweg bergab, nach 350 m rechts Ri. „Chamorga". An der nächsten Gabelung hält man sich links Ri. „Chamorga". Über einige Stufen erreicht man die Straße in Chamorga (km 10,5) und folgt dieser links. Nach 700 m verengt sich die Straße und führt als großteils unfahrbarer Fußweg bis fast zur Küste hinab.

Bei **km 14,6** erreicht man einen Querweg, macht auf diesem einen kurzen Abstecher zur Küste hinab, bevor man linker Hand zum Leuchtturm aufsteigt. Über einen Serpentinenpfad geht's am Turm vorbei, bevor nach 100 m, an der Gabelung, rechter Hand der Steilküstenweg beginnt. Der Pfad wird immer schwieriger und gefährlicher und zieht über eine endlos lange Strecke nach Draguillo. Unterwegs passiert man die wenigen Häuser von Las Palmas (km 19,9), danach müssen zwei Geröllfelder durchklettert werden.

Bei **km 21,9** erreicht man schließlich den Drachenbaum von Draguillo und folgt hier der beginnenden Straße an Almagica vorbei, durch Taganana bis hinauf zum Bailadero. (34,6 km/1683 Hm/4:24 Std)

Wer die Strecke klugerweise als Fußwanderung absolviert, wendet sich beim Drachenbaum in Draguillo auf den Fußweg links bergauf und erreicht über viele Serpentinen den Cabezo del Tejo. Gestartet wird übrigens am besten auch am Cabezo del Tejo oder am Abzweig zum Chinobre.

Tips und Hinweise

Keinesfalls sollten Länge, Schwierigkeit und vor allem die Gefährlichkeit dieser Tour unterschätzt werden! Während die Fahrt bis zum Leuchtturm für Trialfahrer doch großteils zu schaffen ist, so stellt die Fahrt über den Steilküstenweg einen extremen, kräftezehrenden und über weite Strecken absolut lebensgefährlichen Balanceakt dar. Besonders der Abstieg durch die Geröllfelder stellt größte Anforderungen an Gleichgewicht und Trittsicherheit. Wesentlich streßfreier ist es, das Bike im Hotel verstaut zu lassen und die Tour als Wanderung in Angriff zu nehmen - die landschaftlichen Highlights können dabei sicher besser aufgenommen werden!

Auf keinen Fall sollte man sich den herrlichen Fisch in Taganana entgehen lassen. Gleich im allerersten Restaurant am Strand von San Roque gibt's den besten Fisch der ganzen Insel. In dieser unscheinbaren Bar erhält man zwar kaum etwas anderes außer Salat und Fisch, diesen aber wirklich riesengroß und frisch gefangen!

Chinobre: Der höchste Aussichtspunkt im Anaga-Gebirge. Eine der schönsten Stellen Teneriffas, allerdings nur über schwierigste Pfade zu erreichen.

Blick vom Cabezo del Tejo auf die wildzerklüftete Nordküste nach Taganana. Eine fantastische Aussicht, die mühsam erkämpft werden muß.

MEHRTAGES-TOUREN

Für Langstreckenbiker, die gerne weite Strecken zurücklegen und vor ein wenig Gepäck und verschiedenen Übernachtungen nicht zurückschrecken, bietet Teneriffa eine Fülle von Möglichkeiten. Vorgestellt seien hier fünf repräsentative Mehrtagestouren, die von einer relativ harmlosen Zweitagestour bis zur kompletten Inseldurchquerung reichen. Die Touren sind zum überwiegenden Teil aus Streckenabschnitten verschiedener Einzelrouten zusammengesetzt, so daß sie generell sehr variabel gestaltet werden können. Entsprechend den übrigen Touren sind die drei Zweitagestouren nach Schwierigkeitsgrad in aufsteigender Folge numeriert. Etappenziele sind jeweils mehr oder weniger große Orte. Dort sollten sich einfache Pensionen oder kleine Hotels finden lassen, oftmals sind diese aber recht versteckt. Eine Ausnahme bildet die Campingtour, deren Etappenziele jeweils ein Campinggebiet ist. Während die bisher genannten Routen durchwegs Rundkurse sind, stellt die letzte Tour eine Route vor, die vom Westen Teneriffas durch alle Landschaften bis zur Ostspitze ins Anaga-Gebirge führt. Diese eignet sich als Fünf- bzw. Sechstagestour bestens für einen einwöchigen Bike-Urlaub auf Teneriffa.

Erwähnenswert erscheinen die teils großen Höhenunterschiede und die damit verbundenen Klimaänderungen, die eine entsprechende Vorbereitung und Ausrüstung nötig machen. Außerdem muß auf ausreichenden Proviant und Flüssigkeit geachtet werden. Alle Routen führen immer wieder über weite Strecken durch abgelegene Regionen, in denen kein Wasser erhältlich ist. Wer sich allerdings für diese Form der Fortbewegung begeistern kann, erlebt Teneriffa sicherlich von seiner ursprünglichsten und natürlichsten Seite!

MT1 Vom Wald-Vulkangebiet ins Teno-Gebirge

2 Tage
135,1 km
3468 Hm
10:37 Std

In der Region der genüßlichen Biketouren beginnt diese Zweitagesrundfahrt. Durch das Wald-Vulkangebiet führen sanfte Forstwege durch teils dichten Kiefernwald über jungen Lavaboden, bis man in die Schluchten des Teno-Gebirges abtaucht und sich über schwere Trialpfade durch die Barrancos schlängelt. Insgesamt eine abwechslungsreiche Tour, die zum überwiegenden Anteil auf guten Forst- und Schotterwegen verläuft, und nur im Abschluß des ersten Tages Trialqualitäten verlangt.

Ausgangspunkt ist La Guancha, am westlichen Eingang in das Wald-Vulkangebiet. Durch den herrlichen Kiefernwald geht's gemütlich Richtung Westen, bis der Boden immer vulkanischer wird und der Wald immer spärlicher. Bald bikt man mitten durch Lavasand, vorbei an schwarzen Schlackekegeln und Felsbrocken. Im Blickfeld bleibt stets der Pico del Teide mit dem vorgelagerten Pico Viejo, die beiden mächtigen Vulkankegel.

Nach kurzer, rasanter Abfahrt verläßt man diese steinige Vulkanregion und tritt in das alte Gebirge des Teno ein. Der Gegensatz der tiefen Schluchten, steil aufragenden Hänge und baumlosen Hochebenen zu den Lavaformationen weiter östlich könnte nicht größer sein. Und so schließt die erste Etappe mit der atemberaubenden Fahrt durch den Barranco Bucaron ab. Diese Trialfahrt auf schmalsten Wegen mitten durch die verschlungene Steilwand des Barrancos gehört zu den schönsten Trialfahrten der Insel, vor allem dadurch, daß sie trotz der Exposition und Steilheit des Geländes für Könner durchgehend fahrbar ist. In Los Silos endet dieser Biketraum und entweder hier oder im benachbarten Buenavista sucht man sich ein Nachtquartier. Unermüdliche können sich auch in Garachico einquartieren und nach den knappen sechs Kilometern den Flair eines alten Hafenstädtchens genießen, das die letzten Jahrhunderte verschlafen hat.

Von Los Silos geht's am zweiten Tag erst mal recht gemütlich über die Straße hinauf, bis eine anfangs etwas holprige Schotterfahrt zum höchsten Punkt des Teno-Gebirges hochführt, dem Cruz de Gala. Dieser Gipfel bietet wahre Traumblicke über die Barrancos, den Nebelwald und über das Vulkangebiet, wobei über alledem der majestätische Teide thront – einer der schönsten Aussichtspunkte Teneriffas! Ein Asphaltdownhill führt über den Erjos-Paß zurück in die Vulkanregion. Die Straße verläuft mitten durch ein riesiges Steinfeld aus zerissenen und geborstenen Lavabrocken. Langsam wird der Baumbestand wieder dichter, bis breite Schotterpisten zum Llano del Hospital geleiten. Eine ewig lange Querfahrt direkt unterhalb der Nordflanke des Teide führt, an mehreren Lavafeldern vorbei, zum Brandmeldeturm am Lomo Vergara. Hier genießt man nochmals schöne Ausblicke ins Tal, bevor die letzte, lange Abfahrt über kurvige Forstwege nach La Guancha zurückleitet. Nach einer Tagesetappe von mehr als 2200 Höhenmeter trudelt dort wohl jeder etwas erschöpft ein.

Bestens geeignet ist diese Runde für Biker, die über weite Strecken nicht allzugroße fahrtechnische Herausforderungen suchen und Landschaft und Biken genießen möchten. Einzig das fahrerische Zuckerl durch den Barranco Bucaron verlangt Trialqualitäten und vor allem gutes Gleichgewicht!

1.Tag:

65,2 km
1221 Hm
5:07 Std

W4: Pkt.1 bis Pkt.5

Verbindung zum Llano del Hospital

W3: Pkt.6 bis Pkt.13

W1: Pkt.9 bis Pkt.12

Verbindung nach Erjos

T1: Pkt.13 bis Pkt.14

T3: Pkt.5 bis Pkt.10

Übernachtungsmöglichkeit in Garachico

2.Tag:

69,9 km
2247 Hm
5:30 Std

T3: Pkt.1 bis Pkt.4

T1: Pkt.16 über Pkt.1 bis Pkt.7,
Pkt.11 bis Pkt.12

Fahrt nach La Montañeta,

W3: Pkt.1 bis Pkt.6

Verbindung zum Torre de Incendio

W4: ab Pkt.7

MT2 Vom Orotava-Tal durch die Cañadas

2 Tage
143,3 km
4463 Hm
12:27 Std

Auf dieser Tour verbinden sich zwei der schönsten Bikeregionen zu einer sehr schweren, aber besonders abwechslungsreichen Runde. Der gesamte Charakter des Orotava-Tals mit seinen unterschiedlichen Höhenstufen offenbart sich ebenso wie die Faszination der Cañadas.

Der Startpunkt kann sowohl im Süden in Vilaflor, oder, wie beschrieben, ins nördlichen Orotava-Tal gelegt werden. Übernachtungsmöglichkeit gibt es in Vilaflor in einigen Pensionen, im Orotava-Tal finden sich gute Hotels in La Orotava. Beginnt man die Tour, wie beschrieben, im Norden, sollte man zeitig starten, nicht nur um die lange Etappe streßfrei absolvieren zu können, sondern besonders um den Passatwolken zu entgehen, die im Laufe des Vormittags aufziehen. Durchwegs sehr gute Schotter- und Forststraßen führen aus den tiefen Lagen des Tales Richtung Cañadas hoch. Einige kurze Abschnitte auf Asphalt können nicht vermieden werden, doch hält sich der Verkehr in Grenzen. Ohne größere Schwierigkeiten gelangt man in die Zone des Nebelwaldes, passiert die typischen Lorbeerwälder und die ausgedehnten Kiefernwälder, bevor sich die Vulkanlandschaft der Cañadas öffnet.

In Portillo muß eine wichtige Entscheidung getroffen werden: Eine rasante Schotterabfahrt oder ein extrem schwieriger Trialpfad. Wer sich für Variante 2 entscheidet, der muß durch die Cañadas auf den Kraterrand hochsteigen. Einzigartige Ausblicke auf den Teide, die zu seinen Füßen liegenden Cañadas und über den Barranco del Rio auf die Südseite bieten sich von hier oben.

Was nun folgt, ist der mit Abstand schwerste Abschnitt beider Etappen. Ein übler, im ersten Abschnitt völlig unfahrbarer Pfad schlängelt sich durch ein teils bewachsenes Lavageröllfeld. Nach einer beinahe zwanzigminütigen Tragepassage erreicht man schließlich ein schwarzes Lavafeld, auf dem man in der Fallinie abwärts schießt, bevor noch einige Trialkilometer durch Wald auf dem Plan stehen. Endlich erreicht man, nun sicher schon leicht erschöpft, den Campamento Madre del Agua, wo eine Schotterpiste den ausgelaugten Biker aufnimmt, die nach nochmals einigen Höhenmetern und endlosen Kilometern schließlich doch in Vilaflor mündet, wo dankbar das Nachtlager bezogen werden kann. Wer sich die Trialtortur ersparen will, fährt über die Route C9 nach Vilaflor ab. Diese Variante ist zwar weniger spektakulär, dafür aber auch wesentlich streßfreier!

Am nächsten Tag geht's zuerst auf der gleichen Piste zurück, bis man hinter dem Campamento den Barranco del Rio durchsteigt, von wo aus die eigentliche Auffahrt beginnt. Endlose Schotterpisten führen hinauf in die Cañadas, um erneut oben am Kraterrand zu münden. Wer vor der Abfahrt noch eine kleine Stärkung benötigt, kann eine kurzen Abstecher nach Portillo machen und anschließend unzählige Kilometer auf Forstwegen ins Tal segeln, bis der Flug am La Caldera gestoppt wird. Hier steht nochmals eine - angesichts der vorgeschrittenen Stunde - anstrengende Auffahrt auf dem Programm, bevor an der Choza Almadi die definitive Abfahrt beginnt, die über teils steile Karrenwege zurück nach La Florida führt.

Insgesamt eine wunderschöne, abwechslungsreiche Tour, die aber sowohl Fahrkönnen als auch Kondition aufs äußerste fordert. Entsprechende Erfahrung und Ausdauer sind unabdingbar, vor allem sollte die Ausrüstung stimmen. Neben entsprechender Bekleidung und Regenjacke muß auch das Bike in bestem Zustand sein. Unterwegs erhält man keine Ersatzteile......!

1.Tag:

65,7 km
2589 Hm
6:10 Std

O4: **Pkt.1 bis Pkt.4**
Verbindung nach Aguamsa
O1: **Pkt.2 bis Pkt.10**
Verbindung zur Choza Cruz de Luis
O2: **Pkt.2 bis Pkt.9**

Variante 1
Verbindung zum Observatorio
C8: ab Pkt.14
Fahrt nach Vilaflor

Variante 2
C8, Variante 2, ab km 39,0
Fahrt nach Vilaflor
(unbedingt Hinweise unter **C8** lesen!)

2.Tag:

77,6 km
1874 Hm
6:17 Std

Auffahrt zum Lomo Blanco
C8: **Pkt.1 bis Pkt.12**
Verbindung zum Corral del Niño
C3: **Pkt.8 bis Pkt.10**
Verbindung über La Caldera zur Choza el Tope
O4: **ab Pkt.7**

MT3 Durch die Schluchten des Anaga

2 Tage
120,7 km
4836 Hm
11:54 Std

Das Gebiet des Anaga-Gebirges ist eine derart große und wunderbare Bikeregion, daß es unmöglich ist, das ganze Gebirge in einer Zweitagestour kennenzulernen. Dennoch bietet diese Runde die Fahrt zu den schönsten Punkten und Landschaften dieser Region. Außerdem ist es möglich, das Ganze zu einem Drei-Tages-Trip auszuweiten, der dann wirklich beinahe durch das gesamte Anaga führt.

Wie auch immer, Ausgangspunkt ist die Hauptstadt Santa Cruz. Mitten aus der geschäftigen Hafenstadt schraubt man sich auf einer steilen Straße durch Vororte hoch und bereits nach wenigen Minuten liegt das Treiben der Stadt dem Biker zu Füßen. Auf begeisternden Trialstrecken geht's an La Laguna vorbei und durch den Mercedeswald zum Cruz del Carmen. Ab hier beginnt der schwierige Abschnitt nach Afur. Zu dieser kleinen, tief im Tal gelegenen Ortschaft führen teils kaum befahrbare Felspfade steil hinab. Die letzten Meter stürzt sich der Crack über einen extrem steilen, betonierten Weg durch enge Spitzkehren ins Tal von Afur bergab. Hier beginnt das Pendant der Abfahrt und auf einer durchwegs sehr guten Schotterstraße geht's wieder auf den Kamm hinauf und zurück über den Pico del Inglés zum Cruz del Carmen. Hier beginnt der Prüfungen letzter Teil. Ein Trialpfad führt anfangs noch relativ harmlos zu den Häusern und Höhlen von Chinamada, von dort führt der Pfad steil durch einen bizarren Barranco hinab. Nach toller, aber sehr schwerer Fahrt mit einigen Tragepassagen erreicht man Punta del Hidalgo, von wo noch einige Asphaltkilometer hinauf nach Tejina auf dem Programm stehen.

Die zweite Etappe führt auf einer schönen Nebenstraße durch den duftenden Mercedeswald wieder auf die Kammstraße hinauf. Diese erschließt in langer Fahrt das ganze Anaga-Massiv mit herrlichen Ausblicken auf die Nord- und Südseite, am Bailadero vorbei, bis zum erstklassigen Aussichtspunkt des Chinobre. Hier liegt beinahe das gesamte Anaga-Gebirge mit all seinen scharfkantigen Schluchten im Blickfeld. Von hier steht ein langer Fußmarsch Richtung Küste nach El Draguilla auf dem Programm, der leider unvermeidbar ist – ein anderer Weg existiert einfach nicht. Nur der erste Teil des Weges durch den Lorbeerwald ist für Trialspezialisten fahrbar. Eine Schotterpiste führt nun an der wilden Nordküste entlang, an spitzen Steinkegeln und der tosenden Brandung vorbei. Ein letztes Mal muß der Kamm überfahren werden. Also nochmals 900 m hinauf, um endlich die letzte Abfahrt zurück nach Santa antreten zu können. Diese führt durch das Valle Brosque hinab und ist im Gegensatz zu vielen anderen Trialstrecken durchwegs fahrbar. Ein grandioser Abschluß dieser Tour!

Insgesamt eine landschaftlich herausragende Tour, die mitten durch die Schluchten des wilden Anaga führt. Endlose Trialstrecken stehen auf dem Programm, über weite Strecken durch einsame Regionen und nicht ungefährlich. Dazwischen liegen meist Asphaltabschnitte und einzelne Schotterstraßen. Ein Paradies für Trialpiloten tut sich auf, die sich hier wie im Schlaraffenland fühlen, doch ein Alptraum für erholungssuchende Sonntagsradler!

1.Tag:

57,2 km
2361 Hm
5:51 Std

A6: Pkt.1 bis Pkt.24

Fahrt zum Cruz del Carmen

A3: Pkt.1 bis Pkt.5

A5: ab Pkt.11

2.Tag:

63,5 km
2475 Hm
6:03 Std

A5: Pkt.1 bis Pkt.8

an der Asphaltstraße rechts bergauf,

immer Ri. „Bailadero" bleiben

A7: ab Pkt.3

an der Küstenstraße rechts nach Santa Cruz

MT4 Campingtour

3 Tage	4 Tage	5 Tage
137,9 km	201,5 km	258,6 km
3690 Hm	5429 Hm	6593 Hm
12:34 Std	17:12 Std	21:14 Std

Auf der Nordseite Teneriffas, zwischen dem Orotava-Tal und dem Teno-Gebirge, liegen einige Campingregionen, die von der Icona-Verwaltung, der offiziellen Naturschutzbehörde Teneriffas, errichtet wurden. Eine solche „Zona de Acampada" ist allerdings nichts anderes als ein Platz, an dem offiziell Campieren gestattet ist. Weder Verpflegungsmöglichkeit noch sanitäre Einrichtungen finden sich dort, lediglich eine Versorgung mit Fließwasser. Nebenan liegt meist eine „Zona Recreativa", ein Picknickgebiet. Diese erfreuen sich bei Einheimischen großer Beliebtheit und besonders an Wochenenden und Feiertagen werden sie von Ausflüglern und Großfamilien überströmt, wobei von der Großmutter bis zum Urenkel alles vertreten ist. Wochentags sind diese Plätze leergefegt und ausgestorben. Die Camping- und Picknickgebiete findet man meist tief im Landesinneren, an den unglaublichsten Plätzen versteckt und nur über staubige Schotterpisten erreichbar.

Diese Rundtour führt von einer dieser Campingregionen zur nächsten, wobei man vom Orotava-Tal über die Cañadas bis ins Wald-Vulkangebiet gelangt. Zusätzlich zum Grundstock der Dreitagestour kann ein vierter und fünfter Tag eingefügt werden, der einerseits ins Teno-Gebirge, andererseits durch die Cañadas auf die Südseite führt – beides sowohl landschaftlich als auch fahrtechnisch sehr empfehlenswert. Die Tagesetappen wurden bewußt kürzer als bei den anderen Touren gehalten, da sich die Fahrt angesichts des mitzuführenden Gepäcks wesentlich schwieriger gestaltet. Zum Transport des eigenen Gepäcks erscheint dem Autor unbedingt ein Rucksack empfehlenswert, während von Packtaschen eher abgeraten werden sollte. Die Fahrstrecke verläuft immer wieder über schmale und schwierige Wegabschnitte, die auch ohne Gepäck Fahrgeschick erfordern. Dies gilt im besonderen für die beiden zusätzlichen Tage; die drei Tage der Grundtour sind fahrtechnisch einfacher. Dennoch sind auch diese echte Offroadtouren, die Packtaschen gehörig zum Schlenkern und Wackeln bringen können.

Ein besonderes Augenmerk muß auf die Verpflegung gelegt werden. Verpflegungsmöglichkeiten, Bars oder Restaurants sind äußerst spärlich, in den Campinggebieten gibt es keinerlei Einkaufsmöglichkeit. Genügend Proviant und vor allem Flüssigkeit mitzuführen ist oberstes Gebot! Auch muß darauf hingewiesen werden, daß die Temperaturen des Nachts stark fallen. Selbst in den Sommermonaten ist – besonders in den höheren Lagen – ein warmer Daunenschlafsack unbedingt nötig!

In solcher Weise unterwegs, erlebt man Teneriffa sicherlich von seiner urtümlichsten Seite, allerdings kann dies nur den wahren Naturfreak begeistern, alle anderen werden die wohlige Wärme eines weichen Bettchens nicht vermissen wollen und eine der anderen Mehrtagestouren in Angriff nehmen. Doch der echte Naturbiker findet auf dieser Tour alles, was er sich nur wünschen kann - die landschaftliche Vielfalt einer Kanareninsel, schöne Schotterpisten und begeisternde Trials und vor allem unendliche Einsamkeit - Natur pur!

1.Tag:

38,4 km
1043 Hm
3:44 Std

O6: Pkt.1 bis Pkt.4

C3: Pkt.1 bis Pkt.7

C6: Pkt.1 bis Pkt.6

W4: Pkt.10 bis Pkt.15

2.Tag:

41,8 km
975 Hm
3:51 Std

W4: Pkt.3 bis Pkt.5

Verbindung zum Llano del Hospital

W3: Pkt.6 bis Pkt.14

Fahrt zur Z.R. Arenas Negras

3.Tag:

63,6 km
1730 Hm
4:38 Std

(kann wahlweise als zusätzlicher Tag eingeschoben werden.)

W1: Pkt.2 bis Pkt.12

Verbindung nach Erjos

T1: Pkt.13 bis Pkt.14

T3: Pkt.5 bis Pkt.10, Pkt.2 bis Pkt.4

T1: Pkt.16 über Pkt.1 bis Pkt.8

Fahrt zur Z.R. Arenas Negras

3. bzw. 4.Tag:

W3: Pkt.2 bis Pkt.7

Verbindung zu W4

W4: Pkt.7 bis Pkt.10

C6: Pkt.6 bis Pkt.9

Verbindung zur Fuente de Mesa,

C3: Pkt.5 bis Pkt.7

Zur Beendigung der Tour:

C3: ab Pkt.7

Abfahrt zum La Caldera

57,7 km
1681 Hm
4:59 Std

Für einen weiteren Tag:

Verbindung zu **C8**

C8: Pkt.14 bis Pkt.19

72,7 km
1820 Hm
5:47 Std

4. bzw. 5.Tag:

C8: Pkt.3 bis Pkt.12

Fahrt zum Corral del Niño

C3: ab Pkt.8

Abfahrt zum La Caldera

42,1 km
1025 Hm
3:14 Std

MT5 Isla de Tenerife

5 Tage
336,7 km
9163 Hm
28:49 Std

6 Tage
403,0 km
11653 Hm
34:32 Std

Die Krönung eines Mountainbike-Aufenthaltes auf Teneriffa ist zweifellos, die gesamte Insel auf einer riesigen Tour von West nach Ost zu durchqueren. Alle Landschaften, Regionen, Höhenstufen, die schönsten Orte und Dörfer und die gesamte Vegetation der Kanareninsel lernt man auf dieser Route kennen. Für trainierte Biker, die gerne von Ort zu Ort pilgern, und nicht davor zurückschrecken, ihr Gepäck mitzuführen, stellt dies sicherlich ein Optimum dar.

Geplant ist diese Tour nicht als Rundstrecke, sondern als Querfahrt über die gesamte Insel. Zur Wahl stehen fünf oder sechs Tage, an denen man vom westlichen Teno-Gebirge bis zur Ostspitze im Anaga vordringt und alle repräsentativen Zonen der Insel durchfährt. Der sechste Tag ist im Prinzip frei wählbar, es kann bei jedem Etappenziel eine Extratour eingefügt werden. Gewählt wurde bewußt das Anaga-Gebirge, da dieser Landstrich zu den beeindruckendsten Teneriffas zählt.

Die erste Etappe beginnt in Santiago del Teide, dem südlichen Eingang ins Teno-Gebirge. Eine Übernachtungsmöglichkeit hier zu finden, gestaltet sich etwas schwierig. Es empfiehlt sich daher, nach der Ankunft am Flughafen Reina Sofia im Süden, erst eine Schlafstelle in den südwestlichen Touristenzentren Los Cristianos, Playa de las Américas oder, etwas gemütlicher, in Adeje zu suchen. Von dort läßt man sich am nächsten Tag mit dem Taxi nach Santiago del Teide führen (die alternative Busfahrt ist zwar möglich, jedoch mit dem Bike etwas umständlich). Hier schwingt man sich aufs Bike und startet die erste Etappe. Weit abseits vom Strandtrubel tourt man gleich von Beginn an durch herrliche Wälder, schraubt sich zu einmaligen Aussichtspunkten hoch, durchfährt blanke Lavaasche und erreicht nach Traumabfahrten das erste Etappenziel, Icod de los Vinos - welch ein Beginn! Icod beeindruckt durch den typisch kanarischen Baustil und den sehenswerten Drachenbaum. Dieser ist der größte Teneriffas und soll, so behauptet zumindest die Legende, 3000 Jahre alt sein.

Am zweiten Tag geht's so richtig zur Sache. Von Icod führt die Straße zuerst mal nach La Montañeta hoch hinauf, einem kleinen Bergdorf, von wo aus man sich durch das Lavagebiet und den Kiefernwald in langer Fahrt bis zum Fuß des Teide kämpft - eine äußerst lange und kräftezehrende Veranstaltung. Hier oben hat man die ersten Einblicke in die bizarre Landschaft der Cañadas. Durch Lava und Fels überklettert der unermüdliche Biker den Kraterrand und stürzt sich durch anfangs äußerst bikerunfreundliche Lavafelder gegen Süden hinab und erreicht nach endloser Trialfahrt den Campamento Madre del Agua. Eine lange Schotterfahrt führt schließlich zum höchstgelegenen Dorf Teneriffas, dem Blumenort Vilaflor. Die auf Wanderer eingestellten Pensionen nehmen auch gerne Biker auf. Wer hier einen Ruhetag einlegen will, kann die kurze landschaftlich sehr schöne Tour rund um die Galeria Agua Agria fahren.

Der nächste Tag führt erstmal wieder zum Madre del Agua zurück, von wo aus, nach Durchsteigen des Barranco del Rio, die lange Auffahrt in die Cañadas beginnt. Durchwegs auf guten Schotterpisten erreicht man den östlichen Kraterrand zwischen dem Observatorium und dem Pico del Teide. Etwas orientierungslos, weil weglos, irrt man durch die Sandebene des Llano de Maja, bevor nach verdienter Rast in Portillo die Abfahrt auf die Nordseite beginnt. In beeindruckender Fahrt durchquert man die Cañadas, folgt einer wüsten Lavapiste bergab, bis eine endlose Abfahrt auf Schotterstraßen, Karrenwegen und Asphaltpisten durch das Orotava-Tal zur zentralen Stadt La Orotava führt. Unermüdliche fahren weiter nach Puerto de la Cruz ab, wo ein Ruhetag auf schwarzen Sandstränden oder der empfehlenswerte Besuch des Loro-Parks lockt.

Die vierte Etappe führt nochmals hinauf in die Cañadas, zum Corral del Niño. Die viereinhalbstündige Auffahrt ist zum Glück sowohl landschaftlich als auch fahrtechnisch sehr abwechslungsreich. Am Corral del Niño beginnt ein endloser Asphaltdownhill, in jeder Hinsicht spektakulär. Von knapp 2300 Seehöhe rauscht man ohne Unterbrechung auf 500 m hinab! Lediglich die einmaligen Aussichten auf die Küste und zurück in die Cañadas auf die Ostwand des Teide können den Biker immer wieder kurz stoppen. Etappenziel ist La Laguna, am Eingang ins Anaga-Gebirge, das eine Besichtigung wegen seines mittelalterlichen Baustils und der typisch spanischen Lebensweise ohne Touristenrummel verdient.

Spektakulär gibt sich der nächste Tag, denn der führt mitten durch die wilden Schluchten des Anaga-Gebirges. Auf extremen Trialpfaden kämpft man sich zu einsamen Dörfern und Höhlenwohnungen und schlittert durch steilste Barrancos zur Küste hinab. In Punta del Hidalgo beginnt die erneute Auffahrt durch den herrlichen Mercedeswald zum Aussichtspunkt des Pico del Ingles, der einmalige Blicke über das gesamte Anaga freigibt. Auf der anderen Seite erblickt man - bei klarem Wetter - den Teide, der sich von hier weit weg und entsprechend klein präsentiert. Fast unglaublich, diesen so weit hinter sich gelassen zu haben! Durch nochmals schwere Trialpassagen gelangt man letztendlich nach Santa Cruz. Wer hier noch Zeit, Lust und Power hat, dem sei die sechste Etappe der Teneriffa-Tour sehr empfohlen. Diese führt nochmals durch die scharfkantige Landschaft des Anaga über schwere Trialstrecken tief in die Täler und an traumhaften Aussichtspunkten vorbei bis weit nach Osten hinaus. Als krönenden Abschluß erreicht man den Strand von Teresitas, der - als einziger Teneriffas - mit weißem Sand aufwarten kann. Das ist Biken auf Teneriffa!

Routenführung

Ausgangspunkt: Santiago del Teide/ Puerto de Erjos

Zielort: Santa Cruz

Anfahrt von Süden: Vom Flughafen „Teneriffa-Süd" („Reina Sofia") auf die „Autopista del Sur" (TF1), Ri. „Los Cristianos". Stets auf der Hauptroute bleiben und weiter auf der C 822 über Guia de Isora nach Chio. Chio auf der Hauptstraße durchfahren und nach der Ortschaft an der Straßengabelung geradeaus, Ri. „Santiago del Teide, Icod de los Vinos" auf die die C 820 fahren. Immer in o.g. Richtung bleiben. Nach 10,6 km erreicht man Santiago del Teide. Nach 700 m geradeaus, Ri. „Icod de los Vinos" fahren.

Nach 3,3 km erreicht man den höchsten Punkt der Straße, bevor diese wieder abschüssig wird (= Puerto de Erjos). Hier beginnt die Tour.

Rückfahrt: Von Santa Cruz über die „Autopista del Sur" (TF1) zum Flughafen.

1.Tag:

58,4 km
987 Hm
4:01 Std

Auf der Nebenstraße links bergauf, nach 250 m bei T1, Pkt.12 rechts.

T1: ab Pkt.12 über Pkt.1 bis Pkt.8,
Pkt.11 bis Pkt.12 (s. Varianten)

Verbindung nach La Montañeta

W2: Pkt.1 bis Pkt.9

W4: ab Pkt.14

Fahrt nach Icod de los Vinos:

An der Straße links, nach 1,8 km links Ri. „Monte Frio", nach 100 m und 700 m rechts, nach 200 m an der Hauptstraße links und immer Ri. „Icod de los Vinos" fahren. Einfahrt Icod: s. Anfahrt W4.

2.Tag:

63,5 km
2550 Hm
6:35 Std

Auffahrt nach La Montañeta (= Anfahrt W3)

W3: Pkt.1 bis Pkt.8

C7: Pkt.12 bis Pkt.13

Fahrt zu den Roques de Garcia

C8: Variante 2/2, ab km 54,6

Fahrt nach Vilaflor

Alternativ bei C7, Pkt.13 rechts, auf der Straße nach Vilaflor

3.Tag:

80,0 km
1748 Hm
6:26 Std

Auffahrt zum Lomo Blanco

C8: Pkt.1 bis Pkt.13

Abfahrt nach Portillo

C6: Pkt.1 bis Pkt.9

O3: Pkt.12 bis Pkt.17

Abfahrt nach La Orotava:

An der Hauptstraße links und immer auf dieser bleiben. Oder: nach 1,4 km rechts über „Mamio" und den „Camino de Cañada".

4.Tag:

74,9 km
2296 Hm
5:51 Std

Auffahrt nach La Florida (= Anfahrt O5)

O4: Pkt.1 bis Pkt.7

Verbindung zum La Caldera

O6: Pkt.1 bis Pkt.8

Abfahrt links über die C824 bis La Laguna (38,5 km)

Ortsdurchfahrt = Anfahrt A1

5.Tag:

59,9 km
1582 Hm
5:56 Std

Orstdurchfahrt La Laguna = Anfahrt A1

A1: Pkt.1 bis Pkt.7

A3: Pkt.1 bis Pkt.5

A5: Pkt.11 über Pkt.1 bis Pkt.6

A1: Pkt.4 bis Pkt.9

A6: ab Pkt.25, km 34,5

6.Tag:

66,3 km
2490 Hm
5:43 Std

A6: Pkt.1 bis Pkt.23

Verbindung zum Bailadero

A4: Pkt.3 bis Pkt.13

Fahrt nach Santa Cruz auf der Küstenstraße

Anhang

Häufige geographische Bezeichnungen:

alto-hoch
bajo-niedrig, unten
barranco-Schlucht
caldera-Kraterkessel
cantera-Steinbruch
casa forestal-Forsthaus
caserío-Weiler, Gehöft
camino forestal-Forstweg
corral-Stall, Gehege
cuesta-Abhang, Anhöhe
cueva-Höhle
cumbre-Bergrücken
degollada-Sattel, Paß
faro-Leuchtturm
finca-Landgut, Bauernhof
fuente-Quelle
galería-Wasserstollen
ladera-Abhang
llanada-Flachland
llano-Ebene
lomo-Bergrücken
mesa-Tafelberg
mirador-Aussichtspunkt
montaña-Berg, Gebirge
monte-Bergwald
morro-Bergkuppe
Parque Forestal-Picknickplatz, Freizeitgelände
pico-Bergspitze
pino-Kiefer
Pista Forestal-Forststraße
playa-Strand
punta-Landzunge
risco-Klippe, Felsabsturz
roque-Felsen
sendero-Fußweg, Pfad
torre de incendio-Brandwachtturm
tuberia-Wasserkanal, Wasserrohr
valle-Tal
Zona Recreativa-Erholungsgebiet, Picknickgelände

Klimatabelle

	Jan.	Feb.	März	April	Mai	Juni	Juli	Aug.	Sep.	Okt.	Nov.	Dez.
Santa Cruz (35m)												
Luft: mittlere Minima	14,4	14,3	14,7	15,7	16,9	18,5	20,1	20,7	20,5	19,4	17,4	15,5
(°C) mittlere Maxima	20,4	20,6	21,7	22,7	23,8	26,0	28,3	28,8	27,7	26,0	23,6	21,4
Sonnenstunden pro Tag	6	7	7	8	9	10	11	10	8	7	6	6
La Orotava (100m)												
Luft: mittlere Minima	12,2	12,2	12,8	13,3	14,4	16,1	17,8	18,9	18,3	17,2	15,6	13,3
(°C) mittlere Maxima	18,3	18,3	18,9	19,4	20,6	21,7	22,4	24,4	24,4	23,3	21,1	19,4
Sonnenstunden pro Tag	5	5	5	6	5	5	6	6	6	5	5	5

Bike Shops:

Canarias
Santa Cruz
Tel. 276606

Bicicletas Lutzardo
La Orotava
Tel. 253865

Bicisport
Los Cristianos
Tel. 751829

Univega-Station
El Camison
Playa des Las Américas

Mountainbike-Verleih:

Diga-Sports
Playa des Las Américas, neben dem Hotel
Park Club Europe
Tel. 793009

Jürgen Tillmann
El Medano
Tel. 177110

Touren und Shuttle-Dienst

Diga-Sports (s.o.) bietet neben dem Verleih von ordentlich gewarteten Bikes auch geführte Touren auf ganz Teneriffa an und einen individuell buchbaren Shuttle-Dienst für max. 7 Pers. (mit Bikes).
Tel. 793009

Vorwahl Teneriffa: +3422

Touristeninformation

Santa Cruz
Plaza des España, Cabildo Insular
Tel. 242227
Tel. 605592

Puerto de la Cruz
Plaza de Iglesia
Tel. 311928
Tel. 386000, 380870

Konsulate:

Konsulat der Bundesrepublik Deutschland
Santa Cruz, Avenida Anaga 43
Tel. 284812

Österreichisches Konsulat
Santa Cruz, Calle San Francisco 17
Tel. 243799

Schweizerisches Konsulat
Nur in Las Palmas, Gran Canaria

Ärztliche Notdienste:

Unfallstation (Casa de Socorro)
Santa Cruz, Calle José Murphy
Tel. 241502

Unfallstation
Puerto de la Cruz, Calla Iriarte 2

Krankenhaus-Notdienst
Hospital General (Urgencia)
Santa Cruz
Tel. 228740